세브란스,
새로운 세상을 꿈꾸다

세브란스,
새로운 세상을
독립운동에서 의료개혁까지
꿈꾸다

신규환 지음

역사
공간

책머리에

이 책은 2015년부터 2018년까지 4년여에 걸쳐 월간 『세브란스 병원』에 연재한 「제중원·세브란스 이야기」를 바탕으로 엮은 것이다. 한국 최초의 서양식 근대병원인 제중원의 탄생부터 해방과 한국전쟁을 거쳐 1970년대에 이르기까지, 제중원과 세브란스병원에서 활동했던 의료선교사들과 한국인 의료진들의 활동과 일대기가 이 책의 중심 테마다. 또한 올해 3·1운동 100주년을 맞아 기존에 썼던 글들을 독립운동을 중심으로 재구성해보았다.

제1부는 3·1운동에서 주도적으로 활동했던 교수·학생·간호사·직원 등을 다루었다. 그동안 세브란스의 3·1운동에 대해서는 프랭크 스코필드의 제암리 학살사건 폭로와 민족대표 이갑성의 활동 등만이 알려져 있었다. 최근 연세대학교 의과대학 의사학과가 편찬한 『세브란스 독립운동사』(역사공간, 2019)를 통해서 세브란스가 3·1운동의 전초기지였을 뿐만 아니라 교수·학생·간호사·직원 등 세브란스의 전 구성원들이 3·1운동에 적극적으로 참여했다는 사실이 새롭게 밝혀졌다. 특히 에비슨 교장이 3·1운동의 실상을 미국 정부와 해외선교부에 알리기 위해 노력했고, 건국훈장 독립장을 받은 사실도 새롭게 확인되었다. 또한 3·1운동에 참여했다가 고문으로 세상을 떠난 배동석, 독립에 대한 신념을 버리지 않았다는 이유로 강제 퇴교를 당해 직업혁명가의 길을 가게 된 서영완, 투옥된 애국지사와 독립운동을

지원하기 위해 애국부인회 등을 조직했던 이정숙 간호사 등 눈여겨보아야 할 인물들이 적지 않다.

제2부는 국내외에서 독립운동에 참여했던 세브란스 인물들과 해방 후 민주화운동에 참여했던 인물들을 다루었다. 세브란스 출신 의사들이 3·1운동뿐만 아니라 상하이 대한민국 임시정부에서 주도적인 역할을 했다는 사실도 잘 알려져 있지 않았다. 그들은 상하이 프랑스조계에 개원하여 독립운동자금을 조달하는 한편 임시정부 요원, 임시의정원 의원, 임시정부 산하 적십자간호원양성소 교수 등으로 활약하며 독립국가 건설과 독립전쟁 수행에 필요한 간호 인력 양성 등을 위해 헌신했다. 주현측·신창희·신현창·곽병규·정영준·김창세 등이 그들이다. 그 밖에도 만주·몽골 등지에서 독립운동에 참여했던 김필순·안사영·박서양·이태준, 베이징과 하얼빈에서 활약했던 방관혁·이원재 등에 대해서도 새롭게 조명했다. 아울러 해방 이후 전재민의 귀환을 도왔던 세브란스 학도대의 활동과 4·19혁명과 민주화운동에 참여했던 세브란스인들을 다뤘다.

제3부는 한국의 의료공간을 변화시킨 세브란스인들을 조명했다. 제중원과 세브란스병원의 공간적 의미에 관해서는 최근에 학계에 발표된 연구 성과를 반영했고, 세브란스에서 헌신했던 머레이 선교사, 스콧 선교사뿐만 아니라 학계에는 잘 알려져 있지만, 대중에는 잘 알려져 있지 않은 화학 유전, 미생물학(한센병) 유준, 생리학 홍석기, 생화학 이석신, 병리학 이응렬 등에 대해서도 새롭게 조명했다.

이 책을 준비하면서 여전히 발굴되어야 할 자료와 인물이 적지 않다는 점을 새삼 확인하게 되었다. 특히 독립운동과 관련하여 현재까지 35명의 세브란스인들이 포상을 받았는데, 앞으로도 조사와 연구가 계속되어야 할 것이다. 독립운동에 참여했던 분 중에는 가족에게 피해를 입히지 않기 위해 자료를 소각하고 가족에게도 관련 사실을 알리지 않았던 경우가 많았다. 그로 인해 자료를 확보하고 사실을 확인하는 데 어려움이 많았다. 또한 김필순·박서양·곽병규·정영준 등 일찍부터 독립운동에 참여하여 중요한 역할을 했음에도 낮은 포상 훈격으로 안타까움을 자아내기도 했다. 이러한 난관을 극복하기 위해서는 새로운 자료 발굴과 지속적인 연구가 불가피하다.

　이 책이 나오기까지 많은 분들의 도움이 있었다. 우선 월간 『세브란스병원』에 4년 동안 연재하는 동안 함께해준 편집위원회와 관계자 여러분들의 성원에 감사드린다. 특히 『세브란스병원』 편집위원회의 김진아 교수와 이나경 작가에게 감사드린다. 물심양면으로 지원을 아끼지 않은 의사학과 여인석 교수와 김영수 교수에게 감사드리고, 사진을 지원해준 동은의학박물관 김세훈 관장과 정용서 학예사에게도 감사드린다. 마지막까지 교정에 도움을 준 석사과정의 김은정에게도 감사한다. 모든 분들의 지원과 협력 없이는 이 책이 나오기 어려웠을 것이다. 이 자리를 빌려 다시 한번 감사드린다. 이 책을 마지막으로 세브란스를 떠나 대구대학교로 자리를 옮기게 되었다. 14년 동안 동고동락했던 여인석 교수를 비롯한 의사학과 가족들에게 무한한 사랑과 감사의 인사를 드린다.

2019년 가을
대구대학교 연구실에서
저자 씀

차례

5 책머리에

1부 3·1운동과 세브란스 사람들

13 세브란스 독립운동의 배경과 특징
23 3·1운동 시기의 세브란스
43 올리버 에비슨과 3·1운동
51 34번째 민족대표, 프랭크 스코필드
61 하숙방에서 학생 독립운동을 지휘한 배동석
67 3·1운동과 건국을 주도한 김병수
75 제헌국회의원이 된 독립투사 송춘근
83 독립을 위해 의학을 포기한 서영완
89 애국부인회를 조직하여 독립운동에 헌신한 간호사 이정숙
95 최연소 민족대표, 약제실 이갑성

2부 독립국가와 민주화된 세상을 꿈꾼 세브란스 사람들

105 상하이 대한민국 임시정부와 세브란스
127 임시정부의 자금책으로 활약한 주현측
135 임시정부 교통부 요원 신창희
141 세계적인 세균학자를 꿈꾸다 독립운동에 참여한 신현창
147 상하이 코스모폴리탄 김창세
153 연해주 독립운동을 지휘한 곽병규
161 스탠리 마틴(민해산)과 북간도 독립운동
169 만주에 이상촌을 건설한 김필순
183 북간도에서 독립운동과 교육운동에 헌신한 박서양

191 　몽골의 슈바이처 이태준
199 　하얼빈에 독립운동의 교두보를 마련한 이원재
205 　중국혁명에 참가하고 국가 일급 교수로 추대된 방관혁
211 　만주의 독립투사 안사영
219 　세브란스 학도대의 전재민 구호활동
227 　4·19혁명의 전설이 된 최정규
235 　유신 독재에 항거한 의학도들

3부 　한국의 의료공간을 변화시킨 세브란스 사람들

243 　세균설과 제중원의 공간 변화
261 　실험의학과 세브란스 병원의 공간 변화
271 　세브란스병원의 의사들: 제2회와 제3회 졸업생
279 　실업구국의 소명을 실천한 화학자 유전
287 　세브란스에 기초학 연구풍토를 조성한 병리학 랄프 밀즈
295 　결핵환자의 어머니, 소아과 플로렌스 머레이
301 　한국 최초의 생화학자 이석신 교수
309 　세브란스병원과 전염병 관리
317 　한센인의 대부 유준
325 　암 연구의 신기원을 연 한국 병리학의 선구자 이응렬
331 　잠수생리학 분야의 세계적인 의학자 홍석기
337 　세브란스의 산파·간호교육
343 　일본 제국주의의 최첨병, 동인회와 동인의원
349 　제중원과 안이병원
357 　일제하의 의학잡지와 『세브란스교우회보』
363 　외과수술을 통해 헌신적으로 사역한 케네스 스콧
371 　세브란스 재활병원의 탄생

378 　　참고문헌
387 　　찾아보기

1부

3·1운동과 세브란스 사람들

3·1운동에서 세브란스는 교수·학생·간호사·직원 등
세브란스의 다양한 직군들이 참여했는데,
의료기관 종사자들이 대거 독립운동에 참여한 것은
역사상 그 유례를 찾아보기 힘든 사례이다.

세브란스 독립운동의 배경과 특징

세브란스의 독립운동 포상자들

2018년 상반기 연세대학교 의과대학 의사학과는 국가보훈처에 세브란스 출신 12명의 독립운동가에 대한 포상을 신청했고, 2018년 8월 15일 제73회 광복절 기념으로 국가보훈처는 세브란스 출신 고병간(1925년 졸업, 애족장), 송영록(1927년 졸업, 대통령 표창), 정종명(1920년 세브란스 간호부양성소 졸업, 애국장) 등 3인을 새롭게 포상했다. 또한 2019년 8월 15일 제74회 광복절 기념으로 국가보훈처는 세브란스 출신 서영완(1918년 입학, 애족장), 전홍기(1944년 졸업, 애족장) 등 2명을 추가로 포상했다. 이로써 정부로부터 독립운동 유공자로 포상을 받은 세브란스 출신은 교수로는 올리버 에비슨, 프랭크 스코필드, 스탠리 마틴 등 3명, 의학생·졸업생으로는 김필순·주현측·신창희·박서양(이상 1908년 졸업)·이태준(1911)·곽병규(1913)·정영준

(1915)·김창세(1916)·신현창(1918)·김병수(1921)·송춘근(1923)·배동석(1917년 입학, 2008년 명예졸업)·서영완(1918년 입학)·고병간(1925)·윤종석(1925)·송영록(1927)·안상철(1929)·문창모(1931)·곽권응(1933)·전흥기(1944)·남상갑(1950)·김장룡(1956) 등 20명, 간호사로 정종명·이정숙·이성완·김효순·이도신·노순경·탁명숙 등 7명, 직원으로 이갑성·이일선·정태영 등 3명을 포함하여 총 35명에 달한다. 이들을 포함하여 독립운동에 참여한 것으로 확인되는 세브란스인들은 60여 명을 상회한다.

1919년 3·1운동에 당시 세브란스연합의학전문학교(이하 세브란스의전) 학생은 총 59명으로 그중에서 12명이 체포되었고, 세브란스 소속 교직원·학생·간호사 등 21명이 독립운동 포상을 받았으며, 나머지 12명은 해외 독립운동과 상하이 대한민국 임시정부 등에서 활동한 경력으로 독립운동 포상을 받았다. 연희전문학교 재학생 100명 중에서 재학생 18명과 교직원 1명이 체포되었고, 그중 독립운동 포상자가 6명이었던 것과 비교해도 세브란스에서 독립운동의 열기가 어느 정도였는지 충분히 짐작할 수 있다. 특히 교수·학생·간호사·직원 등 세브란스의 다양한 직군들이 3·1운동에 참여했는데, 의료기관 종사자들이 대거 독립운동에 참여한 것은 역사상 그 유례를 찾아보기 힘든 사례이다.

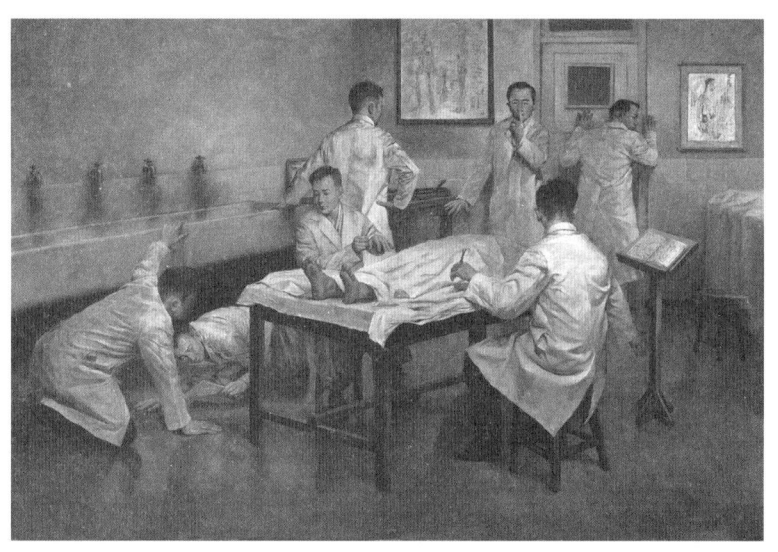

독립선언문을 숨기는 세브란스의전 학생들(1919)

김건배 작가의 유화 작품으로, 아래 엎드려 있는 사람이 손에 쥐고 있는 문서가 독립선언문이다.

3·1운동의 진행 과정과 세브란스의 역할

세브란스는 어떻게 해서 수많은 독립운동가들을 배출하게 된 것일까? 1885년 4월 설립된 제중원은 한국 최초의 근대식 서양병원으로서 단순히 질병을 치료하는 기관일 뿐만 아니라 선진 과학기술과 문명을 소개하는 계몽적 역할을 담당했고, 제중원의학당 출신들은 사회 각 분야에서 지도적인 역할을 수행했다. 제중원 의료선교사들 역시 의료활동과 선교활동에 만족하지 않고, 각종 사회운동과 계몽운동에 참여하여 한국인들의 문명개화와 고등교육을 선도했다. 특히 1907년 구한국 군대의 해산과 부상병 치료 과정에서 세브란스인들은 약소국의 설움을 경험했고, 1910년 국권침탈 이후에는 세브란스병원의학교 제1회, 제2회 졸업생들이 독립운동과 사회운동에 적극적으로 참여했다. 더욱이 세브란스병원의학교 초기 졸업생들은 안창호·여운형·김구 등 독립운동계의 주도적 인물들과 국내외에서 다양한 인적 교류를 형성했다. 또한 의사와 간호사라는 특수한 신분을 활용하여 독립운동을 재정적으로 지원할 수 있는 기반도 형성하고 있었다.

먼저 세브란스가 독립운동의 중심지가 될 수 있었던 것은 민족대표 33인 중 한 명인 이갑성(李甲成, 1889-1981)의 역할이 컸다. 이갑성은 세브란스병원 제약주임으로 활동하면서 병원 안에 있는 자신의 거처를 활용하여 기독교 진영과 천도교 진영의 의사소통 창구 역할을 담당했을 뿐만 아니라 경신학교, 학생 YMCA 등의 인맥을 총동원하여 종교진영과 학생운동을 연결시키는 역할도 담당했다. 학생들은 서북학생친목회(김원벽·한위건·김형기)나 교남학생친목회(배동석·윤자영), 학생 YMCA 조직(이용설·김문진) 등을 통해 만세운동과 독립선언서 배포 등의 역할을 담당했다. 간호사들은 부상자 치료를 담당했으며, 독립운동가의 옥바라지와 독립운동자금 모금을 위해 대거 애국부인회를 조직·참가하기도 했다. 교수들은 만세운동에 직접 나설 수는 없었지만, 일제의 양민 학살, 불법 체포, 인권 탄압 등 3·1운동의 진상을 전 세계에 알리는 역할을 담당했다. 직원들도 독립신문과 독립선언서 제작 등 독립운동을 지원하는 다양한 활동을 전개했다.

이렇게 세브란스병원과 세브란스의전은 기독교 선교기관으로서 독립운동의 전진기지가 되었다. 기독교계의 지도적 인사들은 세브란스병원을 중심으로 독립운동에 관한 논의를 본격화했으며, 세브란스의 교직원·의학생·간호사 등은 맡은 역할을 충실히 수행했다. 우선 민족대표 33인 중 한 명인 이갑성 등을 비롯한 교직원들은 독립운동의 방향 설정, 정보 수집 및 선전활동 등을 수행했다. 이갑성·함태영 등은 기독교계를 대표하여 독립운동을 조직화했고, 학생들과의 연계를 통해 3·1운동의 전국화에 기여했다. 교직원들 중에서 외국인 선교사들의 역할 또한 작지 않았는데, 샤록스·스코필드·에비슨 등이 대표적인 인물이다.

알프레드 샤록스(Alfred M. Sharrocks, 謝樂秀, 1872-1919)는 1919년 당시 세브란스병원 이사회의 이사였으며, 세브란스 인물들과 인적 교류를 하고 있었다. 그는 미국에서 돌아오는 길에 세브란스에 제1차 세계대전의 사후처리와 윌슨의 민족자결주의 등에 관한 국제정세의 변화를 전해주었고, 이에 대한 대처 가운데 한국인들과 기독교계가 3·1운동을 적극적으로 준비하게 된 기폭제가 되었다. 올리버 에비슨(Oliver R. Avison, 魚丕信, 1860-1956)은 연희전문학교와 세브란스의전의 교장으로서 학교와 학생들을 보호하기 위해 부심했다. 에비슨은 캐나다장로회 암스트롱 총무를 불러 3·1운동의 진상을 조사하도록 했으며, 그 사실을 선교본부와 해외언론에 알려 일제의 잔혹상을 고발했다. 프랭크 스코필드(Frank William Schofield, 石虎弼, 1889-1970)는 제암리 학살 만행 사건과 3·1운동의 진전 상황을 타전함으로써 자주 독립에 대한 한국민의 의지를 전 세계에 알리는 중요한 역할을 담당했다.

의학생들은 학생 YMCA 조직을 통해 독립선언서의 전국적인 배포와 가두시위 참가 등 3·1운동의 전국적 확대에 중요한 역할을 했다. 의학생들은 자신들의 고향을 중심으로 독립선언서를 배포했고, 만세운동과 관련된 정보를 지방으로 확산하는 데 중요한 기여를 했다. 3·1운동에 참여했던 의학생들의 개인적인 경험은 서영완처럼 의학을 포기하고 독립전선에 직접 나서게 되는 계기가 되기도 했고, 배동석처럼 고문으로 짧은 생애를 마쳐야 했던 경우도 있었다. 또한 김병수·송춘근처럼 사회운동에 투신하는 경우도 있었으며, 이용설·최동처럼 의학자의 길을 택한 경우도 있었다. 간호사들은 가두시위 참가 이외에 수감자 지원 및 독립운동자금 모집 등의 역할을 수행했다. 정신여학교 출신들이 견습간호사로 활동하면서 3·1운동에 참여한 것이었는데, 간호사들의 독자적인 만세시위와 독립운동자금 모집 활동은 동원이나 조직에 의한 것이 아니라 자발적인 참여였다는 점에서 세브란스 독립운동의 분위기를 짐작케 한다.

　세브란스 독립운동의 열기는 상하이 대한민국 임시정부의 수립과 활동으로 이어졌다. 임시정부에서 활약했던 대부분의 의사들이 세브란스 출신이었다는 점은 더 이상 놀랄 일도 아니다. 주현측·신창희·신현창 등은 임시정부와 임시의정원 등에서 활약했으며, 곽병규·정영준·김창세 등은 독립전쟁을 준비하기 위한 대한적십자사 간호부양성소에서 간호교육을 담당하기도 했다. 이처럼 세브란스인들은 개인의 질병을 치료하는 데에 그치지 않고, 불의에 항거하고 시대적 아픔을 치유하는 데 주저하지 않았으며, 선각자로서의 사회적 역할을 다하고자 했다.

세브란스 독립운동가 35인 포상자 명단

이름	생몰년	구분	활동 내역	서훈
올리버 에비슨	1860-1956	세브란스의학전문학교 교장	3·1운동 지원	독립장(1952)
스탠리 마틴	1890-1941	세브란스의학전문학교 교수	3·1운동 지원	독립장(1968)
프랭크 스코필드	1889-1970	세브란스의학전문학교 교수	3·1운동 지원	독립장(1968)
고병간	1899-1966	1925년 졸업	3·1운동 참가	애족장(2018)
곽권응	1895-1950	1933년 졸업	3·1운동 참가	대통령표창(1999)
곽병규	1892-1965	1913년 졸업	블라디보스토크 독립운동 및 임시정부 산하 적십자간호원양성소 교수	대통령표창(2011)
김병수	1898-1951	1921년 졸업	3·1운동 참가	애족장(1990)
김장룡	1926-2015	1956년 졸업	국내항일운동	건국포장(2007)
김창세	1893-1934	1916년 졸업	임시정부 산하 적십자 간호원양성소 교수	건국포장(2001)
김필순	1878-1919	1908년 졸업	서간도 및 치치하얼 독립운동	애족장(1997)
남상갑	1924-2006	1950년 졸업	항일학생운동	애족장(1990)
문창모	1907-2002	1931년 졸업	항일학생운동	건국포장(1995)
박서양	1895-1940	1908년 졸업	북간도·옌지 독립운동	건국포장(2008)
배동석	1891-1924	1918년 입학 2008년 명예졸업	3·1운동 참가	애족장(1990)
서영완	1898-?	1918년 입학	3·1운동 참가	애족장(2019)
송영록	1901-1932	1927년 졸업	3·1운동 참가	대통령표창(2018)
송춘근	1887-1971	1923년 졸업	3·1운동 참가	애족장(1999)
신창희	1877-1926	1908년 졸업	임시정부 교통부 요원	애족장(2008)
신현창	1892-1951	1918년 졸업	임시의정원 의원	애국장(1990)

이름	생몰년	구분	활동 내역	서훈
안상철	1898-1982	1929년 졸업	3·1운동 참가	건국포장(2007)
윤종석	1896-1927	1925년 졸업	3·1운동 참가	애족장(2013)
이태준	1883-1921	1911년 졸업	몽골 독립운동	애족장(1990)
전홍기	1916-?	1944년 졸업	독립운동을 위한 독서 클럽 조직	애족장(2019)
정영준	1878-1923	1915년 졸업	임시의정원 의원 및 임시정부 산하 적십자간호원양성소 교수	애족장(2014)
주현측	1882-1942	1908년 졸업	임시정부 교통국 요원 및 재무부 참사	애족장(1990)
이갑성	1889-1981	세브란스병원 직원	3·1운동 참가	대통령장(1962)
이일선	1896-1971	세브란스병원 직원	3·1운동 참가	애족장(1990)
정태영	1888-1959	세브란스병원 직원	3·1운동 참가	애족장(1990)
김효순	1902-미상	세브란스병원 간호부	3·1운동 참가	대통령표창(2015)
노순경	1902-1979	세브란스병원 간호부	3·1운동 참가	대통령표창(1995)
이도신	1901-미상	세브란스병원 간호부	3·1운동 참가	대통령표창(2015)
이성완	1900-1996	세브란스병원 간호부	3·1운동 참가	애족장(1990)
이정숙	1896-1950	세브란스병원 간호부	3·1운동 참가	애족장(1990)
정종명	1896-미상	세브란스간호부양성소	3·1운동 참가	애국장(2018)
탁명숙	1900-1972	세브란스병원 간호부	3·1운동 참가	건국포장(2013)

3·1운동 시기 세브란스의 독립운동을 좀 더 구체적으로 살펴보자면
대체로 세 가지 흐름으로 설명할 수 있다.
첫 번째는 이갑성·정태영·이일선·올리버 에비슨·
프랭크 스코필드 등 교직원이 주동한 활동이다.
두 번째는 이용설·김문진·김병수·배동석 등
세브란스의전 학생들에 의한 활동이다.
세 번째는 정종명·이정숙·이성완·김효순·이도신·노순경·탁명숙 등
현직 간호사와 간호학생 등에 의한 활동이다.

3·1운동 시기의 세브란스

교직원 독립운동

세브란스가 3·1운동의 주축으로 등장하게 된 것은 1919년 2월 11일 천도교 측 송진우에게서 독립운동을 추진하자는 제의를 받은 이승훈(李昇薰, 1864-1930)이 세브란스병원 구내의 남대문교회에 들러 이갑성과 함태영을 만나 참여 의사를 논의하면서부터였다. 이갑성은 세브란스의전을 중퇴한 뒤 세브란스병원에서 제약주임으로 일하고 있었고, 함태영은 남대문교회 조사(助事, 전도사)로서 시무하고 있었다. 이갑성과 함태영의 사택은 세브란스병원 구내에 있었고, 그들의 사택은 독립운동 추진을 위한 주요 거점이 되었다.

이갑성은 1919년 2월 22일 학생들이 따로 독립선언서를 만들어 독립선언을 할 계획이 있다는 사실을 알고 이를 중지하고 손병희 등이 주도하는 독립운동 계획에 참가할 것을 주문했다. 그리고 이갑성은 2월 27일 이인환(李寅煥)·박희도(朴熙道)·오화영(吳華英)·최성모(崔聖模)·이필주(李弼柱)·함태영(咸台永)·김창준(金昌俊)·신석구(申錫九)·박동완(朴東完) 등과 함께 이필주의 집에 모여, 최남선(崔南善)이 기초한 여러 가지 문서의 초안을 회람하고, 그 취지에 찬성하여 기독교 측 대표로서 서명 날인했다. 2월 28일, 이갑성은 김창준에게서 독립선언서 약 600매를 받아서 그날 5매를 세브란스의전 학생인 이용설(李容卨)에게 교부하고, 다음 날인 3월 1일에 400여 매를 자기 사무실에서 또 다시 이용설에게 제공했다. 그중 200매는 대구의 목사 이만집(李萬集)에게, 나머지 200매는 마산(馬山)의 임학찬(任學瓚)에게 보내도록 했다.

또한 이갑성은 군산(群山)에 있는 박연세(朴淵世)에게 독립선언서를 전하기 위해 김병수(金炳洙)에게 200매를 주었으며, 서울에서는 강기덕(康基德)에게 1,500매를 주어 배포하도록 했다. 2월 28일 밤 재동(齋洞) 손병희의 집에 모인 손병희·이갑성 등의 민족대표들은, 당초에 독립선언 장소로 결정했던 파고다공원에는 많은 학생들이 모이기 때문에 큰 혼란이 있을 것을 염려하여, 다시 그 장소를 인사동(仁寺洞)의 태화관(泰華館)으로 정했다. 민족대표들은 당일 이갑성에게 조선총독부에 미리 의견서를 제출하게 하고, 회합장소를 떠나지 않고 조용히 포박당하기로 약속했다. 이튿날인 3월 1일 오후 2시경 민족대표들은 태화관에 모였고, 이갑성은 조선총독부에 미리 의견서를 제출하러 갔다가 체포되어, 1920년 경성복심법원에서 보안법 위반, 출판법 위반 혐의로 징역 2년 6월형을 선고받고 서대문 형무소에서 옥고를 치렀다.

함태영(咸台永, 1872-1964)은 대한제국 시기 법관양성소를 졸업하고 독립협회 사건 때 한성재판소 검사로서 이상재 등을 무죄를 구형했다가 파면당했다. 이후 기독교에 입교했고, 남대문교회 조사로서 활동하면서 3·1운동에 가담했으며, 독립선언서 배포 등의 혐의로 3년형을 받았다. 함태영은 세브란스 학생 YMCA에서도 지도적 역할을 해왔다.

정태영(鄭泰榮, 1888-1959)은 세브란스병원 회계 사무원으로 3월 1일 만세시위에 참석한 후, 3월 2일 밤에는 독립선언을 시민들에게 크게 알리고자 보신각종을 난타했다. 이 사실은 샤록스 선교사를 통해서 국내외 외국인들에게 알려졌다. 보신각종이 울렸다는 사실은 외국인들에게는 10년의 침묵을 깨고 한국민의 신생명이 시작되는 상징적인 사건으로 받아들여졌다. 정태영은 출판법 위반, 보안법 위반 등의 혐의로 징역 7월을 선고받았다.

이일선(李日宣, 1896-1971)과 유희경(劉熙慶) 등은 세브란스의전의 엑스레이(X-ray) 기사와 조선어 담당 교수로서 3·1운동 이후인 1919년 4월경 『독립신문』, 『반도목탁』, 『국민신보』 등 신문과 격문을 발간, 배포했다. 그들은 세브란스병원에서 『국민신보』 1-26호, 「국치기념특별호」 등을 제작했는데, "조선은 중국과 함께 동양 문명의 근원이었으나 신흥의 일본 민족은 서양 문명을 받아들여 동양의 선각자라 자칭하며 우리 민족에게 만행과 폭거를 한 지 오래되었다. 지금 인류는 평등하고 자유롭게 강·약의 구별이 없이 모두 즐거움을 누리고 있음에 조상의 업적을 되살려 나라의 치욕을 깨끗이 설욕하자"는 취지로 등사물을 배포했다.

또한 그들은 상하이에서 전단을 반입하고 항일활동을 하다가 스코필드 교수와 송춘근 등의 도움으로 춘천으로 피신하기도 했다. 1919년 10월, 이일선은 일경에 의해 체포되어 보안법 위반으로 징역 1년 6월형을 언도받았다.

샤록스는 월슨 미국 대통령이 민족자결주의를 표방할 것이라는 소식과 미국에서 이승만·안창호 등이 독립운동을 준비한다는 소식을 스코필드에게 전했다. 아울러 이갑성에게도 이 소식을 전해 한국에서도 독립운동을 준비해야 하지 않겠느냐는 언질을 주었다. 미국 북장로교 의료선교사 샤록스는 쿠퍼의과대학(Cooper Medical College)을 졸업하고, 1899년 9월 아내인 모리(Mory Ames)와 함께 내한했다. 그는 우선 제중원의학당에서 에비슨을 도와 해부학·생화학·생리학·약물학 등 의학교과서의 번역과 출판에 기여했다. 샤록스는 1년 후 평양에서 활동했고, 1901년 북장로교 선천지부가 개설되면서 선천에서 활동했으며, 1904년부터는 강계지부에서 사역했다. 샤록스는 1901년부터 1919년까지 주로 평안도 선천 미동병원(美東病院)에서 근무했다. 그러나 샤록스는 1917-1919년까지 세브란스 이사회의 이사였고, 안식년으로 미국에 갔다 오면서 세브란스에 들러 국제정세에 관한 정보를 교류했다. 그는 월슨의 민족자결주의와 미국 내 한국독립운동 등에 관한 정보를 전해주어 3·1운동을 촉진하는 역할을 했지만, 건강이 악화되어 1919년 11월 미국으로 돌아갔으며 얼마 되지 않아 사망했다.

에비슨은 연희전문학교와 세브란스의전의 교장이자 세브란스병원의 책임자로서 3·1운동에 참여한 학생과 교직원을 보호하고, 경찰에 의한 야만적인 태형과 인권유린에 항의했으며, 3·1운동의 실상을 선교부와 해외 언론에 호소하는 등 3·1운동 과정에서 적지 않은 역할을 수행했다.

　　스코필드는 1916년 10월 한국을 내한하여 세브란스연합의학교에서 세균학을 담당했다. 그는 학과 수업 이외에 YMCA 등 각종 청년사회운동을 이끌며 선교활동 및 계몽운동을 주도했다. 평소의 강직한 성품과 기독교 청년들과의 유기적인 관계 속에서 스코필드는 3·1운동을 외부 세계에 알릴 수 있는 적임자로 여겨졌다. 이갑성은 스코필드에게 3·1운동의 진상을 해외에 알려줄 것을 요청했다. 스코필드는 3·1운동의 진행 상황을 기록하고 사진을 촬영하여 해외 언론에 기고했다. 또한 그는 수촌리와 제암리에서 행해진 일제의 학살 만행을 고발했고, 수감자들의 고문과 인권 상황에 대해서도 관심을 가졌다.

　　세브란스 교수진들의 중요한 역할 중 하나는 부상자와 환자를 치료하고 보호하는 일이었다. 3·1운동 시기 적지 않은 사람들이 물리적 폭력과 총상으로 고통을 받았다. 특히 총상을 치료할 수 있는 병원은 많지 않아 전국에서 환자들이 모여들기도 했다. 3·1운동에 참여했던 첫 부상자는 3월 2일 평안북도 안주에서 시위 도중 왼쪽 다리에 총상을 당한 19세 학생과 오른쪽 다리에 총상을 입은 61세 농부였다. 3-4월 동안 세브란스병원에 입원한 부상자는 총상 39명, 자상 23명이었다. 시위 부상자 중 입원하지 않고 외래 치료만 받은 경우도 적지 않았다. 식민 당국은 밀려드는 수감자들을 수용하기 어려워 하루에 30대씩 총 90대의 태형을 받게 하고 석방하는 경우가 적지 않았다. 식민 당국은 3·1운동 당시 1만 592명에게 태형을 실시했다고 밝혔는데, 이로 인해 피부 괴사 환자가 속출했다. 세브란스병원에도 76명의 태형 환자가 내원했고 피부 이식이 시행되기도 했다.

일본 경찰과 헌병들은 부상자들을 심문하기 위해 병원을 수색하고 조사하기도 했다. 에비슨 교장과 알프레드 러들로(Alfred Irving Ludlow, 1875-1961) 교수 등은 수색에 반대하며 불쾌감을 표시했으나 소용이 없었다. 에비슨 등은 환자 상태가 위험하다며 병원 내에서 심문을 마칠 것을 요구했으나 일부 부상자는 일본 경찰이 데려가기도 했다.

의학생 독립운동과 세브란스 학생 YMCA

세브란스의전 학생 신분으로 3·1운동에 참여했다가 실형을 살았던 사람은 배동석(1년)·김병수(8월)·최동(7월)·김찬두·김봉렬·박주풍(이상 6월)·서영완(6월, 3년 집행유예)·김성국·이굉상(이상 무죄, 1920년 2월 27일까지 옥고) 등 9명이다. 이 밖에 이용설은 일제의 3·1운동 주동자 체포를 피해 중국으로 망명했고, 김문진은 체포되었으나 기소중지로 풀려났다. 송춘근은 3·1운동 당시에는 체포를 피했으나, 1910년 11월 춘천 지역 독립운동을 준비하던 중 체포되어 실형(1년 6월)을 살았다. 이들까지 포함하면 세브란스의전 학생 중에서 3·1운동에 적극 참여했던 인물은 총 12명이다. 이들은 모두 세브란스 학생 YMCA(Young Men's Christian Association: 기독교청년회)의 대표 혹은 회원들이었다.

학생 YMCA 활동이 시작된 것은 1901년 9월 배재학당이 처음이고, 당시의 공식 명칭은 학숙청년회였다. 1903년 10월, 황성기독교청년회가 창설되었는데, 이것이 한국 YMCA의 출발로 여겨진다. 한국 YMCA의 창립에는 알렌(Horace N. Allen, 安連, 1858-1932), 에비슨, 언더우드(Horace G. Underwood, 元杜尤, 1859-1916) 등이 적극적으로 관여하여 그 출발을 도왔다. 1910년 6월부터 매년 학생하령회가 개최되면서, 학생 YMCA가 전국적인 조직이 되고 활발한 사회운동으로 발전했다. 세브란스에는 1911년 6월경에 세브란스 학생 YMCA가 조직된 것으로 추정된다. 1914년 4월, 개성 한영서원에서 조선기독교청년회연합회(조선 YMCA연합회)가 창립되었을 때, 세브란스 YMCA, 중앙기독교청년회(중앙 YMCA), 8개의 중등학교 학생 YMCA 등 10개의 조직이 발기했다. 유일한 전문학교 학생인 세브란스 학생 YMCA는 자연스럽게 조선 YMCA 연합회에서 지도적 역할을 수행하게 되었다. 세브란스 학생 YMCA의 지도교수는 오긍선이었다.

학생 YMCA의 목표는 학생들의 덕(德)·지(智)·체(體)·사교(社交)를 포함한 사육(四育)을 훈련하고 하나님 나라의 확장에 힘쓰는 일이었다. 이를 위해 학생 YMCA 회원들은 일상적으로 종교활동, 교육활동, 체육활동, 사교활동을 주로 전개했고, 주기적으로 지방과 농촌에 학생전도대를 파송하여 전도활동을 전개했다. 학생전도대는 전도활동을 비롯한 각종 계몽운동에 참여하여, 지방과의 연계성을 높였다. 학생전도대는 1910년대에는 종교적인 전도활동에 초점을 맞추었다가 3·1운동 이후 소위 신문화운동의 기치를 내걸면서 1920년대 전반에는 종교 및 문화 보급을 위한 신문화 개척의 강연대로 발전했다. 그리고 1920년대 후반에는 이 활동이 모체가 되어 학생들의 농촌사업이 시작되기도 했다. 학생 YMCA는 기본적으로 전도를 주목적으로 한 종교단체였으나, 교육과 체육 등 사회계몽 활동이 결합되어 있었고, 전국적인 조직망까지 갖추고 있어 상황에 따라서는 독립운동 등 정치운동으로 발전할 가능성도 없지 않았다.

이갑성은 세브란스의전 YMCA 임원진들과 친밀한 교분을 나누고 있었다. 이용설은 세브란스의전 YMCA의 전 회장이었고, 김문진은 현 회장이었다. 당시 세브란스의전 학생들은 대부분 YMCA 소속하에 있었기 때문에, 세브란스의전 YMCA를 통해 조직적인 활동을 전개할 수 있었으며, 중앙 YMCA 등과 유기적으로 연결될 수 있었다. 또한 학생 YMCA 이외에 서북학생친목회(김원벽·한위건·김형기)나 교남학생친목회(배동석·윤자영) 등도 학생들을 연결시키는 중요한 연결고리였다. 2월 12일, 이갑성은 세브란스의전의 김문진·이용설·배동석, 연희전문의 김원벽, 경성의전의 한위건·김형기, 경성전수학교의 윤자영을 병원 내 자신의 사택에 초청하여 국내 독립운동 계획을 암시했다. 또한 2월 21일과 2월 23일에는 이갑성과 함태영의 사택에서 장로교와 감리교 양 교단의 지도자 연석회의가 개최되기도 했다. 이갑성은 3·1운동을 주도한 민족대표 33인 중 막내로 기독교 청년학생들의 조직과 활동을 담당했으며, 3·1운동 시기 세브란스 독립운동의 구심점 역할을 수행했다. 이갑성이 3·1운동에서 담당한 역할은 독립운동에 참가할 삼남 지방의 기독교계 대표와 교섭하는 일과 독립선언서를 배포하는 일이었다. 2월 25-26일, 이갑성은 세브란스의전 학생 김문진을 대구에, 배동석을 마산에, 김병수를 군산과 전주에 각각 파견했다.

한편 각 전문학교 학생 대표들은 별도의 모임을 통해 3·1운동에 적극 참가하는 것은 물론 학생들이 주도하는 별도의 만세시위를 진행하기로 결정했다. 학생들이 주도하는 1차 시위는 3월 5일로 김문진이 주도하고, 2차 시위는 이용설이 주도하기로 했다. 3월 5일 남대문 쪽에서 시위대가 형성되어 서울역 앞에 당도하여 '독립만세'를 외쳤다. 시위대는 다시 남대문 쪽으로 향했고, 출동한 경찰과 기마대가 시위대를 포위했다. 한 무리의 시위대는 남대문시장, 조선은행, 종로를 향해 갔고, 다른 한 무리는 남대문, 대한문, 광화문을 향한 다음 종로에서 합세하여 이날의 시위는 대성공을 이뤘다. 그러나 다음 날부터 대대적인 학생 검거 열풍이 불어 2차 시위는 시도되지 못했다.

이용설(李容卨, 1895-1993)은 세브란스의전 YMCA의 전 회장이었고, 세브란스의전 대표자격으로 만세운동을 위한 대표 모임에 참석했다. 그는 학생을 동원하는 책임을 맡아 가두시위를 진두지휘했다. 이용설은 이갑성에게서 받은 독립선언서를 대구·마산·군산 등지로 배포하는 책임을 졌다. 학생들이 주도했던 3월 5일 만세시위 이후 일본경찰의 검거 열풍이 일자 이용설은 중국 망명길에 올랐다. 이용설은 3·1운동 참여에 대한 직접적인 처벌을 받지 않았지만, 1938년 수양동우회 사건으로 다시 체포되어 징역2년 집행유예

3년의 판결을 받았다.

김문진(金文軫, 1895-1925)은 세브란스의전 YMCA의 회장으로 만세운동의 대표자모임에 참석하고 가두시위를 주도했다. 2월 28일, 김문진은 이용설과 함께 정동 예배당에서 2,000여 장의 독립선언서를 배포하기도 했다. 그는 3월 1일 만세시위를 주도했으며, 3월 5일의 학생 만세시위를 주도했다. 그는 보안법 위반으로 대구지검에 체포되었으나 단순 가담자로 분류되어 기소 중지되었다.

배동석(裵東奭, 1891-1924)은 경남 김해 출신으로 대구 계성학교 재학 중 배일혐의를 받아 옥고를 치른 적이 있었다. 그는 계성학교 퇴학 후 경신학교에 입학했고, 1910년 이갑성과 함께 경신학교를 제5회로 졸업했다. 그 후 그는 목포에서 교사활동을 하던 중 항일활동 혐의로 체포된 후, 만주에서 김좌진 등과 항일운동을 벌이기도 했다. 배동석은 1917년 3월 세브란스의전 예비과를 수료하고, 1917년 4월 세브란스의전에 입학했다. 배동석은 1919년 당시 2학년생으로 교남(영남)학생친목회 회장으로 활동하고 있었다. 배동석은 2월 26일 마산 지역 만세운동을 규합하기 위해 마산을 방문하여 박순천에게 독립선언서를 전달했다. 3월 1일 만세운동 당일에는 민족대표들이 탑골공원에서 태화관으로 이동함에 따라, 배동석은 탑골공원의 만세운동을 이끌기도 했다. 3월 1일 만세운동 이후 배동석은 김해로 내려가 임학찬·배덕수 등과 함께 김해 만세운동을 조직하고, 3월 30일 밤 만세운동을 전개했다. 그 과정에서 배동석·임학찬·배덕수·박덕수 등이 일본군에 의해 함께 검거되었다. 배동석은 출판법 위반, 보안법 위반으로 징역 1년을 선고받았다. 배동석은 의학생 중에서는 가장 중형을 선고받았는데, 그의 경력이나 연배 등을 고려할 때 핵심 주동자로 간주된 듯하다. 배동석의 막내 처남의 증언에 따르면 배동석이 서대문형무소에 수감되어 있었는데, 눈알이 빠지고 손발톱이 빠지는 혹심한 고문을 받았다고 한다. 세브란스병원 에비슨 원장은 배동석의 병보석 탄원서를 제출했고, 1920년 배동석의 결핵을 치료하는 과정에서 세브란스병원에 결핵병사가 설립되기도 했다. 이는 국내 최초의 결핵전문병원이었다.

학생조직을 담당했던 이용설·김문진·배동석 등은 3·1운동을 확산하기 위해 『독립신문』을 창간했다. 1장짜리 등사지에 각지에서 일어난 시위 소식, 파리평화회의 소식, 격문 등이 실렸다. 이용설은 이 신문이 세브란스병원 전 외래진료소 4층에 있는 해부학교실 옆 사진 암실에서 인쇄되었다고 회고했다. 하지만 신문 발간은 오래 지속되지 못했다. 1919년 5월, 불온 신문이 세브란스병원 구내에서 만들어지고 있다는 소식을 접한 경찰이 병원을 수색하기 위해 찾아왔기 때문이다. 결국 경찰은 인쇄기를 찾아내지는 못했지만, 주동자로 몰린 이용설은 중국 망명의 길을 택해야 했다.

김병수(金炳洙, 1898-1951)는 2월 26일 이갑성에게서 각 지역 유명인사의 서명이 필요하다는 지시를 받아 군산에 도착했다. 김병수는 영명학교 시절 은사인 박연세의 집에서 이두열·김수영·김윤실·김인묵·이동욱·고석주 등과 만나 3·1만세운동 계획을 전달했다. 2월 28일, 김병수는 독립선언서 100매를 박연세에게 전달하기 위해 또 다시 군산으로 향했다. 군산에서는 사정이 여의치 않아 만세운동이 3월 5일로 미뤄졌다. 군산 3·5독립만세운동은 영명학교에서 시작되어 군산경찰서 앞에서 군경과 대치했고, 90여 명의 청년들이 체포되면서 종결되었다. 김병수는 군산에 서울의 3·1만세운동 계획과 독립선언서를 전하고 곧바로 상경해 3월 5일 남대문 정거장 앞에서 세브란스의 김문진·배동석·김성국 등과 수백 명의 학생들을 이끌고 만세운동을 전개했다. 원래 학생들은 3월 5일 제2차 시위 이후 매주 1회씩 만세시위를 펼칠 계획을 하고 있었다. 그러나 3월 5일의 시위에 대해 일제는 대대적인 무차별 진압과 검거로 응대했다. 김병수는 이 시위에 참가한 후 다시 군산에 내려와 만세시위를 주도하다가 머리에 부상을 입었다. 4월에는 4·4 이리만세운동에도 참여했다. 얼마 후 일본 경찰에 체포되어 1920년 2월 경성복심법원은 보안법 위반 혐의로 징역 8월을 선고했다.

송춘근(宋春根·宋鳳海, 1887-1971)은 당시 세브란스의전 2학년으로 학생을 동원하는 책임을 맡고 있었다. 그는 만세운동을 주도했지만 일본 경찰의 체포를 피할 수 있었다. 3·1운동 시기 송춘근의 주요한 활동 중의 하나는 세브란스의전 스코필드 교수를 도와 일제의 한국인 학살 만행 장면을 실은 사진을 언론사에 전달하는 일이었다. 또한 그는 『독립신문』·『국민신문』 등을 춘천 지역에 배포하여 대한민국 임시정부의 활동상과 독립운동에 관한 실상을 전하는 업무를 담당하기도 했다. 1910년 11월, 송춘근은 춘천 지역 독립운동을 준비하던 중 체포되어 1920년 10월 경성지방법원에서 징역 1년 6개월을 선고받았다.

박주풍(朴周豊, 1892-?)은 함북 명천 출신으로 1919년 당시 세브란스의전 4학년생이었다. 그는 이용설·김문진 등을 통해 3·1운동 계획에 대해 알고 있었으며, 3월 1일 오후 2시경 파고다공원의 만세시위와 3월 5일의 만세시위에 참가했다. 이후 출판법 위반, 보안법 위반으로 체포되어 1919년 11월 6일 경성지방법원은 징역 6개월(미결구류일수 90일)에 집행유예 3년을 선고했다.

서영완(徐永琬, 1898-?)은 1919년 당시 세브란스의전 1학년 학생이었다. 서영완은 3월 1일 파고다공원에서 만세운동에 참가했고, 3월 5일의 만세시위에 참가했다가 체포되었다. 서영완은 출판법 위반, 보안법 위반으로 1919년 11월 6일 경성지방법원은 징역 6개월(미결구류일수 90일)을 선고했다. 출옥 이후 서영완은 세브란스의전을 졸업하지 않고 1922년 4월 난징(南京) 진링대학(金陵大學, 현 난징대학) 유학을 위해 도항했는데, 고려공산당에 가입하고 임시정부 헌법개정위원으로 참여하는 등 본격적인 독립운동의 길에 들어섰다.

최동(崔棟, 1896-1973)은 도쿄 교세이학교(曉星學校)를 졸업하고 1915년 캘리포니아주립대학에 다니다가 1916년 안식년으로 미국에 와 있던 세브란스의전 에비슨 교장의 강연을 계기로 1917년 세브란스의전에 입학했다. 1919년 3월 1일, 파고다공원에서 만세운동에 참여했다가 체포되어 출판법 위반, 보안법 위반으로 1919년 11월 6일 경성지방법원에서 징역 7개월(미결구류일수 120일)에 집행유예 3년을 선고받았다.

경성부 화천정(和泉町, 현 중구 순화동) 126번지 오한영(吳翰泳)의 집은 1919년 당시 3·1운동에 참가했던 세브란스의전 학생 6명, 즉 김문진·배동석·김성국·김봉렬·김찬두·이굉상이 하숙했던 곳이었다. 이 하숙집에 사는 사람들이 3·1운동에 많이 참여하게 된 데에는 세브란스 학생 YMCA 대표인 김문진과 항일운동 경력이 풍부했던 배동석이라는 두 지도적인 인물의 영향이 컸다. 김봉렬·김찬두·이굉상은 1919년 당시 세브란스의전 1학년이었다.

김성국(金成國, 1890-?)은 부산 출신인데, 당시 세브란스의전 3학년생으로 학생 중에서는 최고령이었다. 김성국은 1919년 2월 26일 이갑성의 부탁을 받고 원산으로 가서 목사 정춘수(鄭春洙)를 만나 독립운동 청원서에 첨부하기 위한 서명을 받아서 돌아왔다. 2월 28일 오후 8시, 다시 이갑성을 만나 그와 함께 이종일(李鍾一)의 집에 가서 조선독립선언서 약 1,000장을 받아와 승동예배당으로 가서 강기덕에게 전달하기도 했다. 이후 3월 1일 만세시위에 참가했다가 체포되어 출판법 위반, 보안법 위반으로 1919년 11월 6일 징역 1년(미결구류일수 120일)을 선고받았다. 1920년 2월 27일 경성복심법원은 이러한 사실을 입증할 만한 증빙이 충분하지 않다는 이유로 무죄를 선고했다.

이굉상(李宏祥, 1892-1934)은 경남 창원 출신으로 1919년 2월 28일 김문진과 하숙집에서 점심을 같이 먹으며 3·1운동 계획을 논의했다. 다음 날인 3월 1일 김문진은 이번엔 이굉상에게 독립선언서를 마산의 임학찬에게 전달해줄 것을 부탁했다. 이굉상은 임학찬(林學贊)에게 독립선언서를 건네주느라 서울의 3·1운동에는 참가할 수 없었다. 1919년 4월, 이굉상은 하숙집에서 은신하던 중 체포되었다. 출판법 위반, 보안법 위반으로 1919년 11월 6일 경성지방법원에서 징역 8개월(미결구류일수 120일)을 선고받았고, 1920년 2월 27일 경성복심법원은 증거 불충분으로 무죄를 선고했다.

김찬두(金讚斗, 1897-?)는 평남 대동 출신으로, 연희전문학교 1학년을 다니다가 세브란스의전에 진학했다. 김찬두는 1919년 3월 1일, 만세시위에 참가했다가 체포되었다. 그는 출판법 위반, 보안법 위반으로 1919년 11월 6일 경성지방법원에서 징역 6개월에 3년간 집행유예(미결구류일수 90일 산입)를 선고받았다.

김봉렬(金鳳烈, 1897-?)은 평남 출신으로 김찬두와 마찬가지로 연희전문학교를 다니다가 세브란스의전에 진학했다. 김봉렬은 3월 1일 파고다공원 만세시위에 참여했고, 3월 5일 만세시위에 참여했다가 체포되었다. 이후 출판법 위반, 보안법 위반으로 1919년 11월 6일 경성지방법원은 징역 6개월에 3년간 집행유예(미결구류일수 90일)를 선고했다.

앞서 1920년 5월 조선학생대회 창립에 세브란스의전 학생 대표로 참여했던 김성국과 김찬두 두 사람은 각각 자리 잡았던 지역은 달랐지만, 김성국은 대구에서, 김찬두는 서흥에서 같은 이름의 병원(순천(당)의원)을 운영하면서 각각의 지역 활동에 적극 참여하는 한편 극빈자에 대한 무료 치료 등으로 명망이 높았던 점은 공통적이었다. 이렇듯 같은 하숙집에서 동숙했던 6명의 세브란스의전 인물들은 다양하게 얽혀 있으면서 서로에게 영향을 주고받던 동료들이었다.

간호사 독립운동

세브란스병원의 간호사들 역시 3·1운동에 적극적으로 참여했다. 우선은 적지 않은 부상자들이 세브란스병원으로 물밀듯이 밀려들어 왔기 때문에 부상자 치료에 전념할 수밖에 없었다. 특히 총상을 입은 환자들을 치료할 수 있는 병원이 많지 않았기 때문에, 지방에서 총상을 당한 환자까지 세브란스병원에 몰려들었다. 에스텝(Kathlyn M. Esteb, 芮思塔, 1880-1940) 간호부장을 비롯한 세브란스 간호사들은 환자 관리에 만전을 기했다. 특히 3월 5일 남대문정거장 시위에는 세브란스 간호견습생들이 붕대와 치료 도구를 들고 나와 환자들을 치료하면서 시위에 참여했다. 이 중 15명이 체포되었고, 에스텝은 간호견습생들의 시위를 주도한 배후로 지목받기도 했다.

정종명(鄭鍾鳴, 1896-?)은 1917년 세브란스의전 부속 간호부양성소에 입학했다. 4년 동안 배화학당을 다녔던 정종명은 이미 결혼해서 슬하에 자식을 두었지만, 스스로 "여성의 경제 독립을 위하여 간호부가 될 작정"이었다. 3·1운동 당시 학생 신분이었던 정종명은 학생시위를 주도하던 강기덕이 학생들의 시위 연락을 도왔으며, 이갑성의 중대 서류를 맡아두었다는 혐의로 체포되었다. 정종명은 1920년 세브란스의전 부속 간호부양성소를 졸업하고, 1년 과정의 조선총독부의원 산파강습소에 다시 입학했다. 그녀는 산파면허를 취득한 후, 곧바로 안국동에 조산원을 개원했다. 아마도 경제적 독립을 위해서는 간호사보다 산파가 더 유리하다고 판단했던 것 같다. 그녀는 경제적 자립을 바탕으로 각종 사회운동과 여성운동에 적극적으로 참여했다.

정종명 이외에도 3월 5일 오전 남대문 정거장 앞 광장에서 벌어진 만세시위대 가운데 세브란스병원 간호사 11명이 붕대를 휴대

3·1운동에 참여했던 에스텝과 세브란스 간호사들(1919. 4)

하고 군중 속에 섞여 있다가 체포당하기도 했다. 체포된 11명은 이정숙·노순경·박덕혜·이도신·김효순·박옥신·윤진수·이성완·이아주·장윤희·체계복 등이었다. 오웬스의 보고에 따르면, 세브란스병원 간호학생들은 3월 5일 시위에 거의 모두 참여했고 그중 15명이 체포되었다고 한다. 이 중 장윤희는 경신학교 4학년 학생 박인석이 제작한 독립운동가를 정신여학교 학생들에게 배포했고, 세브란스병원에서 600부를 등사한 후 세브란스병원, 경신, 배재, 이화, 중앙 등 각 학교에 배포했다. 이 일로 장윤희는 징역 3월에 형집행유예를 받았다.

세브란스병원 간호부들은 애국지사들의 옥바라지를 하고 가족을 후원하기 위한 단체를 조직했는데, 혈성단애국부인회가 그것이다. 이정숙·이성완·박옥신·윤진수를 비롯하여 노순경·박덕해·이도신·이아주·장윤희 등이 회원으로 활약했다. 혈성단애국부인회는 1919년 4월 상하이 대한민국 임시정부가 수립되자, 임시정부의 권유에 따라 혈성단애국부인회와 대조선독립애국부인회 등이 통합하여 독립운동자금 모집을 목표로 대한민국애국부인회가 결성되었다. 여기에서는 이정숙을 비롯한 세브란스병원 간호부들이 주도적인 역할을 했다.

독립운동에 참여한 세브란스 간호사들 가운데 가장 눈에 띄는 사람 중의 한 명은 이정숙(李貞淑, 1896-1950)이다. 이정숙은 1919년 3월 20일 정신여학교 졸업이 예정되어 있었는데, 3·1운동 소식을 듣고 세브란스병원에 가서 부상자 치료를 도우면서 견습간호사가 되었다. 1919년 11월, 이정숙은 이성완 등 정신여학교 출신 동기들과 함께 결성한 대한민국애국부인회를 조직하고 적십자부 책임자인 적십자장을 담당했다. 이정숙은 대한민국애국부인회 사건으로 검거되어 징역 2년형을 선고받았다. 그녀는 출옥 이후에도 조선여성해방동맹과 경성여자청년회 등을 조직하여 항일독립운동을 지속했다.

이성완(李誠完, 1900-1992) 역시 1919년 3월 20일 정신여학교 졸업이 예정되어 있었는데, 이정숙과 함께 만세시위에 참여했고 세브란스병원에 가서 부상자 치료를 도우며 견습간호사가 되었다. 그녀는 혈성단애국부인회에 참여했고, 대한민국애국부인회에는 결사부의 책임자인 결사장으로 합류했다. 그녀는 독립운동을 위한 군자금 조달 등에서 중요한 역할을 담당했다.

또한 세브란스병원 간호사 박덕혜(朴德惠, 20세), 노순경(盧順敬, 1902-1979, 당시 18세), 이도신(李道信, 19세), 김효순(金孝順, 18세) 등은 12월 2일 경성부 종로일대인 훈정동(薰井洞) 대묘전(大廟前)에서 만세운동을 일으켜 보안법 위반으로 체포되어 징역 6개월을 선고받았다. 이들은 판결 결과에 불복하고 법정 소란을 일으키기도 했다.

3·1운동 시기 만세운동에 참여했던 간호사는 20명인데, 그 대부분이 세브란스병원 소속 간호사들이었다. 이정숙·이성완 등은 만세운동이 평화적으로 전개될 수 있도록 앞장섰고, 정종명 등은 민족대표 33인의 활동을 적극적으로 도왔으며, 장윤희 등은 인쇄물을 배포하는 등 다양한 방식으로 3·1운동에 참여했다.

올리버 에비슨은 3·1운동 시기
연희전문과 세브란스의전의 교장이자 세브란스병원의 책임자로서
학생과 부상자들을 보호해야 하는 입장이었다.
그는 경찰에 의한 야만적인 태형과 인권 유린에 항의했으며,
3·1운동의 실상을 선교부와 해외 언론에 호소하는 등
3·1운동 과정에서 적지 않은 역할을 수행했다.

올리버 에비슨과 3·1운동

제중원 운영권의 회수와 세브란스병원의 건립

올리버 에비슨(Oliver R. Avison, 漁丕信, 1860-1956)은 1860년 6월 30일 영국 요크셔주의 웨스트 라이딩에 있는 재거그린이라는 시골 마을에서 공장노동자의 아들로 태어났다. 6년 후, 에비슨 일가는 새로운 희망을 찾아 캐나다 토론토로 이민을 갔다. 에비슨은 11살부터 알몬트의 방직공장에서 일하면서 야학교사로 활동했으며 사범학교를 마치고 교사생활을 하기도 했다. 온타리오약학교를 졸업하고 식물학과 약리학 교수로 활동하던 그는 교장의 제안에 따라 토론토대학교 의과대학에 진학했다. 그는 1887년 졸업 후 개업의이자 토론토 시장의 주치의가 되었다. 재학 시절 해외 선교에 관심을 두었던 에비슨은 언더우드의 권유로 한국 선교를 결심하게 되고, 1893년 7월 부산에 도착했다.

1893년 11월, 제중원 근무를 시작한 에비슨은 운영이 어려워진 제중원의 정상 운영을 위해 애썼으나 제중원의 운영을 둘러싸고 마찰을 겪었다. 이에 에비슨은 1894년 9월 조선 정부와의 담판을 통해 제중원의 운영권을 선교부로 이관시켰다.

　제중원을 선교부로 이관시킨 에비슨의 그다음 목표는 병원 건립과 의학교육의 정상화였다. 1900년 4월, 세계선교대회에 참석한 에비슨은 "의료선교에 있어서의 우의"라는 제목으로 강연을 했다. 그 내용은 의료선교에서 성과를 높이기 위해서는 분파적이고 개별적인 상황을 종료하고 연합할 필요가 있다는 것이었고, 이를 위해서는 교파 연합을 통한 새로운 병원의 건립이 필요하다고 주장했다. 때마침 그 강연을 클리블랜드의 석유업자이자 자선사업가인 루이스 세브란스(Louis Henry Severance, 1838-1913)가 경청하고 있었다. 세브란스는 해외 의료선교에 관심을 두고 있었고, 적절한 기부처를 찾고 있었다. 에비슨은 세브란스에게 건축가 고든(Henry B. Gorden, 1855-1951)이 설계한 40병상 규모의 새 병원의 설계도를 보여주었고, 세브란스는 에비슨의 계획을 신뢰하게 됨에 따라 1만 달러를 기부하기로 약속했다. 여러 가지 어려움 속에서 새 병원 건립을 위한 준비가 착실히 진행되었고, 1904년 9월, '새로 지은 제중원', 즉 세브란스병원이 개원했다.

세브란스병원 정초식에서 에비슨과 알렌(1902)

한국 근대 서양 의학교육의 아버지

에비슨이 제중원 근무를 시작한 이래로 제중원의학당에서 의학교육이 실시되었지만, 여러 가지 사유로 중단되었다. 1900년 안식년에서 돌아온 에비슨은 의학교육을 재개하고, 8년 후 의학교육 과정을 마치면 졸업시킬 것을 약속했다. 그리고 1908년 6월, 세브란스병원의학교 제1회 졸업생 7명이 배출되었다. 그들은 졸업 후 최초의 의술개업인허장을 수여받았는데, 한국 최초의 의사면허였다.

에비슨은 효과적인 의학교육을 위해 한국어 교재 개발에도 관심을 기울였다. 그는 의학교육의 현지화를 위해서는 한글교과서의 출판이 필수적이고 생각했다. 그는 김필순·박서양·홍석후 등 그의 제자들과 함께, 『약물학 상권 무기질』(1905)을 시작으로 『해부학 권 일』(1906), 『신편 화학교과서 무기질』(1906), 『신편 생리교과서 전』(1906), 『진단학 1』(1906), 『진단학 2』(1907), 『무씨 산과학』(1908), 『유기화학』(1909), 『외과총론』(1910) 등 30여 종의 의학교과서를 번역했다.

에비슨의 의학교육에 대한 계획은 단순히 의사 양성에만 있었던 것이 아니다. 그는 종합대학 건립을 의학교육을 통해 체계화하고자 했다. 그는 연희전문과 세브란스의전의 교장으로서 양교 통합을 통한 종합대학 건립을 목표로 했다. 특히 에비슨은 1921년 치의학교 설립을 통해 종합대학 건립에 더욱 박차를 가했다. 그러나 식민당국의 방해로 에비슨의 종합대학 건설안은 번번이 실패할 수밖에 없었다. 오히려 식민지 조선에서 고등교육의 주도권을 빼앗길

올리버 에비슨

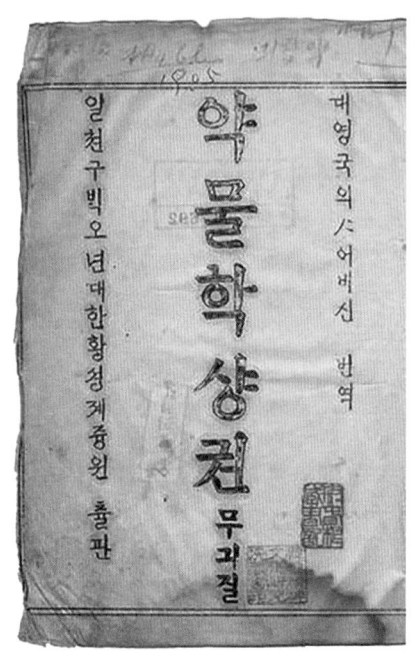

『약물학 상권 무기질』(1905)

우려가 있다고 판단한 일본 정부는 1924년 경성제국대학을 건립하여 고등교육에 대한 헤게모니를 장악하고자 했다.

3·1운동에서 에비슨의 공헌

우선 에비슨은 3·1운동이 발발하자 귀국을 위해 요코하마에 머물고 있던 캐나다장로회 총무 암스트롱(A. E. Amstrong)을 불러 3·1운동의 진상을 파악하도록 지시했다. 3월 16-17일 이틀간 서울을 방문한 암스트롱은 4월 5일자로 「3·1운동에 관한 비망록」을 작성했는데, 3·1운동에 관한 최초의 해외 보고였다. 일제는 선교사들을 회유하고 향후 대책을 모색하고자 수차례에 걸쳐 선교사들을 불러모아 회합을 소집했는데, 에비슨은 장로회 대표로 회합에 참여하여 한국인에게 집회, 출판, 언론의 자유를 보장해야 한다는 점을 피력하기도 했다.

무엇보다도 에비슨은 연희전문학교와 세브란스의전의 교장으로서 학생과 부상자들을 보호하는 데 애를 썼다. 일제의 불법적인 탐문수사, 강제연행, 폭행과 태형 등에 대해 조선총독에게 직접 항의했다. 3·1운동의 진상을 해외 선교부와 국제사회에 알리기 위해 미국기독교연합회 동양관계위원회를 조직했고, 그 위원회 명의로 *The Korean Situation*이라는 소책자를 두 차례 발간하기도 했다. 에비슨의 이러한 공로는 해방 이후 높은 평가를 받아 1952년 대한민국 정부로부터 건국훈장을 받았고, 추후에 독립장이 추서되었다.

스코필드 교수는 세브란스의전에서
세균학 및 위생학 교수로서 활동했으며,
3·1운동과 제암리 학살의 진상을
해외에 알리는 역할을 담당하여
'34번째 민족대표'라는 별칭을 얻었다.

34번째 민족대표, 프랭크 스코필드

세브란스에 오기까지

프랭크 스코필드(Frank William Schofield, 石虎弼, 1889-1970)는 1889년 3월 15일 영국 워릭셔주의 럭비시에서 4남매 중 막내로 태어났다. 어머니가 그를 출산한 지 얼마 되지 않아 산욕열로 세상을 떠나면서 그는 아버지와 새어머니 슬하에서 자라게 된다. 아버지 프란시스 윌리엄 스코필드(Francis William Schofield sr.)는 신학교에서 신약성서와 희랍어 등을 강의하는 신학자이자 엄격하고 독실한 기독교인이었다. 스스로 학비를 마련해야 했던 프랭크 스코필드는 캐나다 토론토로 이주하여 농장 일을 하면서 학비를 모았으며, 그 돈으로 온타리오 수의과대학(Ontario Veterinary College)에 입학했다. 그가 수의과대학에 입학한 것은 농장에서 일하던 중 만났던 수의사들의 헌신에 감동했기 때문이었다. 일과 학업을 병행하는 가운데 스코필드는 소아마비를 앓게 되었고, 평생 왼쪽 팔과 오른쪽 다리에 장애를 갖게 되었다. 그러나 신체적 장애는 그의 학업과 열정을 막지 못했다. 그는 1910년 온타리오 수의과대학을 수석으로 졸업한 데 이어 1911년에는 수의학 박사학위를 받았다.

박사학위 취득 후, 프랭크 스코필드는 올리버 에비슨 박사에게서 세브란스연합의학교(Severance Medical College, 1917년부터 Severance Union Medical College)에 와달라는 초청 편지를 받고, 1916년 10월 그의 아내 앨리스(Alice Schofield)와 함께 한국에 첫발을 내딛게 되었다. 스코필드는 세브란스연합의학교에서 세균학과 위생학을 가르쳤다. 1919년 3월 1일, 스코필드는 한국인들의 만세시위와 일제의 탄압을 목도하고, 그 내용을 언론에 보도하는 등 3·1운동의 진상을 국내외에 알리는 역할을 담당했다. 또한 서대문형무소 등에 수감된 독립운동가들의 고문 사례 등을 접하자 수형자들의 인권을 보호하기 위해서도 노력했다.

아울러 제암리·수촌리의 만세운동 과정에서 벌어진 양민 학살을 전 세계에 고발하기도 했다. 이러한 활동 때문에 일제는 스코필드를 '가장 과격한 선동가(Arch Agitator)'로 간주하고 강제 추방하고자 했고, 1920년 7월 스코필드는 결국 본국으로 송환되었다. 1955년 온타리오 수의과대학에서 교수직을 은퇴한 스코필드는 1958년 한국 정부의 초청을 받아 국빈 자격으로 한국을 방문했다. 스코필드는 한국에서 후학을 양성하고 싶다는 의사를 밝혔고, 서울대학교는 스코필드를 수의병리학 담당 교수로 임명했다. 1970년 4월, 스코필드는 18년 동안 한국에서의 교육과 봉사로 삶을 마감했으며, 그의 유해는 외국인으로서 유일하게 국립현충원에 안장되었다.

3·1운동과 스코필드

1919년 2월 어느 날, 세브란스병원 제약주임인 이갑성이 스코필드를 찾아왔다. 민족대표 33명 중의 한 사람인 이갑성은 평소 스코필드의 품성을 잘 알고 있었기에 그가 한국민의 독립운동을 적극적으로 도와줄 것으로 예상하고 있었다. 스코필드가 3·1운동에 참여하는 일은 그리 간단하지 않았다. 3·1운동에 직간접으로 참여한다는 것은 정교분리 원칙을 주장했던 선교회의 이념과도 맞지 않는 일이고, 식민 당국으로부터 각종 위해와 탄압을 받을 수 있는 여지를 줄 수 있기 때문이다. 그러나 스코필드는 이러한 제안에 망설이지 않았다. 그는 일제의 강압적인 동화정책에 반대해왔고, 한민족의 자유와 독립에 절대적인 지지를 보내던 인물이었다. 그는 영국 출신으로 영국의 식민정책에도 반대할 정도로 인류사회의 식민지배와 억압통치에 강력히 반대하고 있었다. 3·1운동에서 그가 펼친 활동은 대략 다음과 같다.

우선 스코필드는 요청받은 대로 3·1운동의 진상을 꼼꼼히 기록하고 관찰하는 일을 성실하게 수행했다. 1919년 3월 1일, 중요한 사건이 벌어질 것을 알고 있었던 스코필드는 카메라를 들고 파고다공원 언저리를 배회했다. 갑자기 "대한독립만세" 소리가 터져 나오자 그는 함성소리를 따라 연신 카메라 셔터를 눌러댔다. 시위 군중을 잘 볼 수 있는 자리를 물색하기 위해 일본인이 운영하는 케이크점에 들어갔다가 침입자로 몰려 낭패를 당하기도 했다. 그는 그렇게 파고다공원에서 시작해 대한문, 왜성대, 남대문, 서울역 등지로 시위대를 따라 쫓아다녔다. 그리고 그 모든 사실을 국내외 신문에 기고했다. 현재까지 남아 있는 3·1운동 초기의 기록 사진은 모두가 스코필드가 찍은 사진이라고 할 정도로 그의 활동은 3·1운동사에 한 획을 그었다.

그다음으로 스코필드는 수원군(현 화성 지역) 수촌리와 제암리 일대에 양민학살의 진상을 보도했다. 일본군은 만세사건에 대한 보복으로 4월 6일 새벽 수촌리에 들어와 마을 전체를 불태웠고, 이에 저항하는 사람들은 총칼로 제지했으며 이 과정에서 한 사람이 죽고 여러 사람이 부상을 당했다. 제암리에서도 일본군이 동네 사람들 30여 명을 교회에 가두고 방화와 학살을 자행했다. 이 과정에서 부녀자 2명을 포함해 23명이 학살되었고, 고주리에서도 6명의 천도교인들이 총살당했다. 4월 17일, 소문을 들은 스코필드는 진상조사를 시작했다. 그리고 수촌리 학살사건은 미국 장로회 기관지 *Presbyterian Witness*(1919년 7월 26일자)에, 제암리 학살사건은 상하이 영자신문 *The Shanghai Gazette*(1919년 5월 27일자)에 보도했다. 뜬소문으로 간주될 수 있었던 학살사건의 진상이 그의 집념으로 전 세계에 알려지게 된 것이다.

마지막으로 스코필드는 만세사건 수감자들의 인권 문제에도 깊은 관심을 가졌다. 당시 외국인들에게 한국 내 정세를 알리던 영

스코필드 교수가 신현창과 함께
한국의 스페인 독감에 대해서 발표한 JAMA 논문(1919)

자신문사가 서대문형무소를 '서대문요양소' 혹은 '서대문직업학교'라고 보도하자 이를 계기로 스코필드는 직접 서대문형무소를 드나들며 그 진상을 파악했다. 서대문형무소에 수감되어 있던 세브란스 병원 간호사 노순경, 같은 방에 있던 유관순·어윤희·이애주 등을 만나 심한 고문과 야만적인 매질이 있었음을 확인했다. 또한 하세가와 요시미치(長谷川好道, 1850-1924) 총독과 야마가타 이사부로(山縣伊三郎, 1858-1927) 정무총감 등 고위급 인사를 만나 한국인 학살 문제, 재소자의 인권과 고문 문제를 제기하며 인권 보호를 요청했다. 스코필드는 그들을 만나면 명함을 반드시 받고 그들과 사진을 찍어 두었다. 명함과 사진은 형무소를 찾아가 독립운동가들을 만나거나 자신의 활동을 방해하는 형사들에게 압력을 가하는 용도로 사용했다.

교육자와 의학자로서의 스코필드

스코필드는 온타리오 수의과대학 졸업 후, 쟝 아미요(John A. Amyot) 교수 연구실에서 관절병·유산·폐감염 등에 대한 7편의 논문을 발표했다. 1916년 세브란스연합의학교에 온 스코필드는 세균학과 위생학을 강의하는 한편, 디프테리아와 인플루엔자 등에 관한 논문을 그의 제자인 신현창(Cynn Hyun-chang)과 함께 발표했다. 특히 1919년 4월 미국의학회지 *Journal of American Medical Association*과 1919년 5월 중화의학잡지 *The China Medical Journal*에 한국에서의 스페인 독감과 그 병인에 관한 논문을 발표했다. 이들 논문에서 스

위-프랭크 스코필드 / 아래-스코필드의 세균학 실습(1919년 말)

코필드는 1918년 인플루엔자의 유행 시기와 경로, 유병률 등을 추정했다. 1918년 9월부터 유럽과 시베리아를 거쳐 유행하기 시작한 인플루엔자는 인구의 25-50%가 이환된 것으로 보았다. 당시 스페인 독감의 원인균은 파이퍼균(Pfeiffer's Bacillus)으로 알려져 있었다. 그런데 스코필드는 파이퍼균 보균 환자는 소수에 불과하며, 이 질병은 감염성이 매우 높고 환자의 객담에서조차 발견되지 않을 정도로 매우 작은 원인체이므로 다른 종류의 전염병일 가능성을 제기했다.

스코필드 1916년 8월부터 4년여 동안 세브란스에서 세균학 및 위생학을 가르쳤다. 당시 세브란스는 1년에 3학기를 운영했는데, 그는 매주 2학년 1학기에 5시간, 2학기에 6시간, 3학기에 3시간씩 배정된 위생학 교육을 담당했다. 위생학의 주요 내용은 개인위생, 음식, 대기, 수질 등에 관한 것이었다. 4학년에게는 전염병 백신이나 혈청을 만들 수 있는 세균학 심화과정을 강의했다. 스코필드가 의학교육에서 중시한 것은 위생학과 세균학만이 아니었다. 그는 평소 의학도라면 지식인으로서 비판정신을 가지고 사회적 실천을 실행해야 한다는 점을 강조했다. 그에게서 세균학을 배웠던 신현창·배동석 등 많은 의학생들은 국내외 독립운동에 참여하면서 스승의 가르침을 실천해나갔다.

1920년 캐나다로 돌아온 스코필드는 온타리오 수의과대학에서 1955년 은퇴하기까지 140여 편의 병리생물학 분야 논문을 남겼다. 특히 스코필드는 소의 먹이인 전동싸리(Sweet Clover, Melilotus alba and Melilotus officinalis)에 관한 독보적인 연구를 진행했다. 1921년 겨울, 온타리오 지역에서 원인 모를 우역이 유행했는데, 스코필드는 이 유행병이 감염에 의한 것이 아니라 소의 먹이인 전동싸리의 독소에 의한 것이라고 보고했다. 이 보고는 원인물질인 디쿠마롤(dicumarol)이 비타민 K의 작용을 억제해 혈액응고를 방해한다는 기전을 밝히는 데 결정적인 역할을 했고, 이는 항응고제 와파린(Wafarin)의 개발로 이어졌다. 와파린은 혈전 생성을 예방하는 획기적인 치료제로 현재 전 세계적으로 가장 많이 사용되는 항응고제이다. 스코필드가 세균학, 병리학, 비교의학 분야에서 '탁월한(extraordinaire)' 학자로 인정받은 것은 결코 우연이 아니었다.

스코필드 교수는 세브란스의전에서 4년이라는 비교적 짧은 시기 동안 활동했지만, 그가 세브란스의전과 한국 사회에 남긴 영향은 실로 지대했다. 그는 자신의 신념과 소신에 따르며 부당한 권력과 폭력에 굴하지 않았다. 그는 한국인으로서는 감당하기 어려웠던 언론활동과 인권운동을 묵묵히 수행해나갔고, 한국인들에게조차 쓴소리를 아끼지 않았다. 그가 인류사회에 남긴 유산은 의학적 연구지식뿐만 아니라 지식인으로서 어떻게 살아가야 하는지에 대한 해답을 제시했다는 것이다. 그에게 세균학과 위생학을 배웠던 학생들은 단순한 의학지식뿐만 아니라 지식인으로서 시대적 소명에 대해서 고민했고, 스코필드 교수가 남긴 경험과 교훈은 세브란스의전 학생들이 사회운동과 독립운동에 적극적으로 나서게 된 하나의 계기가 되었다.

배동석은 대구 계성학교 시절부터 배일운동을 시작했다.
경신학교를 졸업하고 목포에서 교편을 잡았다가 대한광복회의 일원으로
해외에 독립운동자금을 전달하는 역할을 담당했다.
그는 세브란스의전에 입학했고, 3·1운동 시기에는
마산·함안·김해 등지에 독립선언서를 전달하며
경남 지역의 독립운동을 이끌었다.
배동석은 3·1운동을 이끌었던 학생 중에서는
징역 1년형이라는 최고형을 받았으며,
서대문형무소에서 혹심한 고문을 받았고,
그 후유증으로 세상을 떠났다.

하숙방에서 학생 독립운동을 지휘한 배동석

학창 시절, 배일운동을 시작하다

배동석(裵東奭, 1891-1924)은 1891년 3월 21일 경남 김해 지역의 유지이자 한약사인 배성두의 장남으로 태어났다. 부친 배성두는 독실한 기독교인으로 김해 합성학교와 김해교회의 창립자였다. 1906년 배동석은 북장로회 아담스 선교사가 설립한 대구 계성학교에 입학했다. 이듬해 12월 황태자 이은 압송 사건을 계기로 배일운동에 참여한 배동석은 배일혐의로 체포되었고, 대구경찰서에서 3개월의 옥고를 치른 후 1908년 퇴학을 조건으로 가석방되었다. 이후 그는 아담스 교장의 추천으로 언더우드가 설립한 경신학교에 입학했다. 1910년 봄 경신학교를 졸업한 배동석은 목포 유일학교에 영어교사로 부임하고, 그해 겨울 함안 지역 부농의 딸과 결혼식을 올렸다. 원래는 부친이 고향에 설립한 합성학교에서 일할 계획이었으나, 유일학교에서 먼저 영어교사로 와달라고 간청했기 때문이다. 그러나 목포에서 교사생활은 순탄하지 않았다. 배동석은 일본인 교사의 한국인 학생 채벌에 항의하다가 결국 사직하고 말았다. 얼마 후 대한광복회의 요청으로 독립운동자금을 전달하기 위해 만주와 상하이를 다녀왔다. 1916년, 배동석은 세브란스의전 예과에 입학했다. 그리고 1919년 세브란스의전 1학년 학생일 때 3·1운동이 일어났다. 당시 그의 나이는 만 28세였다.

늦깎이 의학생으로 3·1운동을 주도하다

1919년 2월 12일, 민족대표 33인 중의 한 사람인 이갑성은 세브란스병원 음악회를 핑계 삼아 세브란스의전의 배동석·이용설, 연희전문대 김원벽, 경성의전의 김형기·한위건, 전수학교의 윤자영 등을 초청하고 독립운동의 진행 사항과 향후 계획 등을 점검했다. 2월 말 세브란스의전은 독립선언서를 전국에 배포하는 역할을 담당했는데, 배동석은 경남 마산·함안·김해 등지에 독립선언서를 전달하며 만세운동을 추진하고 격려하는 데 중요한 역할을 했다. 이후 그는 3월 1일 탑골공원 시위와 3월 5일 남대문 앞 시위 등에 참여했다가 일본 경찰에 체포된다. 대부분의 학생들이 6개월 내외의 징역형을 받았으나, 배동석은 1919년 11월 6일 최종심에서 보안법 위반 혐의로 징역 1년형을 선고받았다.

성품이 올곧고 대한독립의 의지가 확고했던 배동석은 독립운동에 오랫동안 참여해온 경력이 있음에도 관련 정보를 발설하지 않았기 때문에, 일본 경찰로부터 심한 고문을 받았다. 심문 과정에서 고문이 있었다는 사실은 재판기록에도 언급되어 있다. 배동석의 막내처남 김필오는 서대문형무소에서 일제의 회유와 전향을 거부하고 끝까지 저항했던 이는 유관순과 배동석 두 사람이었으며, 이로 인해 두 눈과 손발톱이 뽑히는 고문에 시달려야 했다고 진술했다. 배동석이 가혹한 고문과 옥고로 결핵에 걸리자, 에비슨 원장은 일제 식민 당국을 설득해 배동석의 병보석을 얻어낸다. 그리고 1920년 그를 위해 세브란스병원 결핵병사를 세웠는데, 이것이 한국 최초의 결핵병동이다. 남편이 병보석으로 풀려나 세브란스병원에 입원해 있다는 소식을 듣고 상경한 배동석의 부인은 고문으로 망가진 남편의 몰골을 보고 실신해 신경쇠약에 걸리는 등 배동석과 그의 가족은 이후 피폐한 삶을 살아야 했다.

배동석

세브란스병원 결핵병사(1920)

배동석의 고문 후유증을 치료하기 위해 에비슨 원장이 마련한 것으로, 이는 한국 최초의 결핵병동이다.

고문의 후유증으로 세상을 떠나다

배동석의 사망에 관해서는 논란이 있다. 막내처남 김필오는 세브란스 결핵병사에서 1년간 요양하다가 사망했다고 했고, 김해 읍장 강수선은 세브란스 결핵병사에서 2년간 요양하다가 사망했다고 했다. 호적 등본에는 1924년 사망했다고 나와 있어, 4년여 동안 요양했을 가능성도 있다. 두 사람의 증언을 종합하면, 세브란스병원 결핵병사에서 요양하다가 고향으로 돌아가지 못하고 사망한 것으로 추정된다. 배동석의 치료를 위해 만들어진 세브란스병원 결핵병사는 1년이 채 되지 않아 문을 닫았다. 이는 배동석이 결핵병사를 떠났다는 뜻인데, 그가 유명을 달리했거나 요양지를 서울 근교로 옮겼을 가능성도 있다. 분명한 것은 배동석이 일생동안 항일과 독립운동을 견지했다는 사실이다. 그는 유복하고 순탄한 삶을 포기하고 육신의 고통과 가족의 파탄 속에서도 오로지 나라와 민족을 위해 헌신했으며, 결국 고문의 후유증으로 결핵을 앓다가 세상을 떠났다. 정부는 고인의 공적을 기려 1990년 건국훈장 애족장을 추서했다. 고인의 묘소는 현재 국립대전현충원 애국지사 제3묘역에 안장되어 있다.

1919년 3월 1일, 세브란스는 독립운동의 한 중심에 있었다.
당시 세브란스의전 3학년생이었던 김병수는
전라북도 지역의 독립운동을 위해
독립선언서를 가지고 군산에 잠입했다.
그는 3·5군산만세운동과 4·4이리만세운동 등
한강 이남에서 벌어진 최초의 만세운동을 주도했으며,
광복 이후 건국에도 적극 참여했다.

3·1운동과 건국을 주도한 김병수

3·1운동과 세브란스

1919년 2월 26일, 김병수(金炳洙, 1898-1951)는 이갑성에게서 각 지역 유명인사의 서명을 받아오라는 지시를 받아 군산에 도착했다. 그는 영명학교 시절 은사인 박연세의 집에서 이두열·김수영·김윤실·김인묵·이동욱·고석주 등과 만나 3·1만세운동 계획을 전하고, 2일 뒤 독립선언서 100매를 박연세에게 전달하기 위해 다시 군산을 찾았다. 사정이 여의치 않아 3·1만세운동보다 4일 늦게 3월 5일로 미뤄졌다. 영명학교에서 시작된 군산 3·5만세운동은 군산경찰서 앞에서 군경과 대치했고, 90여 명의 청년들이 체포되면서 종결되었다. 이로써 군산은 한강 이남 최초 3·1운동의 출발지점이 되었다.

서대문형무소 출감 기념촬영(1920. 3. 30)

파고다공원에서 촬영했다. 오른쪽 첫 번째가 김병수다.

사계(의료계)의 인기자로 만인으로부터 호감으로써 맞이하게 되는 김병수씨는 일찍이 경성 세의전을 마치고 연구에 실험을 더하여 당지에 개업한 지 이미 십여 년, 최고참자로 인근에 명성이 자못 높다. 김씨의 사회적 존재는 절정적이다. 인품이 고결 단아한 크리스챤으로 장로의 요직에 있어 교회를 섬기고 몸과 재산을 바쳐 여학교와 유치원 등을 경영하고 있으며, 또 체육구락부 등을 일으켜 호남운동계의 대표적인 중진이며, 공직도 수차례 역임했다.   - 『동아일보』(1933년 2월 11일자)

군산에 3·1만세운동계획과 독립선언서를 전한 뒤 곧바로 상경했던 김병수는 3월 5일 남대문 정거장 앞에서 세브란스의 김문진·김성국 등과 수백 명의 학생들을 이끌고 만세운동을 전개했다. 그리고 다시 군산에 내려와 만세시위를 주도하다 머리에 부상을 입었다. 4·4이리만세운동에도 참여한 그는 얼마 후 일본 경찰에 체포되어 1920년 2월, 경성복심법원에서 보안법 위반 혐의로 실형을 선고받고 옥고를 치렀다.

군산 예수병원과 익산 삼산의원

1898년 10월, 김병수는 전북 김제군 백구면 유강리에서 가난한 농부의 장남으로 태어났다. 크리스천인 부모의 영향으로 그는 어려서부터 기독교도가 되었고, 신명학당에서 초등교육을 받은 뒤 문중의 추천과 지원을 받아 영명학교에 진학했다. 한말 독립협회에서 활동하던 오긍선이 설립한 영명학교는 미선계 중등학교이자 전북 지역의 우수한 인재를 양성하는 요람이었다. 오긍선은 독립협회 사건에 연루되었고 체포를 피해 군산까지 내려왔다가 자신에게 한글을 배우던 선교사들의 권유로 유학을 떠나, 미국 루이빌 의과대학을 졸업한 뒤 남장로교 의료선교사로 파견되어 군산 야소병원과 세브란스병원에서 활동했다. 김병수는 영명학교 진학을 계기로 군산 야소병원과 세브란스의전과 인연을 맺었고, 기독교의 울타리를 삶의 기반으로 삼았다.

1917년 세브란스의전에 진학한 김병수는 이용설과 함께 민족운동의 필요성을 각성하고 독립운동을 위한 준비를 진행했다. 그는 군산, 옥구, 익산 일대의 독립운동 연락책임을 담당했고, 그 일대 기독교계와 연락해 3·5군산만세운동과 4·4이리만세운동을 전개하는 데 성공했다. 그러나 곧 체포되어 1년 동안 서대문형무소에서 옥살이를 했다. 출옥 후 1921년 세브란스 의전을 졸업한 그는 군산 야소병원에서 인턴생활을 마치고, 이듬해 10월 익산에서 삼산의원(三山醫院)을 개원했다. 1923년 3월에는 사재를 털어 광희여숙(光熙女塾)을 설립해 여성교육에 공헌했으며, 2년 뒤 익산제일교회 장로가 되어 교회에 유치원을 설치했다. 또 일본인을 중심으로 한 이리의사회에 대항하기 위해 1927년에 익산의사회를 조직하고, 삼산의원에서 창립총회를 개최했다. 1930년에는 YMCA의 전신인 익산청년회관을 건립했으며, 동아일보 이리지국장을 맡기도 했다.

김병수

왼쪽은 청년 시절의 모습이며, 오른쪽은 초대 익산시장 시절의 모습이다.

익산 삼산의원

김병수가 1922년 자신의 호를 따서 처음 개원했으며, 5년 후 르네상스 팔라초 양식을 따른 서양식 건물을 건축했다. 삼산의원은 식민지 시기 동안 익산 최대의 사립병원이었다.

익산에서 건국을 지휘하다

광복 직후 김병수는 건국준비위원회 부위원장으로 활동했다. 그해 9월 건국준비위원회가 인민위원회로 개편되자, 이에 항쟁하기 위해 3달 뒤 이리·익산 독립촉성회를 조직하고 위원장으로 선출되었다. 1946년 2월에는 대한독립촉성회 전북지부 부위원장이, 9월에는 세브란스 재단법인 이사가 되었다. 이듬해 3월 대한농민총연맹 전북위원장이 된 그는 1달 뒤 이리읍이 부(府)로 승격되자 초대 이리부윤(이리시장)에 취임하고, 대한농민총연맹전국위원회 부위원장이 되었다. 같은 해 12월에는 민주국민당 이리시당 부위원장, 1949년에는 민주국민당 전북당지부 최고위원이 되었다. 한국전쟁 때는 부산으로 피난을 떠나 동래 제5육군병원에서 군의관으로 활약하다 UN군의 진격과 함께 고향에 돌아와 구국총력연맹(救國總力聯盟) 위원장으로 활약했다. 이후에도 국가 재건을 위한 여러 활동에 매진하던 그는 결핵이 악화되어 1951년 세상을 떠났다. 정부는 고인의 업적을 기려 건국훈장 애족장(1990)을 수여했다.

송춘근은 세브란스의전 3학년 재학 중 3·1운동에 참여했고,
스코필드 교수를 도와
3·1운동을 해외에 알리는 데 기여했다.
그는 춘천 지역의 독립운동을 주도하다가 체포되어
1년 6개월형을 선고받았다.
졸업 후에는 원산과 해남 등지에서
기독교 청년운동과 신간회 창립을 주도했으며,
해방 후에는 제헌국회의원으로 국가 재건에 기여했다.

제헌국회의원이 된 독립투사 송춘근

대한민국 헌법 제1조 제1항은 "대한민국은 민주공화국이다"라고 규정하고 있다. 1948년 5월 10일 선거를 통해 성립된 제헌국회는 대한민국 헌법 제정에 착수했고, 그해 7월 1일 본회의에서 압도적인 표결로 헌법 제1조가 확정된다. 이후 지금까지 9차례의 헌법 개정이 있었지만, 헌법 제1조는 한 글자도 변경되지 않았다. 그러나 헌법 초안 작성 시에는 대한민국 국호를 고려공화국이나 조선으로 하자는 등 다양한 논의가 있었다. 전라남도 해남에 지역구를 둔 국회의원 송봉해는 대한민국을 국호로 하는 헌법 제1조안을 제의해 제헌국회의원들의 압도적인 지지를 이끌어냈다.

제1조에 대한민국이라고 국호를 명명함이 가당하다. 국호는 가장 중대성을 가졌다. 국호는 그 나라 민족의 정기와 조국의 정신을 표현하는 것이다. 또는 국민성을 발휘하는 것이다. 또는 조국의 혼을 역사적으로

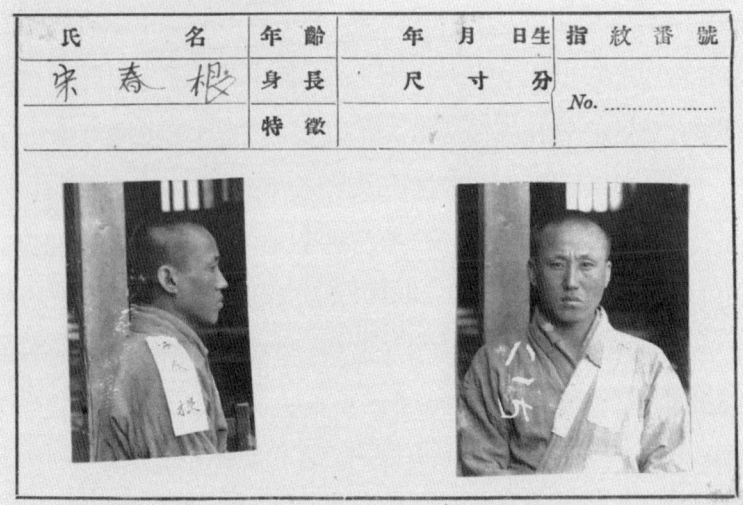

위-송춘근 / 아래-서대문형무소 수감시절의 송춘근(1920)

계승하는 것이다. 대한민국이라는 국호는 기미년에 이천만 민족의 피로 물들여 명명한 국호이다. 이 국호로서 세계만방에 독립을 선포하고 왜적의 철쇄에서 이탈하려고 한 것이다. 그러나 왜적의 강압으로 우리의 국호는 불러보지도 못하였다. 그러나 대한민국은 30년간 세계만방에 알려질 뿐이라 이 국호로서 한국민족의 기혼을 인식하게 된 것이다. 고로 우리 조국의 혼과 한국민족의 정신을 표현시키며 조국광복에 혁혁한 기혼을 발휘함에는 반드시 이 국호가 가당하다고 찬의하는 바이다.

- 송봉해 의원 발언, 제헌국회 제20차 본회의(1948년 6월 29일)

3·1운동과 춘천의 독립운동을 주도하다

송춘근(宋春根·宋鳳海, 1887-1971)은 1887년 송명선의 2남으로 경기도 양주에서 태어났다. 아명은 봉해(鳳海)다. 그는 어렸을 때 남감리교 선교사에게 세례를 받는 등 일찍부터 기독교의 영향을 받았다. 15세에 연동 경신학교에 입학했으며, 3년 후에는 청년학관으로 전학해 보통과를 졸업했다. 1913년 춘천에서 남감리교 선교사 에드워즈(Laura E. Edwards, 愛道是, 1886-?)의 조선어 교사를 담당했던 송춘근은 에드워즈의 추천으로 1916년 9월 연희전문학교에 입학했다. 다음 해 4월, 송춘근은 남감리교 의료선교사 앤더슨(Earl Willis Anderson, 安烈, 1879-1960)의 추천으로 세브란스의전에 입학했다.

세브란스의전 2학년에 재학 중이던 송춘근은 1919년 2월경, 3·1운동 학생대표인 김원벽(연희전문학교), 강기덕(보성전문학교) 등의 연락을 받고 학생 동원의 책임을 맡았다. 그는 3월 1일 정오까지 태극기와 적색 리본을 가지고 탑골공원으로 집합하라고 동료 학생들을 독려하고, 3·1운동에 참가했다. 한편으로는 세브란스의전 스코필드 교수를 도와 학살당한 한국인들의 사진을 미국선교회와 신문사에 보내 일제의 만행을 널리 알렸다.

1919년 6월 송춘근은 세브란스의전 방사선사인 이일선에게서 상하이 대한민국 임시정부의 독립운동자금을 확보해달라는 요청을 받고, 상하이에서 발행되는 『국민신문』·『독립신문』 등을 남감리교 전도사 김조길을 통해 춘천에 거주하는 기독교도와 유력자들에게 배포했다. 이는 상하이 대한민국 임시정부의 활동상을 널리 알려 독립운동자금을 확보하기 위함이었다. 그의 활동은 춘천 사람들의 호응을 얻었고, 덕분에 필요한 자금을 이일선에게 전달할 수 있었다. 같은 해 11월, 송춘근은 춘천 교구에 속한 남감리 교도들과 함께 독립운동을 계획했다. 그들은 「독립선언서」, 「축하가」, 「독립운동가」 등 인쇄물을 만들어 비밀리에 배포하다가 일본 경찰에게 발각되었다. 체포된 송춘근은 1920년 10월 경성지방법원에서 징역 1년 6월을 받고 옥고를 치렀다.

기독교 청년운동에 앞장서다

출옥한 송춘근은 세브란스의전에 복학해 1923년 졸업했으며, 이후 세브란스병원에 남아 수련과 연구를 지속했다. 당시 식민 경

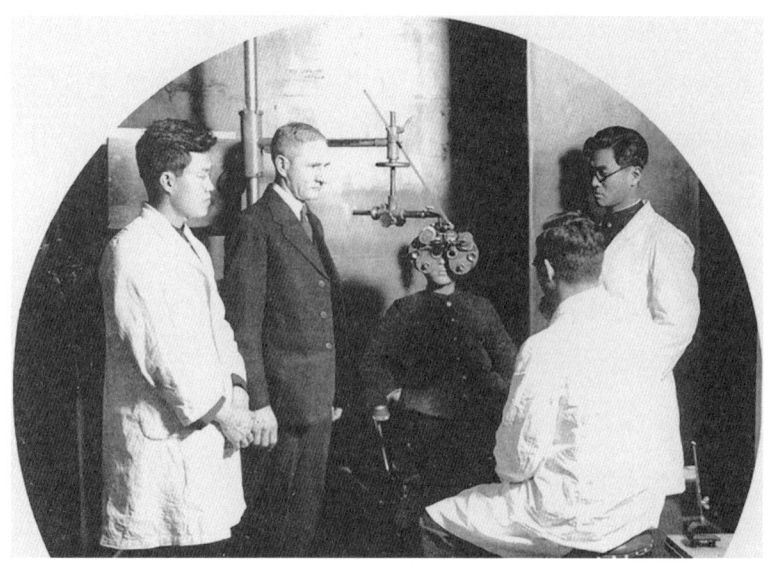

송춘근의 멘토였던 앤더슨 교수의 세브란스의전 안과 실습(1933)

찰에 의한 감시와 통제가 심해지면서 독립운동이나 정치운동을 지속할 수 없게 되자, 그는 주로 조선기독교청년회연합회 위원후보, 조선그리스도교 남감리회연합회 회원으로 기독교 사회운동에 투신했다. 송춘근은 예수교청년회연합회가 개최한 공개토론회에 참여하여 "세계를 개조하려면 종교로 할까 정치로 할까"라는 주제에 관해 공개적인 토론을 했다. 일제 식민 경찰의 감시 속에서 공개토론회의 결론은 이미 정해져 있었다. 기독교를 통해 세계를 개조하는 게 바람직하다는 결론이었다.

 그러나 송춘근은 이런 결론에 전적으로 동의하지는 않았던 것 같다. 그는 기독교 선교활동을 지속함과 동시에 정치운동도 필요하다고 인식하고 있었다. 그런 그의 인식은 향후의 활동에도 직접적인 영향을 주었다. 하지만 안타깝게도 그는 식민경찰의 감시를 받고 있어서 공개적인 정치운동이 불가능했다. 식민경찰의 감시망을 손쉽게 벗어나는 방법 중 하나는 지방으로 낙향하는 것이었다. 때마침 원산 구세병원에 전임된 앤더슨이 협력을 요청하자, 송춘근은 원산 이주를 결심하게 되었다. 1924년 원산 구세병원으로 자리를 옮긴 그는 기독교 청년운동과 정치운동에 앞장서기 시작했다. 원산 기독교청년회의 설립을 주도하며 회장을 역임했으며, 1928년 원산 신간회의 창립에도 간여했다. 신간회는 1927년 민족주의 진영과 사회주의 진영이 통합해 결성된 항일단체로, 타협적 정치운동을 배척하면서 식민지배 정책에 대한 반대 입장을 명확히 천명했다. 1931년 5월 신간회가 해산되는 등 정치운동에 탄압이 심해지자, 그는 자신의 활동 근거지를 전라남도 해남으로 옮기고 고려의원을 개원해 개원의로서 해남 지역에서 사회운동과 교육운동 등 다양한 활동을 전개했다. 해방 후 송봉해로 개명한 송춘근은 제헌국회의원에 당선되었다.

서영완은 세브란스의전 학생으로
3·1운동에 참가한 후 체포되어 징역형을 선고받았다.
출옥 후 학업에 매진했으나
1921년 10월, 식민 당국으로부터 퇴학 명령을 받게 되면서
본격적인 직업혁명가의 길을 걸었다.

독립을 위해 의학을 포기한 서영완

혼자서 만세시위에 참가하다

서영완(徐永琬, 1898-?)은 부산 출생으로 사립 중앙학교 졸업 후 1918년 세브란스의전에 입학했다. 서영완은 3·1운동을 사전 모의하고 계획했던 다른 의학생들과 달리, 개별적으로 시위에 참여했던 인물이었다. 3월 1일, 파고다공원에 간 서영완은 군중들과 함께 독립만세를 부르며 대한문 방향으로 향했으며, 미국영사관까지 갔다가 돌아왔다. 3월 4일, 서영완은 서소문 거리에서 5일 오전 남대문역 앞에서 독립만세를 부른다는 소식을 듣고, 다시 3월 5일 무교동에서 독립만세를 부르면서 종로까지 나아갔다. 경찰의 봉쇄로 더이상 나아갈 수 없었던 서영완은 거기서 만난 이화학당 여학생과 함께 돌아가는 도중 경찰에게 체포되었다. 체포된 서영완은 출판법 위반, 보안법 위반으로 1919년 8월 30일 경성지방법원 공판에 넘겨졌으며, 1919년 11월 6일 경성지방법원에서 징역 6개월(미결구류 일수 90일)을 선고받았다.

특기할 만한 것은 서영완은 조직적으로 사전 모의에 참여한 인물이 아니고 단순 가담자임에도 집행유예가 아닌 징역형을 선고받았다는 점이다. 또한 조직적으로 사전 모의에 참여하여 각각 징역 1년과 징역 8개월을 선고받았던 김성국과 이굉상 등이 상고하여 복심법원에서 무죄를 선고받았던 것과 달리, 서영완은 상고조차 하지 않았다. 형량을 줄이고자 관련 혐의를 부인하거나 거짓 진술을 했던 다른 학생들과 달리, 서영완은 독립에 대한 자신의 의지를 결코 꺾지 않았다. 당시 서영완은 독립에 대한 신념을 지킨다는 것이 자신의 인생에 어떠한 영향을 미칠 것인지 예상할 수 없었다.

서영완 신문조서(경성지방법원, 1919. 6. 21)

문: 군중이 어찌하여 이러한 운동을 한다고 생각하는가?

답: 한일합방 후 10년이 되어 조선도 독립해갈 만한 힘이 생겼고, 신문화가 되었으므로 독립하는 데 충분하다고 생각하고 독립하겠다고 독립운동을 하는 것이라고 생각했다. 나도 독립운동에 찬동하고 군중도 나와 함께 생각하여 이같이 소동을 벌이고 있다고 생각한다.

문: 독립을 희망하는 이유는 무엇인가?

답: 나는 기독교신자이며 사람은 신의 명령에 따라 자유의 생활을 해야 한다고 생각하고 있는데, 지금의 합방 상태에서는 여러 가지로 조선인의 자유를 속박하고 있다. 따라서 나의 종교상의 자유생활도 제한을 받을 것이 분명하니 독립을 희망하는 것이다.

직업혁명가의 길로 들어서다

출옥 후 서영완은 다시 학교로 돌아가 학업에 매진했다. 1921년 10월, 3학년을 다니던 중 서영완은 식민 당국으로부터 갑작스런 퇴학 명령을 받았다. 독립에 대한 확고한 신념을 지킨 결과였다. 더 이상 식민지 조선에서는 자신이 머무를 곳이 없다는 생각이 들자, 서영완은 상하이 대한민국 임시정부에 가서 본격적으로 독립운동에 뛰어들기로 결심한다. 우선 그는 진링대학(金陵大學, 현 난징대학)에 유학한다는 명분으로 도항했다. 도항 후 서영완은 고려공산당에 가입하고, 국민대표회의와 상하이 대한민국 임시정부 헌법개정위원회에 참여했다.

서영완은 상하이 대한민국 임시정부에 참여하여 독립운동을 전개하고자 했으나, 이미 1921년 초부터 임시정부 안팎에서는 국민대표회의를 소집하여 임시정부를 개조해야 한다는 논의가 진행되고 있었다. 서영완은 국민대표회의가 독립적인 단체가 아니라 임시정부의 지휘명령하에서 활동해야 한다는 입장을 견지하고 있었다. 1923년 1월, 국민대표회의가 열리자 서영완은 조선청년연합회 대표로서 이 자리에 참석했다. 서영완은 국민대표회의에 참석했던 것을 계기로 1923년 7월 모집된 헌법개정위원회에 참여하기도 했는데, 당시 서영완은 왕삼덕·윤자영 등과 함께 한족공산당 소속으로서 헌법개정위원회에 참여했다. 그러나 헌법개정안은 제11회 임시의정원 회의 차제가 파국으로 끝나면서 시행될 수 없었다.

1922년부터 적극적으로 참여했던 국민대표회의가 별다른 성과 없이 끝나고, 헌법개정위원회도 흐지부지 되면서 서영완은 1923년 12월 돌연 미국으로 떠났다. 미국에 도착한 후 로스앤젤레스 쪽으로 이동했으며, 1930년부터는 미국 캘리포니아주 디누바(Dinuba)에 자리를 잡았다. 이후 서영완은 1944년 12월과 1945년 12월에 중가주 지방회에서 서기를 맡았으며, 1945년 9월에는 한인구제회 설립에 관여하기도 했다. 정부는 고인의 업적을 기려 건국훈장 애족장(2019)을 추서했다.

3·1운동 시기 세브란스병원은 교수·학생·직원·간호사 등
전 교직원이 만세시위와 독립운동에 참여했다.
특히 간호사들은 부상자 치료와 독립운동 지원 등
다양한 활동을 전개했으며, 그 대표적 인물이 이정숙이다.

애국부인회를 조직하여
독립운동에 헌신한
간호사 이정숙

정신여학교와 세브란스병원

1907년 구한국군의 강제해산은 한국간호사에서 획기적인 사건이 되기도 했다. 구한국군이 강제해산될 때 일본군과 무력 충돌이 있었고, 이로 인해 적지 않은 사상자가 발생했다. 당시 여성 간호사들이 남성 환자를 돌보는 일은 금기시되었는데, 이 사건을 계기로 하룻밤 만에 자연스러운 일이 되었다. 1887년 6월 애니 앨러스(Annie J. Ellers, 1860-1938)가 개설한 정동여학당은 1895년 사립연동학교, 1903년 연동여중학교를 거쳐 1909년 정신여학교로 개칭했다. 위 기사 속 연동중학교는 바로 연동여중학교를 가리킨다.

그저께 한일병사들이 교전할 때에 부상한 한국 병정을 남대문 밖 제중원에 수용, 치료한다는 말은 이미 게재하였거니와 이 병원 남녀 간호원과 보구녀관 간호원들이 지성으로 구호한 것을 거론치 않을 수가 없다. 연동중학교 학생들이 회동하여 상의하기를 "저 동포는 나라 위해 순절한 자도 있는데 우리들은 비록 여자이나 의로운 일을 하지 않을 수가 없다"라고 하면서 그날 밤부터 제중원으로 가서 부상 장병들을 열심히 간호하였다. 그 장병들도 여학생들의 의거에 감복하여 눈물을 뿌리며 치사했다.
-『매일신보』(1907년 8월 4일자)

정신여학교는 기독여성의 교양 교육을 시행하고 여성 지도자를 양성하기 위해 미북장로교 선교사에 의해 설립되었다. 정신여학교의 교사였던 신마리아와 김원근 등도 학생들이 여성 지도자로서의 자질과 인성을 갖추는 데 교육 목표를 두었다. 당시에는 여성들이 교육을 받을 수 있는 기회가 극히 드물었기 때문에, 정신여학교는 중등교육을 담당하는 기관임에도 여성교육의 산실로서 여성 지도자를 양산하는 데 큰 역할을 수행했다. 구한국군의 강제해산으로 부상병이 발생하자, 정신여학교 학생들은 한걸음에 내달려가서 부상병들을 지성으로 간호했다. 평소 교육받은 것들이 자연스럽게 우러나온 행동이었다. 그로부터 10여 년이 지난 후에도 정신여학교 학생들은 세브란스병원 간호사나 견습간호사로 활동하면서 3·1운동에 참여했다. 그 대표적 예가 바로 이정숙(李貞淑, 1896-1950)이었다.

위-세브란스 간호부양성소 / 아래-대한민국애국부인회 임원들

1. 김영순 2. 황에스더 3. 이혜경 4. 신의경 5. 장선희 6. 이정숙 7. 백신영 8. 김마리아 9. 유인경

이정숙과 대한민국애국부인회

이정숙에 대해서는 1896년 함경남도 북청으로 출생이라는 것 외에 자세한 성장기록을 찾아보기 어렵다. 다만 서울에 있는 정신여학교에서 수학했으며, 1919년 3월 20일 제11회로 졸업이 예정되어 있었다. 졸업을 앞두고 3·1운동이 발발하자, 그녀는 부상자를 돕기 위해 세브란스병원에 갔다가 스스로 견습간호사가 되었다. 3월 중순, 이정숙은 정신여학교 학생과 지식 여성들을 규합해 투옥지사들의 옥바라지와 그 가족들을 후원할 목적으로 혈성단애국부인회(血誠團愛國婦人會)를 조직했다. 이후 이 단체는 상하이 대한민국임시정부와 연계하여 독립운동을 지원하는 과정에서 대조선독립애국부인회(大朝鮮獨立愛國婦人會)와 통합되어 1919년 6월 대한민국애국부인회(大韓民國愛國婦人會)로 확대·개편되었다. 대한민국애국부인회(회장 오현주)의 목표는 전국적으로 조직을 확대하고 회원들의 회비와 수예품 판매를 통해 독립운동자금을 모아 임시정부를 지원하는 것이었다.

1919년 10월, 대한민국애국부인회는 기존의 임시정부 재정 지원을 넘어 여성들이 더욱 적극적으로 독립운동에 참여하고 독립전쟁에 대비해야 함을 명확히 밝히고 조직을 새롭게 개편했다. 특히 결사부와 적십자부를 새로 조직함으로써 독립전쟁 수행에 대해 적극적인 의사를 표명했다. 김마리아가 회장, 이혜경이 부회장에 선출되었고, 세브란스병원 견습간호사 출신 이성완은 결사부장, 이정숙은 적십자부장에 임명되었다. 회장인 김마리아는 정신여학교 출신으로, 세브란스병원의학교 1회 졸업생인 김필순의 조카이기도 했다. 당시 식민 당국의 고등경찰 보고서를 보면, 대한민국애국부인회는 세브란스병원 관계자 29명, 정신여학교 관계자 11명, 동대문부인병원 관계자 13명, 기타 17명이 주요 인물로 분류되었다. 이는 세브란스병원 간호사와 정신여학교 출신 등이 대한민국애국부인회를 주도했으며, 세브란스병원과 동대문부인병원의 현직 간호사들이 부인회의 주축이었음을 보여준다. 이정숙은 정신여학교 출신이자 세브란스병원 간호사로서 대한민국애국부인회의 조직과 활동에서 중요한 역할을 담당했다.

1919년 11월, 일제는 대한민국애국부인회를 불온단체로 규정하고 주요 인사에 대한 대대적인 검거를 실시하면서 무자비한 고문을 자행했다. 이정숙은 대한민국애국부인회 사건으로 검거되어 징역 2년형을 선고받았다. 그러나 출옥 이후에도 조선여성해방동맹과 경성여자청년회 등을 조직하고 항일독립운동을 지속했다. 정부는 이정숙의 공훈을 기려 건국훈장 애족장(1990)을 추서했다.

1910년 일제의 한국병합으로 국권을 침탈당하자
세브란스병원의학교의 졸업생들은 너 나 할 것 없이 독립운동에 투신했다.
1919년 3·1운동으로 국내 독립운동이 정점에 이르렀을 때,
세브란스병원의 교직원들은 혼연일체가 되어 독립운동을 지원했다.
그 중심에는 독립선언서에 서명했던 33인의 민족대표 중의 한 사람인
이갑성이 있었다

최연소 민족대표, 약제실 이갑성

　　독립선언문에 서명한 33인 중의 막내였던 이갑성(李甲成, 1889-1981)은 독립선언문의 전국 배포, 기독교계 지도자와 학생 연락, 해외 언론 연락, 조선총독부에 독립선언에 관한 의견서 제출 등 3·1독립운동을 대내외에 알리는 중요한 역할을 담당했다. 민족을 구하는 대업을 수행하기 위해 그는 한 가족의 가장으로서의 책무에는 초연해야 했다. 결국 이갑성은 1920년 경성복심법원에서 보안법 위반, 출판법 위반 혐의로 2년 6개월형을 선고받고 서대문형무소에서 만기 옥고를 치렀다. 출소 후 그는 신간회 사건으로 중국에 망명했다가 상하이에서 체포되어 3년형을 받았고, 흥업구락부 독립운동자금 제공 사건, 상하이 독립운동 사건 등으로 수차례에 걸쳐 옥고를 치렀다. 그러다 보니 이갑성이 조선 팔도강산에 가보지 않은 형무소가 없다는 우스갯소리가 나올 정도였다.

독립선언문에 서명을 하던 때의 광경이란 참 비장하였네. 모두가 얼마 후에는 내란죄로서 왜정의 관헌에게 목숨을 짤린다는 것을 각오했으니 말이야. 나만해도 두 살과 네 살 먹은 아이가 눈에 연신 얼렁거려서 참 견디기 어려웠지. － 『경향신문』(1957년 3월 4일자)

독립운동에 참여하기까지

이갑성은 1889년 대구에서 출생해 선교사와의 만남을 계기로 기독교 신자가 되었다. 1906년 경신학교에 진학한 그는 1910년 경신학교를 졸업한 뒤 세브란스연합의학교에서 약학을 공부하고, 1915년부터 세브란스병원 약제실에서 근무를 시작했다. 1919년 3·1운동 당시에는 세브란스병원 약제실의 제약주임으로 일했다. 선교사들과 친분이 깊었던 이갑성은 평북 선천 미동병원 원장인 샤록스 의료선교사를 통해 월슨의 민족자결주의 공표 같은 국외 정세에 대해 상황을 접할 수 있었다. 샤록스는 이갑성에게 독립을 위해서는 국내외에서 독립에 대한 의지를 표명할 필요가 있다는 안창호와 이승만의 의견을 전달했다. 이에 따라 이갑성은 독립운동의 실천에 대한 강한 의지를 갖게 되었고, 기독교계를 중심으로 독립운동을 전개하기 시작했다. 그러자 천도교와 불교 쪽에서도 독립운동에 참가할 의사를 표명했고, 거사를 실행하기 위해 각계의 의견을 수렴하고 소통하는 작업이 중요해졌다.

독립운동의 기지가 된 세브란스병원

국내외 연락사무와 독립선언서 배포 등을 담당한 이갑성은 세브란스병원 구내에 자신의 사택이 있었던 데다가 약제부에서 근무하고 있었기 때문에, 세브란스병원을 자연스럽게 독립운동기지로 활용할 수 있었다. 병원이 독립운동기지로 활용될 것이라고는 누구도 생각하지 못했고, 세브란스의 인맥이나 병원공간을 활용할 수 있다는 장점이 있었다. 그의 사택은 각계 대표가 의견을 교환하고 정보를 전파하는 핵심적인 장소가 되었다.

그리고 그는 해외언론에 독립운동 상황을 알리기 위해 당시 세브란스의학전문학교의 세균학 교수였던 스코필드에게 사건 취재와 해외 연락을 부탁했다. 스코필드는 평소 약자를 도왔으며 불의에 저항하는 공명심이 강해서 이 일에 제격이었다. 1919년 2월 중순, 이갑성은 세브란스의전의 김문진·이용설·배동석을 자신의 사택으로 불러 국내외 정세에 대해 이야기하며 독립운동 의사를 타진했다. 아울러 2월 28일에는 독립선언문을 세브란스의전에 재학 중이었던 이용설·이용상·강기덕·김병수 등에게 전달했고, 이 독립선언문은 대구의 이만집 목사와 마산의 임학찬, 군산의 박연세 등에게 배포되었다.

이 과정에서 독립선언서가 발각될 위기에 직면하기도 했다. 세브란스병원에서 이상한 움직임이 있다는 첩보를 접한 경무청 형사들이 갑자기 병원에 들이닥친 것이다. 당시 산부인과를 담당했던 허스트 교수는 형사들이 학교와 병원에 들어오려 하자, 이곳은

세브란스병원 약제실(1920년대)

제2대 부통령 출마 당시 이갑성 후보의 전단지(1951)

이갑성

학생을 교육하고 환자를 진료하는 병원일 뿐만 아니라 그런 인쇄물을 제작할 만한 곳도 없다며 형사의 진입을 저지했다. 그의 강경한 입장에 형사들은 수색을 진행할 수 없었다. 학생들은 등사기와 등사물을 해부학 실습 시체실에 숨겨놓았는데, 허스트의 덕분에 세브란스의전에 있던 독립선언문은 전국 각지에 배포될 수 있었다.

해방 이후 이갑성은 대한독립촉성국민회의 회장으로 있으면서 반탁운동을 주도했으며, 정계에 입문해 왕성한 활동을 벌였다. 1947년 민선 입법의원, 제2대 국회의원에 선출되기도 했던 그는 한국전쟁 직후 전시내각 국무총리를 지내기도 했다. 1981년 3월, 이갑성은 93세의 일기로 세상을 떠났다. 그의 장례는 국민장으로 치러졌고, 그의 유해는 국립묘지에 안장되었다. 대한민국 정부는 고인의 공훈을 기리고자 건국훈장 대통령장(1962)을 추서했다.

2부

독립국가와 민주화된 세상을
꿈꾼 세브란스 사람들

독립국가 건설을 위한 3·1운동의 열기는
상하이 대한민국 임시정부 수립으로 수렴되었고,
세브란스 출신들은 대거 상하이 대한민국 임시정부와
임시의정원 등에서 적극적으로 활동했다.
특히 세브란스 출신들은 상하이 프랑스 조계 중심가에
의원을 개설하여 모은 독립자금으로 독립운동을 지원하면서
임시정부 요원 등으로 활동했다.

상하이 대한민국 임시정부와 세브란스

왜 상하이인가

1910년 일제의 강제병합으로 국권을 잃은 뒤, 적지 않은 한국인들이 새로운 생활터전을 찾아 한국과 지리적으로 가까운 북간도·서간도·블라디보스토크 등으로 이주했다. 1회 졸업생 김필순·박서양·신창희, 2회 졸업생 이태준, 3회 졸업생 곽병규 등의 초기 졸업생들의 독립운동 행선지도 이러한 흐름을 잘 보여주고 있다. 그런데 5회 졸업생 이후로는 독립운동 행선지가 상하이로 수렴되는 경향이 있다. 그것은 3·1운동 이후 상하이에서 임시정부가 수립된 것과 관계가 깊다. 상하이는 치외법권 지역인 조계가 설치되어 주권국가인 중국의 입장에서는 굴욕을 상징하는 공간이었지만, 망명정부의 독립운동가들에게는 국내외의 정치적·군사적 탄압에서 자유로운 공간이었다. 임시정부가 상하이에 자리를 잡은 것도 일본군이 직접적으로 지배하고 있는 만주 지역보다는 상대적으로 안전했기 때문이다. 또한 임시정부가 국제사회의 일원으로 인정받기 위해서 적극적인 외교활동이 필요했는데, 상하이는 이러한 요건에 부합한 장소이기도 했다.

1842년 8월, 굴욕적인 난징조약의 체결로 홍콩을 영국에 할양하고, 상하이 등 5개 항구에 조계(租界)를 설치하게 되었다. 조계는 단순히 외국인과의 자유로운 교류의 장을 넘어서서 외국인의 치외법권을 허용한 곳이었다. 1845년 상하이현성(上海縣城) 이북의 영국인 거류지역에 영국조계가 처음 설치되었다. 중국 정부는 중국인과 외국인들의 잡거를 허용하지 않는 화양별거(華洋別居)의 원칙을 내세웠고, 외국인들을 현성 내부가 아닌 현성 북쪽에 머물게 했다. 1846년에는 홍커우(虹口)에 미국조계가 건설되었다. 1849년에는 상하이 현성과 영국조계 사이에 프랑스조계가 건립되었다. 1862년에는 영국조계와 미국조계가 합병되어 공공조계(Shanghai International Settlement, 公共租界)가 되었다. 그 뒤 조계는 점차 확대되었다. 공공조계는 징안쓰(靜安寺) 일대까지 확대되어 3만여 무(畝), 즉 90만 평을 차지했으며, 프랑스조계는 쉬자후이(徐家滙) 지역까지 확대되어 1만여 무, 즉 30만 평을 차지했다.

말하자면 19세기 후반에서 20세기 전반에 이르기까지 상하이는 중국인 거주지(華界), 공공조계, 프랑스조계 등으로 삼분되어 있었고, 각 지역은 상하이 시정부, 공공조계 공부국(工部局), 프랑스조계 공동국(公董局) 등이 중심이 되어 도시건설과 도시관리를 분담했다. 일반적으로 경제적 형편이 나은 한국인들은 프랑스조계와 공공조계에 살았고, 경제적 형편이 어려운 사람들은 상하이현성에 머물렀다. 1911년 상하이의 전체 한국인 49명 중 프랑스조계에 거주하는 사람은 3명이었고, 공공조계 32명, 중국인 거주지 14명이었다. 1919년 이후 상황은 크게 달라져, 1921년의 거주 분포는 프랑스조계 458명, 공공조계 69명, 중국인 거주지 60명이었다. 이 때문에 프랑스조계 당국은 호구조사를 시작하고, 정치적 분쟁을 일으킬 소지가 있는 상하이 대한민국 임시정부에게 조계지역에서 떠나줄 것을 요구하기도 했다. 1910년 일제의 한국병합 이후 한국인 독립운동가들은 정치적 자유를 보장받았던 프랑스조계에 모여들기 시작했고, 1932년 상하이 대한민국 임시정부가 상하이를 떠나기 전까지 프랑스조계는 한국인들이 가장 밀집해 있던 지역이었다.

상하이 대한민국 임시정부와 세브란스

상하이 대한민국 임시정부 성립 초기인 1920년대 상하이 대한민국 임시정부에서 활약했던 한인 의사는 모두 8명인데, 그중에서 신원 확인이 가능한 인물들은 세브란스 출신이 6명(주현측·신창희·곽병규·정영준·김창세·신현창), 시카고대 1명(이희경), 경성의전 1명(나창헌) 등이다. 이들은 개업을 하거나 다른 형태로 의업에 종사하면서 임시정부 요원, 직속 대한적십자회 상의원 및 부속 간호원양성소 교수, 임시의정원 의원 등으로 활약했다는 공통점을 가진다. 어떻게 해서 의사 출신 독립운동가들은 임시정부와 임시의정원이라는

상하이 대한민국 임시정부 청사

두 조직과 연계되었던 것일까?

첫째, 의사 출신 독립운동가들은 의사라는 신분을 십분 활용한 경우가 많았다. 의사라는 직업의 특성상 경제적 압박에서 벗어나 활동 기반을 스스로 마련할 수 있었고, 사람들과의 빈번한 접촉과 교류가 자연스러웠기 때문에, 외부의 감시에서 상대적으로 자유로웠다. 의사 출신 독립운동가들이 개원의로 활동하면서 자금 모금이나 정보 수집 등에서 자신들의 역량을 발휘할 수 있었던 것도 자신들의 본업을 유지하면서 독립운동에 참여했기 때문에 가능한 일이었다. 주현측·신창희 등이 개원의로 활동하면서 상하이 대한민국 임시정부 교통국 요원 등으로 활약한 것이 대표적 사례다.

둘째, 세브란스인들은 종교·학연·지연·혈연 등 인적 관계가 복잡하게 얽혀 있었다. 특히 세브란스인들은 상하이 대한민국 임시정부의 핵심 인물들과 인적 유대관계가 깊었다. 우선 의사 출신 독립운동가들은 안창호가 설립한 흥사단을 중심으로 결집된 경향이 있었다. 안창호가 임시정부의 초대 내무총장을 지냈고 내무총장은 위생행정을 총괄하던 위치에 있었기 때문에, 아무래도 의사 출신들과 교류가 많을 수밖에 없었다. 특히나 김창세는 안창호의 동서이기도 했다. 안창호가 내무총장으로서 대한적십자회 창립에도 적극 관여했던 만큼 김창세는 안창호를 자문하는 위치에 있었다. 대한적십자회 창립 시기에 김창세가 감사 등을 역임한 것도 그와 같은 맥락으로 이해할 수 있다. 김창세가 대한적십자회 간호부양성소 교수로 참여한 데도 안창호 등과의 친분이 작용했다고 볼 수 있다. 안창호는 세브란스병원의학교 제1회 졸업생인 김필순과는 의형제 관계를 맺기도 했다. 안창호는 국내에 체류하는 동안 주로 김필순이 제공한 김형제상회에 머물렀는데, 그곳은 세브란스병원 인근에 위치하여 세브란스 출신들과 교류가 빈번했다. 임시정부에서 안창호가 내무총장으로서 위생의료 분야를 책임지고 있었던 만큼 김창세 이외의 세브란스 출신들이 안창호와 긴밀한 관계를 갖게 된 것은 자연스런 일이다. 김창세(단우번호 121), 주현측(단우번호 168), 신현창 등 세브란스 출신들은 흥사단 활동에 매우 적극적이었다.

셋째, 신한청년당(新韓靑年黨)의 활동에 주목할 필요가 있다. 잘 알려진 바와 같이 1918년 11월, 독일의 항복으로 제1차 세계대전이 종결되고, 1919년 1월 파리강화회의에서 미국 대통령 우드로 윌슨이 민족자결주의를 천명하면서 약소민족들은 이때를 독립의 기회로 여겼다. 1918년 11월, 중국에서 독립운동을 준비하던 여운형·장덕수·서병호·김구 등은 상하이에서 최초의 해외 망명 정당인 신한청년당을 조직했고, 파리강화회의에 김규식을 대표로 파견하여 외교독립을 위한 교섭을 시작했다. 여운형은 임시정부 초기에는 기독교 전도사로서 기독교계와의 교류에서 중심적 역할을 했으며, 대한인거류민단의 단장과 시사책진회 회원 등으로 활동했다. 정영준과 신현창은 대한인거류민단 의사회 의원이자 시사책진회의 회원이었다. 김구 역시 신한청년당에 가입하면서 본격적인 독립운동의 길로 나섰다. 상하이 대한민국 임시정부 성립 이후 김구는 의정원 의원과 경무국장 등을 지냈고, 대한인거류민단 의사회 의원, 시사책진회 회원 등으로 활동했다. 김구의 동서인 신창희 역시 신한청년당에 가입하여 독립운동을 본격화했다. 신창희는 교통부 요원과 의정원 의원 등을 지냈다. 주현측 역시 신한청년당의 일원이었다.

넷째, 흥사단과 신한청년당 등의 연결 지점으로 대한적십자회에 주목할 필요가 있다. 흥사단 그룹의 지도자인 안창호가 상하이 대한민국 임시정부 초대 내무총장으로 있었고, 대한적십자회의 조직에 주도적인 역할을 했다. 또한 흥사단 그룹의 주요 인물인 안정근·김창세·김순애 등이 대한적십자회의 감사 등으로 활동했고, 신한청년단 그룹의 지도자였던 여운형이 대한적십자회의 이사였다. 따라서 대한적십자회는 두 그룹이 공식적으로 합류하는 지점이었다고 생각된다. 더욱이 대한적십자회는 부속 간호원양성소를 설립하는 등 의료활동에 주력하고 있었기 때문에, 의사 출신들이 활동하기 좋은 환경을 제공하고 있었던 셈이다. 그 결과 신현창이 대한적십자회 상의원으로 선출되었고, 김창세가 적십자간호원양성소 교수로 참여했으며, 정영준 역시 적십자간호원양성소 교수로 참여했다. 심지어 시베리아 지역에서 독립운동을 하던 곽병규까지도 대한적십자회 활동에 합류할 수 있었다.

상하이 대한민국 임시정부하의 대한적십자회 창설

1919년 4월 11일, 상하이 대한민국 임시정부가 수립되었다. 11월, 임시정부는 「대한민국 임시관제」를 반포하여 내무부가 경찰 및 위생 사무를 관장하도록 했다. 흥미롭게도 대한제국 임시정부는 내무부 산하의 경무국이 경찰 및 위생 사무를 담당하도록 했는데, 이는 다분히 식민지 위생행정을 염두에 둔 조치였다. 그 밖에는 군무부의 육군국과 해군국에서 육군 및 해군의 위생 사무를 담당하도록 했다. 임시관제는 일종의 상징적인 규정으로 피통치 국민이 부재한 상황에서 그 의미는 반감될 수밖에 없었다. 그럼에도 상하이 대한민국 임시정부가 주도한 대한적십자회의 창립과 운영은 여러 가지 차원에서 매우 중요한 의미를 지니고 있었다.

우선 상하이 대한민국 임시정부는 국제적으로 공인받지 못한 조직이었기 때문에, 대한적십자회의 활동은 임시정부에 대한 관심과 인지도를 높일 수 있는 방안이기도 했다. 대한적십자회는 발족한 지 1달 만에 첫 의료사업을 전개했다. 1919년 8월 상하이에서 콜레라가 유행했기 때문이다. 대한적십자회는 곧바로 임시정부로부터 지원금을 받아 상하이 거류 한인들을 대상으로 예방접종을 실시했다. 민단사무소 내에 임시 병원을 설치하고 콜레라 예방주사를 놓아주었다. 요금은 50전씩 받기로 하고 하루 90명 정도를 계획했으나, 실제로는 하루 30명 정도에 불과해 기대만큼의 성과를 거두지는 못했다.

그다음으로 대한적십자회는 전시와 재난 시에 인도주의적인

대한적십자회 간호원양성소 제1기 졸업사진(1920)

9명의 여성 간호원(왼쪽부터 김연실·김원경·이경신·이화숙·오남희·김순애·이봉순·김현숙·이매리)과 가운뎃줄 왼쪽부터 정영준·곽병규·김창세 등 교수진이 보인다.

구휼을 위한 조직이기 때문에 독립전쟁과 유사시에 대비할 수 있는 의료인력을 확보한다는 현실적인 목표도 있었다. 상하이 대한민국 임시정부는 조국 광복을 위해서는 일본과의 일전이 불가피하다고 인식하고 독립전쟁에 대비한 지휘체계를 확립하기 위해 노력했다. 만주와 러시아 인근에서 독립투쟁을 전개하던 독립군이 임시정부에 통할되면서 임시정부는 독립군의 부상병 구호를 위해서 적십자회를 조직할 필요성을 느꼈다. 안창호·이희경 등이 중심이 되어 임시정부 수립 3개월 후인 1919년 7월 13일, 상하이 대한민국 임시정부 내무부 총장 안창호의 명의(내무부령 제62호)로 대한적십자회 설립이 인가되었다. 창설 당시 중심인물은 다음과 같다.

회장: 이희경
부회장: 김성겸
이사: 여운형
조사(감사): 안정근·김창세·김순애
상의원: 이광수·옥성빈·장건상·손정도·김태연·서병호·정인과·이화숙·강태동·고일청·김한·김병조·김철·원세훈·현순·김보연·김홍서·오의선·이춘숙·이기룡

이상과 같이 임원 구성을 마친 후, 8월에는 안창호 등 78명 명의로 「대한민국 적십자회 선언」과 결의문을 발표했다.

적십자회 선언

아 적십자회는 대한민국적십자회임을 선언하며 아래와 같은 결의문을 발기인 안창호 씨 이하 78명의 명이로 발표하는 바이나.

결의문

일, 일본적십자사에 대해여 관계의 단절을 선언하고 연금의 반환을 요구할 것

이, 국제연맹에 향하여 일본적십자사의 무도무의한 죄악을 성토하는 동시에 우리의 정의적 태도와 독립적 자격을 완전히 표시함으로써 적십자연맹에 가입할 것

삼, 신성한 독립전쟁에 대하여 생명과 신체를 희생하고, 국민의 의무를 다하는 동포를 구제함은 우리 적십자회의 제일의 요무요 급선무라. 고로 자유정신을 가지고 동포의 참상을 슬퍼하는 우리 민족이여! 성심총력하여 본회의 목적을 달할지어다.

대한민국 원년 8월

1905년 대한제국이 대한적십자사를 창설했으나 1909년 7월 적십자사 합동이라는 미명하에 대한적십자사를 폐지했기 때문에, 임시정부 대한적십자회는 일본적십자사와의 단절을 선언한 것이다. 곧이어 대한적십자회는 전문 35조로 구성된 대한적십자회 회칙(1919년 8월)을 공표했는데, 제4조는 "전쟁 및 기타 재난 시에 부상자 및 병자를 구휼함을 목적으로 한다"고 했다.

1919년 9월 19일 밤 9시, 대한적십자사 상임위원회(회장 이희

경)가 프랑스조계 창안리(長安里) 민단사무소(民團事務所)에서 열렸다. 명예회장에 서재필, 고문에 이승만·이동휘·안창호·문창범 등이 추대되었다. 1920년 1월 31일, 프랑스조계 내 대한적십자회 총사무소에 적십자간호원양성소를 설치하고 개학식을 열었다. 개학식에 참석했던 임시정부 국무총리 이동휘는 "이번에 개설된 간호원학교가 많은 간호원을 양성하여 독립투쟁시에 유감이 없기를 바란다"고 하여, 적십자간호원양성소의 의의와 사명을 강조했다. 적십자간호원양성소의 수업 기간은 3개월이었으며, 매주 18시간 수업을 받도록 했다. 수업 내용은 간호학 과목은 물론 일반 의학과목도 수강하도록 했다. 전시에 의사가 부족할 경우 간호원이 그 역할을 대신해야 했기 때문이다. 제1기 입학생은 남자 4명, 여자 10명 등 총 14명이었다. 그러나 실제로는 김연실·김원경·이경신·이화숙·오남희·김순애·이봉순·김현숙·이매리 등 9명의 여성만이 졸업할 수 있었다. 그나마도 9명의 제1기 졸업생이 처음이자 마지막이었다. 대한적십자사의 재정 여건이 악화되어 적십자간호원양성소를 운영할 형편이 되지 못했고, 신입생을 선발하기도 어려웠다. 더욱이 어렵게 구성된 교수진들도 각자의 행로를 따라 만주·시베리아·미국 등지로 떠나게 되면서 교수진마저 해체되었다. 간호원 양성을 대신하여 대한적십자회는 구제회를 조직했고 의연금과 구호물품 등을 기증받아 동포들의 구호활동을 전개하는 데 진력했다.

적십자간호원양성소 제1기 졸업생 중 김연실·김원경·이화숙·오남희·김순애·이봉순 등은 모두 1919년 4월 결성된 상하이 대한애국부인회(회장 김순애) 소속이었다. 대한애국부인회 간부였던 김순애·이화숙·김원경·이봉순 등은 '대한적십자회 재건선언문'에 상하이 대한적십자사 회원 대표로 이름을 올리는 등 대한적십자사 재건 시작에서부터 적극적으로 참여했다. 대한애국부인회의 설립 목적이 독립운동자금 모집과 지원, 독립운동단체의 연락 및 홍보, 적십자사 활동 및 간호법 연습 등이었기 때문에, 적십자간호원양성소 훈련은 대한애국부인회의 설립 취지와도 상통했다. 그러나 이들이 훈련받은 간호 업무를 현실사회에서 적극적으로 활용할 수 있는 여지는 많지 않았던 것으로 보인다. 이들 중 김원경·김순애 등은 독립운동가 남편과 결혼하여 부부가 독립운동에 헌신했고, 김연실·이봉순 등은 임시정부 침체기에 상하이를 떠나 미국에 건너갔고, 미주 대한여자애국단을 조직하여 독립운동을 지속했을 뿐이었다. 이 중 김연실은 상하이에 오기 전 세브란스병원 간호부양성소를 졸업했고, 이봉순은 미국에 건너가서 간호사가 되기도 했다.

교수진은 곽병규·정영준·김창세 등 3명이었다. 이들은 모두 세브란스 출신으로 곽병규가 1913년, 정영준이 1915년, 김창세가 1916년 졸업생이었다. 이들 중 가장 먼저 상하이에 온 것은 김창세였다. 그는 세브란스연합의학교 졸업 후 1918–1920년까지 안식일교회에서 운영하는 상하이에 있는 중국홍십자회총의원(中國紅十字會總醫院)에서 근무하고 있었다.

김창세는 상하이 대한민국 임시정부 수립 이후 대한적십자회 창립에 관여하고 있었기 때문에, 적십자간호원양성소의 설립에도 주도적인 역할을 담당해야 했다. 정영준과 곽병규가 어떻게 해서 적십자간호원양성소 교수진으로 참여하게 되었는지에 대해서는 잘 알려져 있지 않다. 아마도 그들은 임시정부에 합류하는 과정에서 세브란스 후배인 김창세 등의 요청을 받았을 것이고, 적십자간호원양성소가 출범함에 따라 자연스럽게 합류했던 것으로 보인다.

적십자간호원양성소 학생들의 간호 실습은 김창세의 주선으로 상하이 홍십자병원을 비롯한 시내 병원에 의뢰했다. 간호 학생들은 이론과 실습을 바탕으로 동포들의 예방접종을 지원하기도 했다. 그러나 적십자간호원양성소는 제1기생만을 배출한 이후 더 이상의 졸업생을 배출하지 못했다. 임시정부, 임시의정원 등에 합류했던 정영준·곽병규 등이 만주와 시베리아 등으로 복귀했고, 김창세도 미국 유학을 위해 상하이를 떠나는 등 교수진이 해체되었다. 또한 학생 선발에도 어려움을 겪었으며, 무엇보다 대한적십자회가 적십자간호원양성소를 재정적으로 지원할 형편이 되지 못했다. 대신 대한적십자회는 구제회를 조직하여 의연금과 구호물품 등을 기증받아 국내외 동포들에게 구호활동을 전개했다.

1920년대 상하이의 한국인 병원과 의료활동

1920년대 상하이에서 의료활동을 하면서 독립운동에 참여한 인물은 8명인데, 세브란스 출신이 6명으로 가장 많고, 시카고의대 1명, 경성의전 1명 등이다. 이들은 모두 독립운동과 직접적인 관련을 맺고 있었으며, 임시정부 혹은 임시의정원에서 활동한 이력을 가지고 있다. 이들 중 일부는 프랑스조계 내에 병원을 개원하고 개

1920년대 상하이에서 활동한 의사들

성명	출신학교	병원명	주요 활동	공훈
김창세	세브란스연합의학교	중국홍십자회총의원	적십자간호원양성소	건국포장(2001)
곽병규	세브란스연합의학교	적십자간호원양성소	적십자간호원양성소	대통령표창(2011)
정영준	세브란스연합의학교	고려의원	적십자간호원양성소	애족장(2014)
주현측	세브란스병원의학교	삼일의원	임정 교통국 요원 및 재무부 참사	애족장(1990)
신현창	세브란스연합의전	삼일의원, 해춘의원	임정 의정원 의원	애국장(1990)
신창희	세브란스병원의학교	대한적십자회 상의원	임정 교통부 요원	애족장(2008)
이희경	시카고의대	대한적십자회 회장	임정 의정원 의원	독립장(1968)
나창헌	경성의전	세웅의원	임정 의정원 의원	독립장(1963)

업의로서 활동하기도 했다.

김창세(金昌世, 1893-1934)는 한국재림교회 출신으로 1916년 세브란스연합의학교 졸업 이후, 순안 교회병원에 근무하다가 1918년부터 상하이 중국홍십자회총의원(中國紅十字會總醫院)에서 파견 근무를 했다. 1919년 4월, 상하이 대한민국 임시정부가 수립되자, 안창호 등을 도왔고, 대한적십자회 창설과 부설 적십자간호원양성소 교수로 활동했다. 김창세는 1920년 도미하여 필라델피아 제퍼슨 의대와 존스홉킨스 보건대학원에서 수학하여 박사학위를 받았다. 그는 1925년 10월부터 세브란스의전 세균학 및 위생학교실 조교수로 재직했으나 2년 만에 사직하고 1927년 11월, 상하이 중화위생교육회(中華衛生敎育會) 성시위생부(城市衛生部) 주임으로 활동했다. 1928년 1월, 김창세는 존 그랜트, 황자방, 호홍기 등 중국의 진보적인 위생행정가들의 잡지인 『위생월간』의 편집위원으로 활동했다. 1928년 김창세는 프랑스조계 공동국(公董局) 위생과(衛生課)에 근무했으며, 상당히 높은 수입을 보장받고 있었다. 그는 이곳에 재직하는 동안 The China Medical Journal에 상하이 공중위생에 관한 보고서를 제출하기도 했다. 1929년 8월 1일, 김창세는 자신의 집에 서호폐병요양원(西湖肺病療養院) 상하이진료소(上海診所)를 개설했으며, 1930년 1월, 학회 발표 차 도미한 후 뉴욕 맨하튼 보이스카우트 보건과장 등을 지내는 등 활발한 활동을 보였으나, 1934년 4월, 만 41세의 나이로 자살했다.

곽병규(郭柄奎, 1892-1965)는 1913년 세브란스연합의학교 졸업 후 러시아 블라디보스토크 신한촌에서 독립운동을 전개했다. 곽병규는 1919년 2월부터 1921년 8월까지 블라디보스토크 일본총영사관의 감시 대상이었다. 3·1운동 이후 국내외 독립운동이 상하이 대한민국 임시정부로 결집됨에 따라 곽병규 역시 상하이로 잠입했다. 적십자간호원양성소가 출범하면서 곽병규는 교수진으로 참여했다가, 얼마 후 블라디보스토크로 되돌아가 러시아 조선인기독청년회 회장, 시베리아 조선인교육회 부회장 등을 역임했다.

정영준(鄭永俊, 1878-1923)은 경기도 개성 출신으로 1915년 세브란스연합의학교 졸업 후 베이징과 평톈 등지에서 천화의원(天

和醫院) 등을 운영하다가 1919년 3·1운동 이후 상하이로 이주했다. 1919년 그는 상하이에서 샤페이루(霞飛路) 220호에서 고려의원을 개원했고, 대한인거류민단의 단원으로 활동했다. 1920년부터 1922년까지 정영준은 임시의정원 경기도 의원을 지냈으며, 시사책진회(時事策進會) 회원 등으로 활동했다. 1921년 5월, 조선총독부 경무국 보고에 따르면, 정영준은 이동녕·이시영 계파의 일원으로 군사행동을 지지하는 일파로 분석되었다. 1922년 8월, 만주에 항일무장단체가 연합하여 대한통의부(大韓統義府)가 설립되자, 정영준은 만주 지역에서 무장투쟁을 지원하기 위해 북간도로 이주했다. 곧이어 그는 북간도 싱징현(興京縣)에서 활동하던 김명봉(金鳴鳳, 1893-1924) 중대(대한통의부 제5중대)에 편입되었고, 싱징현 지방 업무를 관리하는 지방 총관으로서 무장투쟁을 지원하는 업무를 담당했다.

주현측(朱賢則, 1882-1942)은 1908년 세브란스병원의학교 1회 졸업 이후, 독립운동에 참여했다. 1919년 4월, 상하이 대한민국 임시정부가 수립되면서 교통국 재무부 참사로 활동했다. 1921년부터는 신현창과 함께 상하이 프랑스조계에서 삼일의원을 개업했다. 삼일의원은 한국인들의 전용 교회당이자 국민대표회의가 열리던 삼일당(叄式堂)이 인접하고 있어, 한국인들의 접근성이 좋아 한국인 진료에는 최적의 장소였다. 1922년, 주현측은 톈진과 산둥 등지에서 흥사단 활동과 선교활동을 벌였다. 1925년, 주현측은 귀국하여 선천에서 동제의원을 개원했다. 그는 1937·1940·1942년에 독립운동을 위한 군자금 조달에 관여하다가 일경에 발각되어 체포되었고, 1942년 3월 고문 후유증으로 사망했다.

신창희(申昌熙, 1877-1926)는 1908년 세브란스병원의학교 1회 졸업생으로, 졸업 후 세브란스간호부양성소 교수로 활동하다가 1910년 의주 구세병원의 초청을 받아들였다. 손아래 동서인 김구가 독립운동에 참여하면서 신창희도 상하이 대한민국 임시정부의 일원으로서 독립군의 군자금을 지원하고 독립운동가들의 편의와 연결을 돕는 일에 가세하게 되었다. 일제의 탄압이 거세지자, 1917년 신창희는 의주 건너편인 안둥으로 이주하여 평산의원(平山醫院)을 개원했다. 1919년 상하이 대한민국 임시정부 교통부 안둥지부 요원으로서 신창희의 역할은 이륭양행(怡隆洋行)을 통해 군자금을 모금하고 독립운동가들의 편익을 제공하는 활동이었다.

일제가 1920년 7월 이륭양행 대표인 조지 쇼(George Lewis Shaw, 蘇志英, 1880-1943)를 체포하고, 이륭양행에 대한 감시를 강화하자 1921년 10월 신창희는 가족들과 함께 상하이로 탈출했다. 상하이에서 신창희는 상하이 대한민국 임시정부 군의(軍醫), 신한청년당 당원 등으로 활동했다. 1922년 여운형·김규식 등이 소련과 공산주의 그룹에 우호적인 태도를 취하자, 신창희는 김구 등과 함께 신한청년당을 탈당하기도 했다. 그는 정치적으로 김구를 중심으로 한 세력과 같은 노선이었던 것으로 판단된다. 또한 그는 대한적십자회(大韓赤十字會) 상의원으로서 조선인 구제를 위한 의연금(義捐金) 모금활동 등에도 적극적으로 참여했다. 1926년 2월, 신창희는 둥몽고 지역에서 의료선교사업을 추진하다 사망했다.

신현창(申鉉彰, 1892-1951)은 1918년 세브란스의전을 졸업했으며, 3·1운동이 일어나자 대한독립애국단에 가입하여 독립운동에 투신했다. 1919년 4월, 신현창은 독립운동애국단장 신현구에게서 상하이 임시정부에 독립운동자금을 전달하라는 지시를 받아 상하이로 잠입했다. 신현창은 상하이에 해춘의원(海春醫院)을 개업하고, 독립운동자금을 지원했다. 신현창은 1921년 임시의정원 충청도 의원으로 활동했다. 1921년 11월 25일에는 상하이에서 대한적십자회 정기총회가 개최되었는데, 그곳에서 신현창은 대한적십자회 상의원(常議員)에 뽑혀 활동했다. 1921년 신현창은 주현측과 함께 삼일의원을 개원했다. 1922년 주현측이 흥사단 활동과 선교활동을 위해 다른 지역으로 이주하자, 신현창은 프랑스조계 쑹산루(嵩山路, Rue Baron Gros, 현 蒲北路) 54호에 해춘의원을 개원했다. 흥사단 단원은 입단 시에 반드시 건강검진을 받아야 했는데, 1922년 11월부터 1923년 3월까지 신현창의 해춘의원이 발급한 흥사단원의 건강검진서가 확인된다. 1922년 10월, 신현창은 김구·이유필·여운형·손정도·나창헌 등과 한국노병회(韓國勞兵會)를 조직하여 항일무장투쟁을 지원했다. 1929년 귀국 후에도 서울·전주·철산 등에서 개업하면서 독립운동을 지속했다.

이희경(李喜儆, 1890-1941)은 1915년 시카고대학에서 의학박사 학위를 받고서 귀국했다가 1918년 12월 상하이로 망명했다. 그는 임시의정원 평안도 대표로 선출되어 활약하다가 1919년 7월 대한적십자회를 조직하고 초대 회장이 되었다. 상하이 대한민국 임시정부 외무차장 겸 외무총장대리 등으로 활동하다가 독일·미국 등지에 망명했다.

나창헌(羅昌憲, 1894-1936)은 3·1운동에 참가한 뒤, 구금되었다가 풀려나자마자 대동단에서 활동하다가 3년형을 선고받고 복역 중 상하이로 탈출했다. 1920년대 상하이에서 주로 한국노병회, 교민단의사회(僑民團議事會), 흥사단(단우번호 178) 등에서 활동했다. 1926년 9월, 나창헌은 상하이 일본총영사관 폭발물 사건의 배후로 지목되었고, 조사 과정에서 프랑스조계 바이얼루 춘이리(Rue Eugene Bard, 白爾路 存義里, 현 自忠路) 2호, 세웅의원(世雄醫院)에 거주하는 것으로 확인되었다.

　이와 같이 3·1운동 전후 의사 출신들이 왜 상하이에 가게 되었는지, 그들이 어떻게 해서 상하이 대한민국 임시정부와 깊은 관계를 맺게 되었는지, 그들의 독립운동에 어떤 특징이 있는지를 살펴보았다. 첫째, 일반적으로 의사 출신 독립운동가들은 자신의 직업 기반을 바탕으로 자금 모금과 정보 수집 등에서 중요한 역할을 담당할 수 있었다. 그러나 학생시절 3·1운동에 참여했던 서영완이나 유상규 등과 같이 의사 자격을 획득하지 못하고 독립운동에 참여하는 경우도 있었고, 서재필·신영삼·신건식·임의탁·이범교 등과 같이 독립운동에만 전념하는 경우도 적지 않았다. 반면 상하이에서 활동했던 세브란스 출신들은 자신들의 전문성을 바탕으로 의학교육이나 진료활동을 병행하면서 독립운동에 참여했다는 특징을 보인다.

　둘째로 상하이 대한민국 임시정부에서 활동했던 의사 중 대부분은 세브란스 출신들이었는데, 세브란스인들이 임시정부에서 활동하게 되는 계기를 살펴보면, 종교·학연·지연·인척관계 등 개인적인 연줄이 중요하게 작용했음을 알 수 있다. 개인적인 연줄을 기반으로 하되, 각자의 독립운동 경험을 발판으로 임시정부에 합류하게 된다. 곽병규는 시베리아, 정영준은 만주, 주현측과 신창희는 평안도, 신현창은 충청도 등에서의 경험을 토대로 임시정부에 참여했다.

셋째로 세브란스인들은 상하이 대한민국 임시정부의 핵심 인물들과 인적 유대관계가 깊었다. 우선 안창호를 중심으로 한 홍사단 그룹에 주목할 필요가 있다. 상하이 대한민국 임시정부의 초대 내무총장을 지냈던 안창호는 김창세의 동서였다. 안창호가 위생행정을 책임지는 위치에 있었고, 대한적십자회 창립에도 적극 관여했던 만큼 김창세는 안창호를 자문하는 위치에 있었다. 김창세 이외에도 주현측·신현창 등 세브란스 출신들은 홍사단과 연결되어 적극적으로 활동했다. 다음으로 여운형·김규식·김구 등이 주도한 신한청년당 그룹 역시 중요하다. 여운형은 신한청년당을 조직하여 김규식을 파리강화회의에 파견하는 등 상하이 대한민국 임시정부의 외교활동에 중요한 공헌을 했는데, 임시정부 초기에는 기독교 전도사로서 기독교계와 교류에서 중심적 역할을 했다. 또한 여운형은 대한인거류민단의 단장으로 활동했는데, 정영준은 대한인거류민단의 단원이자 시사책진회의 회원이었다. 김구가 본격적인 독립운동의 길로 나섰던 계기는 신한청년당에 가입한 것이고, 그의 동서인 신창희 역시 신한청년당에 가입하여 독립운동을 본격화했다. 상하이 대한민국 임시정부 성립 이후 김구는 임시의정원 의원과 경무국장 등을 지냈고, 신창희는 교통부 요원과 임시의정원 의원 등을 지냈다. 한 가지 더 주목할 것은 홍사단 그룹과 신한청년단 그룹이 대한적십자회 창설을 통해 서로 합류하고 있다는 점이다. 안창호는 내무총장으로서 대한적십자회의 창립을 주도했고, 홍사단 멤버인 안정근·김순애·김창세는 감사로, 신한청년단 그룹의 여운형은 이사를 맡았다. 또한 부설 간호부양성소에 흥사단 그룹의 김창세, 신한청년단 그룹의 정영준 등이 교수진으로 참여했다.

마지막으로 1920년대 임시정부 요원과 임시의정원 의원 등에 참여한 의료인 중에서 세브란스 출신들이 가장 많았던 것은 3·1운동 이전부터 국내외에서 독립운동을 전개해온 것과 깊은 관련이 있다. 세브란스 1회 졸업생 이래로 세브란스인들은 만주와 시베리아 등에서 독립운동을 전개하면서 독립운동 구심점의 필요성을 인식하고 있었고, 상하이 대한민국 임시정부에 그 힘을 보태고자 상하이에 합류했던 것이다. 다른 한편, 세브란스인들은 상하이 대한민국 임시정부에 대한 참여 이외에도 독립운동을 위해 자신들이 할 수 있는 방안을 지속하고자 했다. 세브란스인들은 의료인으로서의 전문성을 살려서 대한적십자회와 대한인거류민단 등에 소속되어 조직적으로 한인사회의 안정화에 기여했을 뿐만 아니라 개인병원을 개설하여 독립자금을 모으고 일반인들에 대한 접촉면을 늘려나갔다. 더 나아가 김창세의 경우처럼, 프랑스조계 공동국 위생과에 진출하여 활동함으로써 한인들의 위상을 높이고 한인들의 활동 반경을 넓히는 사례가 있었던 반면, 정영준·곽병규 등과 같이 무장투쟁과 현지 독립운동을 위해 만주와 시베리아로 되돌아가는 경우도 있었다. 이처럼 의사 출신 독립운동가들은 의사로서뿐만 아니라 선각자로서 시대의 아픔에 공감하면서 3·1운동에 적극적으로 참여했을 뿐만 아니라 임시정부와 임시의정원에 적극 참여함으로서 대한민국의 자주독립과 국가건설의 초석을 다지는 선구적 역할을 수행했다.

세브란스병원의학교 제1회 졸업생인
주현측은 졸업 후 고향 선천에서 인제의원을 개설했고,
신민회 등에 가입하여 관서지역의 독립운동을 주도했다.
그는 상하이 대한민국 임시정부 교통부 요원으로서
독립자금 조달과 정보 수집 등의 임무를 수행했으며,
105인 사건, 수양동우회 사건, 임시정부 군자금 송출사건 등으로
세 차례의 투옥과 고문을 당하면서도 독립운동을 지속했다.

임시정부의 자금책으로 활약한 주현측

105인 사건

주현측(朱賢則, 1883-1942)은 1883년[1] 7월 평안북도 삭주의 한 의사 주백영과 부인 강득영 사이에서 장남으로 태어났다. 삭주의 만석꾼으로 통할 정도로 부유했던 부친은 1901년 가족들과 함께 선천으로 이주했고, 그의 가족들은 기독교와 개화사상에 깊은 영향을 받았다. 당시 미북장로회의 주요 활동 무대였던 선천 지역은 민족운동 세력이 급성장하던 곳이었다. 주현측은 선천북교회 교인으로서 기독교 활동에 적극 참여했으며, 1901년 미국 북장로회가 선천에 미동병원을 설립하자 샤록스 원장 밑에서 4년 동안 의술을 배웠다.

---

1   독립운동 관련 기록에는 출생연도가 1882년으로 기록되어 있으나, 세브란스학적부에는 생년월일이 정확히 기록되어 있기 때문에, 여기서는 학적부의 기록을 따랐다.

1905년 1월, 주현측은 샤록스 원장의 추천으로 제중원의학당에 입학했고, 1908년 6월 세브란스병원의학교를 제1회로 졸업했다. 7명의 졸업생 중 유일하게 학교에 남지 않고 귀향한 그는 선천에 인제의원(仁濟醫院)을 개원하고 진료활동을 시작했다. 인제의원을 찾은 환자들은 매일 20명에서 60명에 달했으며, 입원환자도 보통 6-7명, 많으면 10명 정도였다.

1907년 4월 양기탁·안창호 등을 중심으로 국권 회복을 위한 비밀결사 신민회(新民會)가 창립되자 주현측도 가입해 독립운동에 참여했다. 그리고 1911년 9월, 그는 105인 사건에 연루되었다는 혐의로 일본 경찰에 체포되었다. 일제는 고문으로 주현측이 신민회에 가입해 데라우치 총독 암살계획을 모의했다는 자백을 받아냈다. 주현측은 고문에 의한 자백이었다고 항변했지만, 이듬해 9월 경성지방법원 1심 재판부는 그에게 징역 6년을 선고했다. 1913년 7월, 경성복심법원이 증거불충분을 이유로 주현측을 무죄 석방했지만, 이미 그는 2년여의 옥고를 치른 뒤였다. 출소 이후에도 주현측은 독립운동 진영과 계속 연락하면서 평안도 선천 지역의 3·1운동을 주도하는 등 독립운동에 앞장섰다.

상하이 대한민국 임시정부와 독립운동

1919년 4월 상하이 대한민국 임시정부 재무부 참사로 임명된 주현측은 독립운동 자금책으로 활동했다. 일제의 압박이 강화되자

주현측

중국 독립운동 시기 독립지사들과 함께

1924년 난징에서, 아랫줄 오른쪽 세 번째가 주현측이다.

그는 활동 무대를 안둥(현 단둥)으로 옮기고 대한독립청년단을 조직했으며, 『대한민국신보』를 제작해 독립운동의 확산을 위해 노력했다. 안둥에서 그의 주요 역할은 임시정부 교통국 요원으로서 독립운동자금의 확보와 이송이었다. 일제의 체포망이 좁혀들자, 주현측은 상하이로 활동 무대를 옮긴다. 상하이에서 그는 임시정부 평안북도 조사원에 임명되었고, 임시정부 재무부 참사와 대한적십자회의 회원으로 활약했다. 또한 상하이의 대한청년독립단과 상하이거류민단에도 가입해 활동했다. 주현측은 1922년에 상하이 국민대표회기성회(國民代表會期成會)에 가입해 안창호·여운형 등과 함께 임시정부의 개조와 국민대표대회 개최를 주장했다. 상하이에서는 평안도 신민회 회원들을 중심으로 신한청년당을 주도했으며, 도산 안창호와 연결되어 흥사단에 가입했다. 흥사단은 농촌 계몽운동으로 이상촌을 건설하겠다는 목표를 가진 민족운동단체였다.

1921년, 주현측은 세브란스 후배인 신현창(1918년 졸업)과 함께 상하이 프랑스조계(개항 도시의 외국인 거주지)의 삼일리(弎弌里)에 삼일의원을 개원했다. 삼일의원은 한국인들의 전용 교회당이자 국민대표회의가 열리던 삼일당(弎弌堂)이 인접하고 있어서 한국인을 위한 진료활동에는 최적의 장소였다. 당시 주현측은 상하이 대한민국임시정부의 외연을 확대하기 위한 국민대표회의 소집운동을 진행했으며, 1922년 이후 흥사단 활동과 선교활동을 확대하기 위해 톈진과 산둥성 등지에서 활동했다.

수양동우회 사건과 독립자금 송출사건

6년 동안의 해외 망명생활을 접고 1925년 귀국한 주현측은 고향 선천에서 동제의원(東濟醫院)을 개원하고, 새출발을 다짐했다. 이전까지 독립운동에서 투쟁적인 방식을 추구했던 그는 귀국 후 교육과 사회계몽 등 온건한 방식으로 전환하고자 했다. 우선 주현측은 흥사단의 국내 조직인 수양동우회 간부로서 선천 지역의 흥사단 활동을 주도하며 여러 종교운동과 사회운동, 교육운동에도 적극 참여했다. 선천 YMCA 회장으로 기독교 계몽운동을 이끌었으며, 대동고아원과 보성여학교 등의 설립과 운영에도 참여했다.

1937년 중일전쟁의 기운이 감도는 시기, 일제는 온건한 계몽운동에 대해서도 대대적인 탄압을 시작했다. 일제는 악명 높은 치안유지법으로 지식인들을 탄압하거나 포섭하고자 했는데, 그 대표적인 사건이 수양동우회 사건이다. 수양동우회는 관서지방의 기독교 세력과 실업가들이 인격수양, 동맹수련 등을 목표로 연합한 단체였다. 일제는 관련 지식인들을 검거해 사상 전향을 강요하고, 일제에 대한 충성 맹세와 국방헌금 납부 등을 강제했다. 주현측은 이 사건으로 1937년 6월 검거되었고, 오랜 재판 끝에 1940년 8월 징역 2년에 집행유예 3년형을 선고받았다. 그러나 이미 2년 6개월의 옥고를 치른 뒤였다. 이후 주현측은 미국 선교사를 통해 상하이 대한민국 임시정부에 군자금을 조달하다가 1942년 일제에 발각돼 다시 체포되었다. 그리고 그해 3월, 안타깝게도 모진 고문과 학대의 후유증으로 사망했다. 정부는 고인의 공훈을 기리고자 건국훈장 애족장(1990)을 추서했다.

세브란스병원의학교 제1회 졸업사진(1908)

왼쪽에서 두번째가 주현측이다.

세브란스병원의학교 제1회 졸업생인 신창희는
1910년대 의주와 안동 지역에서 개업의로 활동하며
상하이 대한민국 임시정부 교통부 요원으로 독립운동에 투신했다.
또한 1920년대에는 상하이 대한민국 임시정부 군의,
대한적십자사 상의원 등으로 활동했고,
동몽골 지방의 의료선교에 헌신했다.

임시정부 교통부 요원 신창희

학교 졸업과 독립운동 참여

1908년 6월 세브란스병원의학교 제1회 졸업생이 된 7명의 의사들은 학교에 남아 후진을 양성하겠다는 목표를 세웠다. 신창희(申昌熙, 1877-1926) 역시 세브란스간호부양성소 교수로서 세균학과 기초과학 등을 가르치며 후진 양성과 의학교육에 전념했다. 2년 후 6월, 평양 제중원의학교를 졸업한 최용화(崔龍化)가 의주에서 구세병원을 새로 개원하고 의학강습소를 세우면서 임상과 교육을 담당할 인재를 찾고 있었다. 최용화의 제안을 받은 신창희는 졸업 동기인 홍종은과 함께 의주에서 새로운 삶을 펼쳐보기로 결심했다. 그런데 의주로 이주한 지 얼마 되지 않아 일제에 의해 강제 한국병합이 이뤄지고 홍종은 마저 폐결핵으로 사망하자, 신창희는 새로운 진로를 모색하기 시작했다. 바로 독립운동이었다.

이륭양행

아일랜드 출신 영국인 기업가 쇼가 1907년 중국 안동에 설립한 무역회사 겸 선박대리점. 쇼는 이륭양행 2층에 상하이 대한민국 임시정부 교통국을 설치할 수 있도록 지원했다.

신창희는 1904년 제중원의학교에서 결혼했는데, 이후 그의 처제와 백범 김구의 결혼으로 신창희는 김구와 동서지간이 되었다. 김구는 1907년 신민회를 설립해 독립운동을 주도하고, 1910년 안악사건과 1911년 105인 사건으로 투옥되는 등 독립운동의 한 중심에 있었다. 신창희는 자연스럽게 김구의 독립운동에 영향을 받았다.

1917년, 신창희는 압록강 건너 안둥(현재의 단둥) 지역에 평산의원(平山醫院)을 개원했다. 중국 영토인 안둥에서는 상대적으로 자유롭게 독립운동을 지원할 수 있었다. 이듬해 8월, 상하이에서 여운형·김규식·김철 등의 주도로 신한청년당이 조직되자, 그는 손아래 동서인 김구와 더불어 신한청년당에 가입했다. 이즈음 신창희는 의주·안둥·상하이를 오가며 독립운동에 적극 참여했으며, 상하이 대한민국 임시정부의 일원이 되었다.

상하이 대한민국 임시정부에서의 역할

신창희는 이륭양행(怡隆洋行)을 통해 군자금을 모금하고, 독립운동가들의 활동을 도왔다. 이륭양행은 영국인 기업가 조지 루이스 쇼(George Lewis Shaw, 蘇志英, 1880-1943)가 1907년 중국 안둥에 설립한 무역회사 겸 선박대리점이었다. 이륭양행은 일본영사관의 경찰권이 영향을 미치지 못하는 일종의 치외법권 지역이었다. 쇼는 이륭양행 2층에 상하이 대한민국 임시정부 교통부 안둥지부(1919년 10월부터 임시 안둥교통사무국으로 개칭)를 설치할 수 있도록 지원했고, 덕분에 임시정부는 교통부 안둥지부를 통해 자금 모집과 비밀 통신, 정보 수집, 무기 반입 등의 업무를 안전하게 수행할 수 있었다.

　임시정부 교통부 요원인 신창희는 국내의 독립운동가들이 상하이로 안전하게 이동할 수 있도록 도왔다. 1919년 4월, 김구를 비롯한 15명의 독립운동가들은 이륭양행의 선박 계림환(鷄林丸)을 타고 상하이에 도착했다. 그러나 1920년 7월, 일제는 이륭양행의 쇼를 체포하고 쇼와 임시정부 각료들을 내란죄로 기소했다. 이에 따라 임시 안동교통사무국의 업무가 정지되고 일제의 압박이 한층 강화되었으며, 결국 신창희도 일본의 감시를 피해 상하이로 이주했다. 그는 상하이에서 임시정부 군의, 대한적십자회 상의원 등을 지내면서 김구를 도와 임시정부의 개조에 참여했다.

동몽골에서의 선교활동

　1920년대 중반, 신창희는 돌연 상하이를 떠나 동몽골로 향했다. 그리고 그곳에서 의료활동와 선교활동을 전개했다. 그러나 그가 갑자기 동몽골로 의료선교를 떠난 이유는 정확히 알려지지 않았다. 다년간의 해외생활과 무리한 진료활동으로 피로가 누적된 신창희는 폐렴에 걸렸고, 애석하게도 이를 극복하지 못하고 세상을 떠났다. 동몽골 교회 신자들은 교회장을 거행했고, 그의 유해는 고비사막에 매장되었다. 그의 나이 50세, 1926년 2월 말의 일이었다. 정부는 고인의 공훈을 기리고자 건국훈장 애족장(2008)을 추서했다.

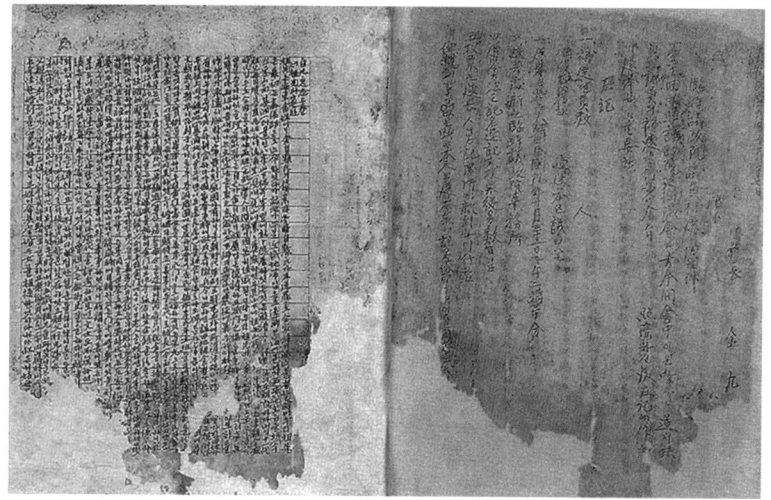

위-신창희 / 아래-『백범일지』

김구는 『백범일지』에서 신창희와 가족관계에 대해서 언급하기도 했다.

신현창은 지도교수인 스코필드 교수의 지도로
세계적인 세균학자를 꿈꾸었으나,
3·1운동을 계기로 신현구의 대한독립애국단에 가입했으며,
상하이 대한민국 임시정부 등에서 독립운동가로 활약했다.

세계적인 세균학자를 꿈꾸다
독립운동에 참여한 신현창

세계적인 세균학자를 꿈꾸다

신현창(申鉉彰, 1892-1951)은 1891년 충남 논산에서 신지균(申智均)의 둘째 아들로 태어났다. 신현창은 사립 배재학당을 졸업하고, 논산의 진광학교(眞光學校)에서 교사로 근무하기도 했다. 그는 1914년 세브란스연합의학교에 입학하고 1918년 졸업했다. 졸업 후 스코필드 교수의 지도를 받아 세균학을 연구했다. 때마침 1918년에는 스페인 독감이 유행했다. 이 시기에는 전 세계적으로 스페인 독감에 감염되어 5,000만 명 내외가 사망했는데, 이것은 제1차 세계대전으로 사망한 것보다 세 배나 많은 수치였다. 식민지 조선에서도 스페인 독감은 맹위를 떨쳤다. 당시 『동아일보』 1920년 4월 18일자는 "독감 유행이 일본 각지와 군대에까지 퍼져 3월 말까지 환자가 217만 8,399명, 사망자가 1만 9,524명이나 된다"고 전했다. 조선총독부 집계로는 독감에 걸려 사망한 조선인이 3만 9,689명이 었다. 스코필드 교수와 신현창은 독감에 걸린 환자가 조선 인구의 25-50%에 이를 것이라고 추정했다. 이는 전체 인구 1,700만 명 중 400만-800만 명이 독감에 걸렸다는 뜻이고, 사망자도 최소 10만 명 이상으로 추정된다는 뜻이 된다. 스코필드 교수와 신현창은 스페인 독감의 원인균에 대한 분석에 매달렸다. 스코필드 교수와 신현창은 스페인 독감의 원인균이 기존에 알려진 파이퍼균보다는 훨씬 작은 것으로 추론했으나 원인균을 분리하는 데 실패했다. 한국에서의 스페인 독감과 그 병인에 관한 그들의 연구 결과는 1919년 4월 미국 의학회지 *Journal of American Medical Association*과 1919년 5월 중화의학잡지 *The China Medical Journal*에 게재되었다.

상하이 대한민국 임시정부에 참여하다

신현창이 세균학자가 되겠다던 꿈은 그의 시대가 받아들이지 않았다. 1919년 3·1운동이 일어나자, 신현창은 친형인 신현구(申鉉九, 1882-1930)가 조직한 대한독립애국단에 참여했다. 대한독립애국단은 상하이 대한민국 임시정부에 독립자금을 지원하기 위해 신현창을 상하이에 파견하기로 결정했다. 상하이에 도착한 신현창은 세브란스 1회 졸업생인 주현측과 함께 프랑스조계 지역에 삼일의원을 개원했다. 삼일의원은 한국인들의 전용 교회당이자 국민대표회의가 열리던 삼일당이 인접하고 있어, 한국인들의 접근성이 좋아

주현측·신현창의 삼일의원

삼일의원이 있었던 프랑스조계 시신차오 싼이리 8호(法租界 西新橋 弍弍里 8號), 지금의 윈난난루 8호(雲南路 8號)의 모습이다.

한국인 진료에는 최적의 장소였다. 개원으로 얻은 수익금은 대부분 독립운동자금으로 제공되었다. 1921년 신현창은 임시의정원 충청도의원으로 선출되었다. 1921년 11월 25일에는 상하이에서 대한적십자회 정기총회가 개최되었는데, 그곳에서 대한적십자회 상의원에 뽑혀 활동했다. 1922년 주현측이 흥사단 활동과 선교활동을 위해 다른 지역으로 이주하자, 신현창은 프랑스조계 쑹산루 54호에 해춘의원을 개원했다. 흥사단 단원은 입단 시에 반드시 건강검진을 받아야 했는데, 1922년 11월부터 1923년 3월까지 신현창의 해춘의원이 발급한 흥사단원의 건강검진서가 확인된다.

1922년 10월, 신현창은 김구·이유필·여운형·손정도·나창헌 등과 한국노병회를 조직하여 항일무장투쟁을 지원했다. 한국노병회의 목적은 향후 10년간 1만여 명의 노병을 양성하고 100만 원 이상의 전쟁 비용을 조성하여 무장투쟁을 통한 독립을 쟁취하는 것이었다. 한국노병회는 15세 이상 40세 이하의 신체 건강하고 독립군이 될 의지와 노공(勞工)기술을 습득할 능력이 있는 청년들을 특별회원으로 가입시켜 6개월 이상의 군사교육과 1종 이상의 기술을 습득하도록 하는 등 독립군으로서의 노병을 양성하고자 했다. 신현창은 1923년 4월 2일 열린 한국노병회의 제1회 정기총회에 참석했으며, 러시아·중국 국경 지역의 독립군 300여 명에게 지원금을 보내기도 했다. 1925-1926년경 귀국한 신현창은 전주에 자리 잡고 전주의원을 경영했다. 정부는 고인의 공훈을 기리고자 건국훈장 애국장(1990)을 수여했다.

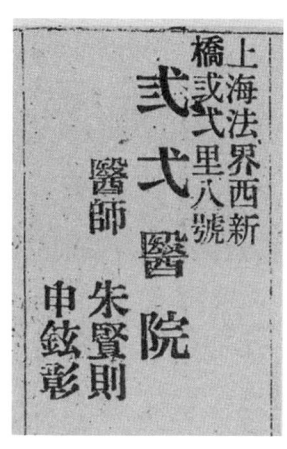

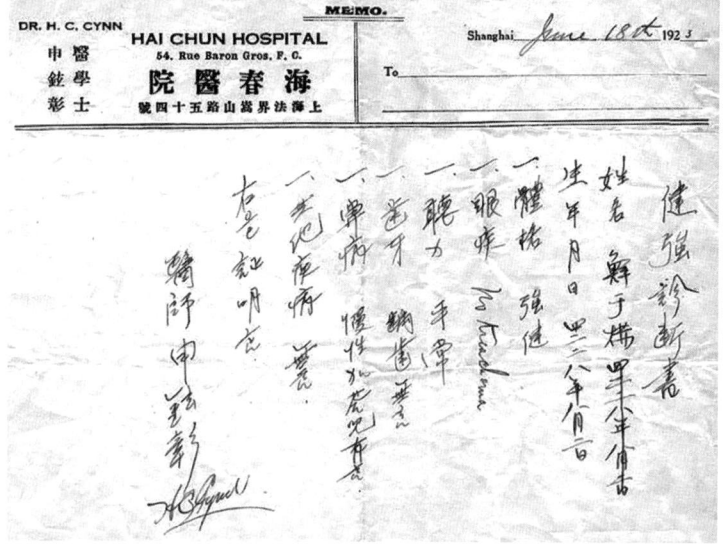

위 - 『독립신문』(1921. 3. 26)에 실린 삼일의원 광고 /
아래 - 신현창의 해춘의원 진단서

진단서 좌측 상단에서 해춘의원의 주소를 확인할 수 있다. 흥사단원 선우혁(鮮于爀)이 만성비염을 제외하면 건강 상태가 매우 양호하다는 건강진단서이다.

김창세는 1916년 세브란스연합의학교를 졸업한 후,
상하이 대한민국 임시정부에서 동서인 안창호 내무총장을 도와
위생행정을 자문했으며, 항일전쟁을 대비하여 설립한
대한적십자회 부속 간호원양성소의 교수로 활동했다.
국내 최초로 존스홉킨스대학에서 공중보건학 박사학위를 받은 후
세브란스의전 위생학교실 교수로 재직하면서
위생실험을 진행하고자 했으나 이것이 좌절되자
중국과 미국 등지에서 위생 계몽활동과 독립운동에 헌신했다.

상하이 코스모폴리탄
김창세

상하이 대한민국 임시정부에서 활동

1919년 4월 상하이 대한민국 임시정부 수립 이후, 김창세(金昌世, 1893-1934)는 내무총장인 안창호를 도와 대한적십자회의 창설에 관여했으며, 부설 간호원양성소의 교수로 활동했다. 당시 임시정부는 대한적십자회의 창설과 운영에 깊은 관심을 나타내고 있었다. 국제사회의 공인이 절실했던 임시정부는 대한적십자회의 활동을 통해 임시정부에 대한 국제적 관심과 인지도를 높이길 원했다. 그즈음 상하이에서 콜레라가 유행하자 적극적인 예방접종 활동을 벌인 것도 이런 맥락에서였다. 특별히 임시정부 산하에서 간호사를 길러내는 일은 단순히 의료인을 양성 이상의 깊은 의미를 지녔다. 임시정부가 무장투쟁을 준비하면서 독립전쟁에 참여할 의료인이 필요했기 때문이다. 김창세는 대한적십자회의 감사와 부속 간호

원양성소 교수를 역임하며 독립운동을 적극 지원했다. 이후 그는 1919년 11월 대한민국 임시정부 평남 용강군 조사원, 1920년 5월부터 11월까지 대한민국 임시정부 임시공채관리국 공채모집위원으로 활동했다. 또한 흥사단 단원으로서 안창호를 보좌했고, 1925년 귀국해 1927년까지 수양동우회 의사부장(議事部長)으로 활동했다.

김창세

김창세, 한국재림교회의 후원으로 의사가 되다

김창세는 1893년 2월 22일 평안남도 용강군 서화면 죽본동에서 태어났다. 그의 부친은 제칠일 안식일 예수재림교회에서 초창기 출판사업을 주도했던 김승원(金承元)이다. 어린 시절 김창세는 평양 장로교 소학교, 진남포의 안식일교회 소학교 등을 졸업한 후 부친을 따라 일본 유학길에 올라 일본 고베중학(神戶中學), 도쿄 간다구(神田區)의 세이소쿠학교(正則學校, 1905-1907)를 다녔으며, 서울의 영어학교(1907-1909)에서 수학했다. 1909년부터 평안남도 순안의 의명학교(義明學校)에서 교사로 재직하면서, 한국재림교회에서 활동했던 의료선교사 러셀(Riley Russell)의 통역을 맡기도 했다. 이것이 인연이 되어 한국재림교회는 김창세를 의사로 양성하기로 결의했다.

한국재림교회의 후원으로 김창세는 1913년 10월 세브란스연합의학교에 입학해 1916년 3월 졸업했다. 의학교 시절에는 중국인들과 잘 어울려 중국어에도 유창했다. 졸업 후 그는 평양 순안병원에서 의사로 재직하다가 원장인 러셀의 주선으로 1918부터 1920년까지 상하이의 중국홍십자회총의원으로 파견근무를 나갔다. 그곳에서 근무하는 동안 김창세는 임시정부와 대한적십자회를 지원했으며, 상하이 한인들을 위해 무료 진료활동을 전개했다.

해외 위생계몽 및 구호운동

1920년 도미한 김창세는 필라델피아 제퍼슨의대와 존스홉킨스보건대학원에서 수학하고 공중위생학 박사학위를 받았다. 국내최초였다. 그는 1925년 10월부터 세브란스의전의 세균학 및 위생학교실 조교수로 재직하면서 민족위생을 개선하고 향상시키겠다는 야심찬 위생실험을 계획했다. 그러나 이를 위해서는 막대한 재원이 필요했다. 공중보건 향상을 위한 위생실험에 관심을 가지고 있었던 일제의 식민 당국이 김창세에게 협력을 제안했으나, 김창세는 이를 거절하고 차이나 메디컬 보드(China Medical Board)의 지원을 기대했다. 그러나 이 계획은 실패했고, 결국 김창세는 2년 만에 교수직을 사직하고 1927년 11월부터 상하이 중화위생교육회(中華衛生敎育會)의 활동가로 활약했다. 이듬해 김창세는 상하이 프랑스조계지의 공동국(公董局) 위생과(衛生課)에 근무했으며, 1929년에는 자신의 집안

위-중국홍십자회총의원 / 아래-프랑스조계 공동국 위생과

중국홍십자회총의원은 1910년 상하이 최초로 중국인이 설립한 병원으로 처음에는 50병상 규모였다. 1910년대 중반 재림교회 미국 본부가 이 병원을 운영하게 되면서, 한국재림교회가 김창세를 이 병원에 파송했다. 1920년대 후반 김창세는 프랑스조계 공동국 위생과에서 근무했다.

에 진료소를 열기도 했다. 그리고 1930년 1월, 학회 발표 차 미국으로 건너간 후 뉴욕 맨하튼 보이스카우트 보건과장을 지냈다. 그는 미국에서도 독립을 위한 활동을 멈추지 않았다. 1932년 윤봉길 의거 후 상하이에서 체포된 안창호의 석방을 위해, 미국 볼티모어에서 대한인국민회 및 서재필 등과 협력해 미국 정부에 탄원서를 제출하기도 했다. 그러나 이역만리 뉴욕에서의 생활은 쉽지 않았다. 우울증에 시달리던 김창세는 1934년 4월 안타깝게도 스스로 세상을 등지고 말았다. 그의 나이 41세였다. 정부는 그의 공적을 기려 2001년 건국포장을 수여했다.

곽병규는 1913년 세브란스연합의학교 졸업(제3회) 후
러시아 블라디보스토크 신한촌에서
조선기독교청년연맹을 조직하는 등 독립운동을 전개했다.
3·1운동 이후 국내외 독립운동이 상하이 대한민국 임시정부로
결집됨에 따라 곽병규 역시 상하이로 잠입했다.
임시정부 산하 적십자간호원양성소가 출범하면서 곽병규는
교수진으로 참여했으며, 얼마 후 블라디보스토크에서 되돌아가
러시아 조선인기독청년회 회장, 시베리아 조선인교육회 부회장 등을
역임하면서 독립운동을 지속했다.

연해주의 독립운동을
지휘한 곽병규

블라디보스토크에서 독립운동을 주도하다 임시정부에 참여하다

곽병규(郭柄奎, 1892-1965)는 1892년 황해도 봉산군(鳳山郡) 사리원읍에서 곽주호(郭周浩)와 이신덕(李信德) 사이에서 장남으로 태어났다. 그는 어렸을 때부터 춘천·개성·사리원·원산 등지에서 활동했던 미국남감리회의 영향을 받으면서 자랐다. 1908년 곽병규는 평양 숭실중학교를 졸업하고 세브란스병원의학교에 입학했으며, 그가 이렇게 미선계 학교를 다닐 수 있었던 것도 미국남감리회 선교사들의 지원 덕분이었다. 1913년 4월 세브란스연합의학교를 제3회로 졸업한 곽병규는 러시아 블라디보스토크에서 의료사업과 독립운동을 전개했다. 블라디보스토크의 신한촌에서 기독교 신앙에 입각한 독립운동을 전개하기 위해 1919년 2월 오영선(吳永善)·이강(李

剛) 등과 함께 교회를 설립했으며, 조선기독교청년연맹을 조직하고 회장으로 활동했다. 이후 국내에서 3·1운동이 일어나자 그는 3월 17일 대한국민의회에 가담해 임시정부 수립에도 크게 기여했다. 그러나 대한국민의회(3·1운동 직후 러시아 블라디보스토크에서 결성된 항일 임시정부) 정부는 1919년 4월 11일 수립된 상하이 대한민국 임시정부에 흡수되면서 자연스럽게 해체되었다. 1920년 1월 31일 프랑스조계에 상하이 대한민국 임시정부 산하의 대한적십자회 간호원양성소가 설립되자, 곽병규는 세브란스 출신인 정영준(5회 졸업), 김창세(6회 졸업) 등과 함께 교수로 활동했다. 이후 그는 다시 블라디보스토크로 복귀해 러시아 조선인기독청년회 회장(1920년), 시베리아 조선인교육회 부회장(1922년) 등을 지냈다. 곽병규는 1919년 2월부터 1921년 8월까지 2년 이상 블라디보스토크 일본총영사관의 감시 대상이었다.

고향에서도 항일운동과 사회운동에 매진하다

일본의 감시가 심해지자, 곽병규는 1923년 미국남감리회 선교사 앤더슨(Earl Willis Anderson, 安烈, 1879-1960)의 요청을 받고 함경남도 원산에 있는 구세병원에 취직했다. 구세병원에 있는 동안에도 그는 상하이 대한민국 임시정부와 연락하면서 독립운동을 지원했다. 또한 세브란스 출신 송춘기 등 3·1운동 전력이 있는 의사들과 의기투합해 신간회 건립과 활동에도 적극 나섰다. 1924년 곽병규

원산 구세병원(1920년대 중반)

사진 정중앙에 병원장인 앤더슨이 있고, 그 옆자리에 곽병규가 앉아 있다.

곽병규

는 고향인 사리원으로 돌아가 경산의원(鏡山醫院)을 열었다. 그리고 사리원청년동맹을 조직하고 신간회 부지부장 등을 지내며 항일운동을 전개하다가 1928년 10월 청년동맹 사건으로 체포되기도 했다. 석방 후 그는 같은 고향 출신인 이경례와 결혼해 슬하에 딸 여섯을 두었다. 결혼 후 일제의 감시가 심해지면서 항일운동이 불가능해지자, 곽병규는 사리원 일대의 부조리를 척결하는 사회운동에 투신했다. 당시 그의 경산의원은 지역사회 사회운동의 사랑방이 되었다.

의사의 사명은 국가와 사회에 봉사하는 것

중일전쟁 이후 일제의 감시와 압박이 노골화되자, 곽병규는 경성으로 거처를 옮겼다. 1939년 곽병규와 그 가족들은 경성 죽첨정(현 충정로 일대)으로 이주했다가 부암동 인근에 정착했다. 처음에 농사에만 전념했던 그는 부암동에서 진료활동을 시작했고, 한남동으로 이사하면서 정식으로 개원하고 고향에서처럼 경산의원이라는 이름을 붙였다. 해방 이후 이승만 정부가 요직을 제안했지만 곽병규는 이를 모두 거절했다. 그는 이승만과는 대립했던 김구 계열의 인사였고, 특히 독립운동 경력을 활용해 정관계로 진출하는 것을 꺼렸다. 그러나 그는 여성 접대부 치료를 위한 성병진료소를 개원해달라는 정부의 요청만큼은 받아들였다. 미군부대(신산3리 헬기장 캠프스텐턴)가 자리한 광탄에는 미군들을 상대하는 접객업소가 발달했는데, 여성접대부들의 건강을 관리해줄 의사를 찾기 어려웠다. 곽병규는 서울에 가족들을 남겨둔 채 파주시 광탄면에 서울의원(파주 제4성병진료소)을 열었다. 그는 가족에게도 독립운동 사실을 평생 함구했다. 또한 의사의 사명은 국가와 사회에 봉사하는 것이라며 가족들에게 경제적 풍요를 기대하지 말라고 당부했다. 정부는 그의 공적을 기려 2011년 대통령표창을 추서했다.

황해도 사리원 경산의원에서 가족과 함께(1936)

뒷줄 왼쪽에 안경쓴 이가 곽병규다.

파주 광탄 서울의원(1960년대)

서울의원 간판에 파주 제4성병진료소라는 명칭이 보인다.

스탠리 마틴은 캐나다장로회가 파견한 의료선교사로
1916년 북간도 룽징에서 의료활동을 시작했고,
1919년 북간도의 3·1운동을 지원했다.
또한 그는 룽징에서 벌어진 일본군의 한국인 학살 만행을
전 세계에 고발하기도 했다.
1927년 그는 캐나다장로회를 대표해
세브란스 연합의학전문학교에 파송되었고,
흉곽내과(호흡기내과) 과장을 담당하면서
폐결핵 퇴치운동에 힘썼다.

스탠리 마틴(민해산)과 북간도 독립운동

조선 민족의 현재 상태를 보건대, 내가 고국 캐나다를 떠나 조선 땅에 처음 발을 들여놓은 20년 전에 비하여 대단히 진보된 것으로 보지 않을 수 없습니다. 병만을 보더라도 내가 처음 조선에 올 때에는 호열자, 십이지장충, 재귀열 등과 같은 무서운 병이 한창 창궐하던 때였습니다. 이러한 병이 창궐하게 된 근본 원인은 조선인이 일반적으로 위생설비가 갖추어지지 못한 점에 있었던 것입니다.

그러나 오늘 조선에는 호열자와 같은 무서운 유행병은 많이 줄어들었으나 그 반면 폐결핵만은 연연히 늘어가는 현상입니다. 그중에서도 놀라운 현상은 전도가 창창한 학생계에 성히 전파되어 있다는 것입니다. 그 원인으로 내가 연구한 바를 몇 가지 들어본다면, 첫째, 과도히 일을 하는 것, 둘째, 생활상태가 비위생적인 것, 셋째, 충분한 영향을 섭취하지 못한 것 등으로 볼 수 있습니다.

나는 젊은이의 생명을 많이 요절시키는 폐결핵의 전파를 방지하기 위한 많은 요양원이 건설되기를 바라며 이러한 의미에서 머지않은 장래에 또다시 나타나게 될 세브란스병원의 요양원을 나는 조선민족을 위하여 축복하는 바입니다. 　　　　－『동아일보』(1936년 1월 1일자)

룽징 제창병원 설립과 독립운동 지원

간도는 청과 조선 사이에 놓인 섬과 같은 땅이 되었다는 데서 유래한 이름이다. 대체로 백두산을 경계로 오른쪽을 북간도, 왼쪽을 서간도로 구분한다. 북간도의 대표 도시인 룽징(龍井)은 일제 시기 한국인들의 이주가 많았던 곳으로, 윤동주(1917-1945) 시인이 태어나고 자란 곳이기도 하다.

캐나다장로회가 한국 선교를 시작한 때는 1888년 12월이지만, 공식적으로 선교사를 파송한 것은 1898년 9월부터이다. 그해에 미국북장로회 한국 선교부로부터 원산 지부를 인수한 캐나다장로회 소속 선교사들은 원산을 중심으로 함경도 지역 선교를 담당했고, 점차 간도와 연해주 지역으로 활동 반경을 넓혔다.

캐나다장로회는 한국인이 많이 모여 사는 룽징에 병원이 없다는 점을 파악한 후 병원 건립을 계획하고, 책임자로 스탠리 마틴 부부를 파견했다. 스탠리 마틴(Stanley H. Martin, 閔山海, 1890-1941)은 1916년 룽징으로 파견되어 진료활동을 시작했고, 1918년 천신만고 끝에 30병상 규모의 현대식병원인 제창병원(濟昌病院, St. Andrew Hospital)을 완공했다. 제창병원은 한국인뿐만 아니라 중국인·일본

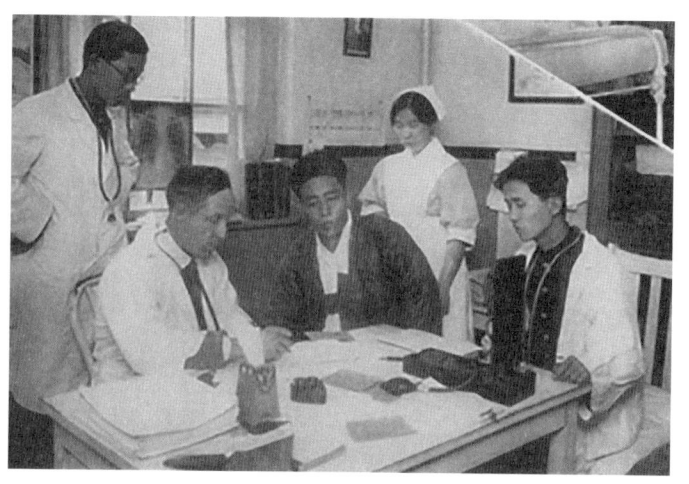

외래진료 중인 스탠리 마틴(1929)

스탠리 마틴

인·러시아인을 대상으로 의료사업을 전개하면서 많은 사람들을 기독교로 개종하도록 하는 성과를 거두었다. 또한 마틴은 룽징의 3·1운동을 지원하고 일본군의 한국인 학살을 폭로해 일제의 만행을 전 세계에 알렸다. 1919년 3월 13일 룽징 만세운동 때는 중국군이 시위 군중에게 발포를 해서 17명이 사망하고, 30여 명이 부상당했다. 마틴은 이 부상자들을 치료하는 한편, 사상자의 몸에서 빼낸 탄환이 모두 일본제임을 확인해 일본군이 배후에서 중국군을 조종했다는 사실을 입증했다.

1919년 4월 15일, 일제가 수원군 제암리 교회에서 자행한 학살이 세브란스연합전문학교 프랭크 스코필드 교수에 의해 전 세계에 알려진 바 있다. 청산리대첩에서 참패한 일본군은 독립군의 지원을 끊겠다는 구실로 장암리에서 이와 똑같은 민간인 학살을 자행했다. 1920년 10월 30일, 룽징 주둔 일본군 제4사단 28여단의 스즈키 대위는 보병 70여 명과 헌병, 경찰관들로 이뤄진 토벌대를 이끌고 장암리 노루바윗골(현 東明村)로 향했다. 그곳 수비대와 합세한 스즈키 부대는 새벽 6시 30분 주민들을 집합시킨 뒤 청장년 33명을 포박해 교회당에 가둬놓고 불을 질렀다. 뛰쳐나오는 사람은 총창으

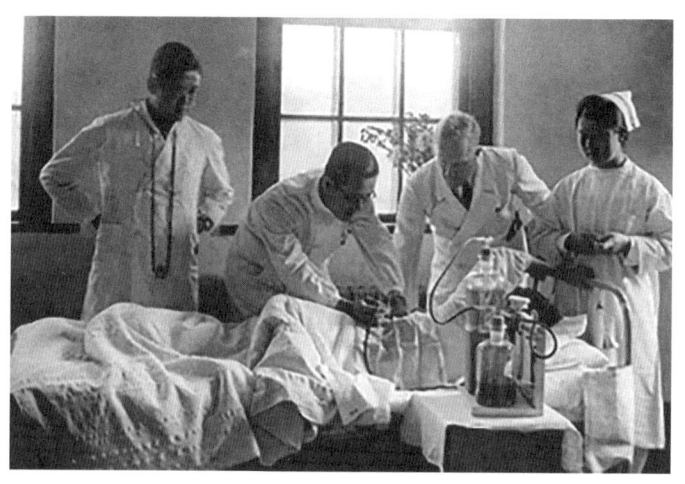

인공기흉 치료 중인 스탠리 마틴(1936)

로 찔러 불 속에 다시 밀어넣었다. 이 사건을 접한 마틴은 부상자를 치료하는 한편, 일제의 만행 현장을 사진으로 찍어 세계에 폭로하는 데 앞장섰다.

한국 호흡기내과의 개척자, 결핵퇴치운동에 앞장서다

스탠리 마틴은 1890년 7월 캐나다 뉴펀들랜드주 세인트존스시에서 태어났다. 1916년 6월 퀸대학교 의과대학을 졸업한 후, 같은 해 11월 미국인 간호사 마거릿과 결혼해 캐나다장로교 선교사로 한국에 파송되었다. 첫 파송지인 북간도 룽징에서 룽징 제창병원의 건립과 운영을 맡아 10여 년 동안 북간도의 의료선교를 책임졌다. 1927년 마틴은 캐나다장로회를 대표해서 세브란스의전에 파송되었다. 그가 담당했던 과목은 흉곽내과(호흡기내과)였다. 당시에 내과는 호흡기내과, 순환기내과, 내분비내과 등으로 세분되지는 않았다. 마틴은 내과 중에서도 흉곽내과를 개척한 인물이었다. 당시 결핵은 백색 페스트라고 불릴 정도로 치명적인 만성병이었으며, 효과적인 치료제가 없어 죽음의 질병으로 여겨졌다. 항생제가 발견되기 전까지 폐결핵의 효과적인 치료법은 인공기흉기를 활용한 치료였다. 1882년 포를라니니(Carlo Forlanini, 1847-1918)가 처음 개발한 인공기흉술은 서양에서 점차 보편화되었고, 20세기 이후 일본에서도 널리 사용되었다. 그러나 식민지 조선에서는 결핵전문요양원인 해주결핵요양원에서 일부 사용되었을 뿐이었다. 세브란스병원의 마틴은 결핵 치료를 위해 인공기흉술을 적극 도입했고, 세브란스결핵병방지회장을 맡아 결핵 예방에도 힘썼다.

    1939년 제2차 세계대전이 발발하자 1940년 가을에 영미영사관에서도 선교사들의 철수를 권고했다. 특히 반일활동 경력이 있던 마틴 가족은 최우선 고려 대상이었다. 1940년 11월 미국 정부가 마리포사호를 인천항에 보내자 마틴은 아내 마거릿과 함께 귀국행 배에 몸을 실었다. 안타깝게도 그는 한국을 떠난 이듬해인 1941년 캐나다에서 별세했다. 1968년 대한민국 정부는 그에게 독립장을 수여했고, 마틴은 외국인 선교사 출신의 독립유공자 7명 중 한 사람이 되었다.

일찍이 기독교를 받아들인 아버지의 영향으로
언더우드와 인연을 맺은 김필순은 배재학당을 거쳐
제중원의학당에서 에비슨의 조수로 의학교과서 번역을 도우면서
의학교육을 받았다.
졸업 후 그는 중국 망명까지 선택하며 조국 독립에 헌신했지만,
안타깝게도 이국땅에서 암살당하는 비운을 맞았다.

만주에 이상촌을 건설한 김필순

부상병들을 도우며 절감한 망국의 설움

1895년 갑오개혁 시기 고종은 자신을 지킬 시위대를 조직했으나 1895년 10월 을미사변으로 일본군에 의해 해산당했고, 1896년 아관파천 이후 권력을 회복한 고종은 1,000여 명 규모의 시위대를 재조직했다. 시위대는 1900년 이후로는 2개 보병대대, 1개 포병대대, 1개 기마대대, 군악대 등 3,000명에서 5,000명 규모로 확대되었다. 시위대는 두 곳에 병영을 설치했는데, 광화문 인근의 삼군부 청사 병영은 경복궁을 시위했고, 서소문 남쪽의 태령관 병영은 경운궁을 방어하기 위한 것이었다. 고종은 아관파천 이후 경운궁에 머물고 있었기 때문에 서소문 병영이 시위대의 주력군이 되었다. 일본은 러일전쟁에서 승리한 이후 조선의 군대 감축에 개입하기 시작하더니 을사조약 이후 이토 히로부미 통감은 대한제국 군

김필순

대는 1만 명, 시위대는 1,000명 규모로 축소시켰다.

헤이그 밀사 사건을 빌미로 고종 황제를 강제퇴위시킨 일제 통감부는 1907년 8월 1일 오전 7시, 대한제국 군대의 해산을 명령하기 위해 대대장 이상의 장교들을 일본군 임시사령부의 거처인 대관정(大觀亭)에 불러들였다. 그리고 그날 오전, 사병들을 속이고 군대해산식을 강행했다. 이에 분개한 제1연대 제1대대장 박승환(朴昇煥, 1869-1907)이 권총 자살로 항거하자, 군대해산 명령을 받고 무기를 반납하려던 병사들은 즉각 봉기를 일으켰다. 이른바 정미의병 사건이다.

2개 대대 1,000여 명 규모의 구한국군대는 시민들과 합세해 남대문에서 서소문에 이르는 지역에서 일본군과 시가전을 벌였다. 그러나 기관포 등 우세한 화력을 지닌 일본군에 중과부적이었다. 일본군 보고에 따르면, 일본군 사상자는 20여 명에 불과했으나, 한국군은 사망자만 68명에 부상자 90명, 포로가 560명에 달했다.

남대문 밖 세브란스병원은 순식간에 아수라장이 되었다. 복도에는 총칼에 부상당한 병사들이 쓰러져 있었고, 곳곳에 유혈이 낭자했다. 부상병 치료를 위해 세브란스병원의학교의 교수진은 물론이고 학생들도 전력을 다했다. 그중에는 최고 학년이었던 김필순(金

彌淳, 1878-1919)도 있었다.

　김필순은 환자 급식을 돕기 위해 병원 내 사택에 함께 살고 있던 어머니와 여동생에게까지 도움을 청했다. 죽어가는 부상병들을 살리기 위해서였다. 이전까지는 여성 의료인이 남성 환자를 간호한다는 것은 상상할 수 없는 일이었지만, 군대해산으로 하룻밤 사이 여성 간호는 거리낌 없는 일이 되었다. 다른 한편 김필순은 이 사건을 통해 빼앗긴 나라를 되찾기 위해서는 의사로서의 치료 그 이상의 활동이 필요하다는 것을 절감하게 되었다.

기독교 정신 아래 독립운동가로 자라다

　서울에서 고위관료를 지냈던 김필순의 조부는 부패한 정치에 회의를 품고 황해도 장연군 대구면 송천리 소래마을로 낙향했다. 그후 조부는 황무지를 개간하여 옥토로 바꿨고, 소래마을의 대부분을 소유할 정도로 부자가 되었다. 김필순의 아버지 김성섬(金聖贍)은 한학자였으나 기독교와 신문명을 적극 받아들였다. 그가 기독교 정신에 따라 집안 노비까지 모두 풀어주자, 소래마을 사람들도 기독교를 적극 받아들이게 된다. 이후 이 마을에는 우리나라 최초의 자생 교회인 소래교회가 세워졌다. 1887년 소래를 방문한 언더우드 목사는 김성섬의 지원 아래 선교활동을 했다.

　김필순의 부친은 첫 부인에게서 윤방·윤오·윤열 세 아들을 낳았고, 둘째 부인과의 사이에서 필순·인순 두 아들과 구례·노득·

환구단 앞 대한제국 황실 귀빈의 숙소 대관정(大觀亭)

1899년 독일 황제 빌헬름 2세의 친동생 하인리히 친왕이 방한했을 때 머물렀다. 러일전쟁이 일어났을 때 일본군 사령관 하세가와 요시미치(長谷川好道)가 점령군사령부로 사용했고, 을사조약 체결 당시 이토 히로부미(伊藤博文)가 머물렀던 곳이다. 이토는 1905년 남산 아래에 통감부와 통감관저를 새롭게 건립했다.

프랑스 언론에 보도된 군대해산(1907)

순애·필례 네 딸을 낳았다. 큰형 김윤방은 세 딸을 낳고 일찍 사망했는데, 그의 막내딸이 독립운동가 김마리아다. 언더우드에게서 집사 직분을 받은 둘째 형 김윤오는 김필순과 김형제상회를 열고 인삼 수출과 장롱 제작 등으로 자금을 마련해 독립운동을 지원했다. 셋째 형 김윤열은 과거시험에 장원급제했으나 안타깝게도 장티푸스로 급사했고, 남동생 김인순은 경신학교를 다니던 중 물에 빠진 친구를 구하다가 익사했다.

김필순의 첫째 여동생인 김구례는 상하이 대한민국 임시정부에서 활동했던 서병호와 결혼했으며, 둘째 여동생 김노득은 목사 양응수와 결혼했다. 독립운동가 김규식과 결혼한 셋째 여동생 김순애는 상하이에서 애국부인회 회장을 지냈다. 막내인 김필례는 일본과 미국에서 유학한 후, 한국 YWCA를 설립하고 정신여학교 교장을 지내는 등 한국의 대표 여성 교육자로 성장했다. 이처럼 김필순의 부친이 기독교를 받아들이면서 그의 가족은 서양 문물과 근대 사상에 일찍 눈을 떴고, 대다수가 독립운동에 참여한 독립운동가 집안을 이루었다.

조국 독립의 꿈을 품고 서간도로

언더우드 등 선교사들과의 친분으로 영어에 능통했던 김필순은 1895년 배재학당에 입학해 신학문을 공부했다. 1899년 배재학당을 졸업한 후에는 제중원에서 의사 샤록스의 통역 및 조수로 일했다. 1900년 안식년에서 돌아온 에비슨이 의학교과서 번역을 위해 조수가 필요하다고 하자, 김필순은 제중원의학당에 정식으로 입학해 1908년 세브란스병원의학교 제1회 졸업생이 되었다.

안창호 등과 신민회 활동을 하던 김필순은 일제의 압박이 심해지자 1911년 중국으로 망명한다. 안창호에게 보낸 친필 편지에서 그는 신해혁명 과정에서 발생한 부상자들을 치료하는 의무대로 활동하고자 중국으로 건너갔음을 밝혔다. 하지만 그가 중국에 도착했을 때는 이미 혁명이 종료된 상태였다. 김필순은 새로운 길을 모색하며 서간도에 독립군을 양성하는 이상촌을 건설하겠다는 계획을 세운다.

그 사무도 여간 도우며 의학을 공부할 새어 선생(에비슨)의 높은 학식으로 교수하는 열성은 이로 치사할 수 없거니와 다만 우리나라 방언으로 번역한 서책이 없으매 극히 편리치 못한지라. 선생이 이를 심히 한탄하여 비록 백망 중이라도 시간을 내어 필순으로 더불어 이 책과 다른 두어 가지의 책을 간간이 번역하여 매일 과정을 공급하더니 지금 오륙년 만에 무기약물학 일편을 이루어 출판하니 선생은 본래 본국에서도 의술의 고명한 명예가 있을뿐더러 특히 제약사로 여러 해 경력이 있으며 그 본문대로 번역만 한 것이 아니오, 이를 증감하며 그 장절의 순서를 정리하고, 초학자의 과정에 적당토록 하였으나 본방 방언에 약명과 병명과 의학상에 특히 쓰는 말 중에 없는 것이 많음으로써 필순의 옅은 학식과 용렬한 재주로 일본서 번역한 말을 빌어 쓰며 혹 새말도 지어 쓰매 그 문리가 바다를 건너는 돼지의 거동이며 발을 그린 뱀의 모양과 같이 순치 못하여 보시는 이의 정신을 괴롭게 할 염려가 적지 않으나 공부하시는 여러 학도들은 구절의 흠을 찾지 마시고 그 뜻을 상고하여 아름답게 받으시면 다행이 총명의 발달이 만분지일이라도 될까 하나이다. ─ 『약물학 상권 무기질』(1906), 김필순의 서문 중에서

의학교과서를 번역하다

고향 소래마을에서 언더우드 등 외국인 선교사들과 친분을 쌓으며 영어를 익힌 김필순은 배재학당에서 공부하면서 영어에 남다른 재능을 나타냈다. 에비슨 박사가 한글 의학교과서의 제작을 도울 사람을 구하면서 김필순은 제중원의학당과 인연을 맺었다. 1899년 에비슨은 『그레이 해부학(Gray's Anatomy)』을 가장 먼저 번역했으나 원고를 보관하고 있던 조수가 사망하면서 원고를 찾을 수 없게 되었고, 1904년 두 번째 번역본은 불행히도 화재로 소실되었다. 우여곡절 끝에 에비슨은 김필순의 도움을 받아 1905년 『약물학 상권 무기질』을 가장 먼저 출간했고, 그 다음해에는 『해부학』을 출간했다. 이 밖에도 김필순은 『화학교과서 무기질』(1906), 『외과총론』(1910) 등을 번역했다.

김필순은 졸업 후 세브란스병원의학교 교수이자 외과 진료를 담당했다. 1911년에는 세브란스병원의 외래 책임자가 되었다. 그는 해부학과 생물학을 강의했고, 1911년 제2회 졸업식에도 교수진의 일원으로 참가했다.

독립운동과 중국 망명

김필순은 배재학당 재학 시절 언더우드 목사의 소개로 안창호를 알게 되면서 독립운동에 참여했다. 김필순은 자신과 동갑인 안창호와 의형제를 맺고 그를 형으로 모셨으며, 두 사람은 1897년 독립협회에 가입하면서 매우 돈독한 관계를 유지했다. 이후 1899년 안창호는 고향 평안남도 강서에서 점진학교(漸進學校)를 설립하는 등 교육사업을 전개하다가 미국에 유학을 떠났고, 김필순은 제중원의학당에 입학해 의학교육을 받았다. 잠시 각자의 길을 걸었던 두 사람은 1907년 4월, 안창호의 주도로 신민회를 조직하면서 재회한다. 신민회는 국권 회복과 공화정의 수립을 목표로 하고 교육계몽운동 실천, 민족산업 육성, 독립무장투쟁 등 구체적인 방안을 세웠다. 김필순은 신민회에 가입했을 뿐만 아니라 자신이 설립한 김형제상회를 신민회의 비밀회합 장소로 제공했다.

신민회가 민족운동 진영에서 광범위한 지지를 받자, 일제 식민 당국은 이러한 위협을 조기에 차단할 필요를 느꼈다. 1911년 9월, 데라우치 총독 암살을 모의했다는 죄명을 내세워 신민회를 압박하기 시작했다. 이른바 105인 사건을 조작한 것이다. 일제는 신민회의 해체를 목표로 600여 명의 민족운동가를 체포했고, 그중 105명이 징역 5-10년의 유죄판결을 받았다. 신민회의 핵심 멤버였던 김필순 역시 105인 사건의 주동자로 지목되었다. 일제의 체포가 임박하자 김필순은 세브란스병원 신의주 분원에 출장 간다는 메모를 남기고 중국 망명길에 올랐다. 1911년 12월 31일이었다.

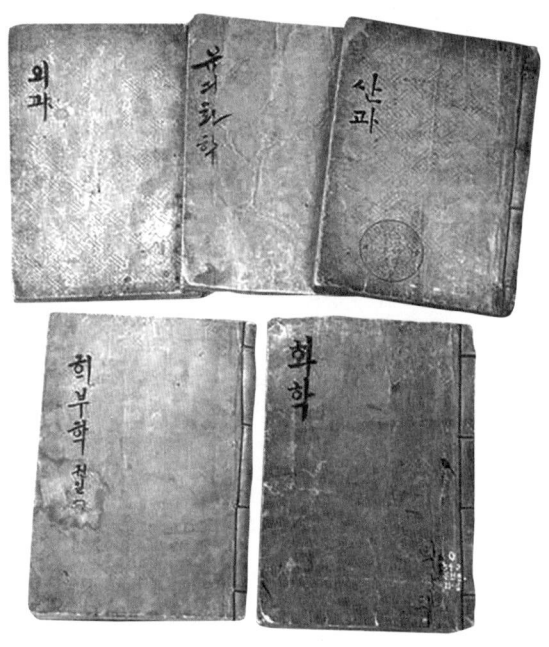

제중원 한글 의학교과서

좌-김필순이 안창호에게 보낸 친필 편지(1912. 3. 8) /
우-만주 지역 독립운동 시기의 김필순(오른쪽 앉아 있는 사람)

김필순의 가족과 동지들

3번째 줄 왼쪽부터 이갑·김필순·노백린·윤웅렬·이동휘, 2번째 줄 왼쪽부터 김마리아(조카)·김순애(셋째 여동생)·미상·김필순의 부인과 장남 김영·김필례(막내 여동생)·유각경

독립을 꿈꾸며 이상촌 건설을 지휘하다

사실 김필순의 행선지는 이미 정해져 있었다. 신민회 간부들은 서간도 퉁화현(通化縣)에서 조선독립군기지를 건설할 계획을 공유하고 있었고, 이회영·김동삼·이상룡 등은 류허현(柳河縣) 싼위안푸(三源堡) 등에서 신흥무관학교 등 무장독립운동기지를 건설하고 있었다. 김필순은 퉁화현에 자리를 잡고 적십자병원(赤十字病院)을 설립해 운영했다.

1916년 퉁화현이 일제의 감시망에 노출되자 김필순은 헤이룽장성(黑龍江省) 치치하얼(齊齊哈爾)로 이주해 의사이자 독립운동가로서의 행보를 이어나갔다. 우선은 치치하얼 시내에 새로 병원을 개설하고 병원을 운영했는데, '북쪽의 제중원'이라는 뜻에서 북제진료소(北濟診療所)라는 이름을 붙였다. 다른 한편으로 김필순은 치치하얼 인근 룽장현(龍江縣)에서 토지를 사들여 이상촌 건설을 시작했다. 군자금 확보와 독립군 양성의 거점이 될 이상촌 건설은 중국 망명 초기부터 그가 꿈꿔온 일이었다. 김필순은 일본에 있던 여동생 부부 김필례·최영욱(세브란스 6회 졸업)에게 치치하얼에서 함께 일하자고 제안했다. 최영욱은 북제진료소의 운영을 도왔고, 김필례는 농민계몽운동을 도왔다. 그러나 안타깝게도 1919년 8월, 김필순이 일본군 특무요원에게 암살당하면서 이상촌 건설이라는 그의 꿈은 좌절되고 말았다. 정부는 그의 공훈을 기리고자 건국훈장 애족장(1997)을 추서했다.

백정의 아들로 태어난 박서양은
세브란스병원의학교를 제1회로 졸업하고 의학교 교수가 되었다.
간도 이주 후에는 옌지현에서 한인들을 대상으로
의료활동과 민족교육사업에 매진했으며,
독립운동단체인 대한국민회에서 유일한 군의로 활동했다.

북간도에서 독립운동과 교육운동에 헌신한 박서양

백정의 아들에서 의학교의 교수가 되기까지

박서양(朴瑞陽, 1885-1940)은 1885년 박성춘의 장남으로 태어났다. 백정 박성춘은 1895년 미북장로교 선교사 사무엘 무어(Samuel F. Moore, 1860-1906)에게 세례를 받고 성과 이름을 얻었다. 박성춘이 장티푸스에 걸려 사경을 헤매고 있을 때였다. 무어 선교사는 제중원의 에비슨 박사에게 사정을 설명했고, 에비슨은 박성춘이 나을 때까지 백정 마을에 수차례 왕진을 다니며 정성껏 치료해주었다. 고종의 어의인 에비슨이 신분 고하를 막론하고 돌봐주는 데 감명받은 박성춘은 어린 박서양을 에비슨에게 의탁했다. 에비슨은 우선 박서양에게 병원의 잡일을 맡겼다. 박서양이 아무리 힘든 일도 포기하지 않고 잘 견뎌내자, 에비슨은 1900년 8월부터 박서양에게 제중원의학당에서 정규교육을 받도록 했다. 의학교 재학 시절부

박서양

터 박서양은 YMCA와 황성기독청년회 등에서 사회계몽과 교육계몽운동을 전개했고, 졸업 후에는 모교의 교수로서 화학, 해부학, 외과학 등을 가르치며 교육자이자 사회운동가의 길을 걸었다.

일제의 항일운동 탄압, 룽징에서 이어진 독립운동

1905년 을사늑약으로 외교권을 박탈당하고 일제의 핍박이 심해지자, 자주독립과 국권회복의 뜻을 품은 사람들은 일제의 손길이 미치지 못하는 중국에서 새로운 기회를 모색하기 시작했다. 특히 1910년 일제의 강제병합 이후, 적지 않은 한국인들이 새로운 삶을 찾아 만주로 대거 이주했다. 그중에서도 지린성(吉林省) 옌지현(延吉縣) 룽징(龍井)과 옌지는 두만강을 건너면 곧바로 닿을 수 있는 북간도의 중심 도시로, 이주 한인들 사이에서 새롭게 주목받고 있었다. 1917년의 룽징은 "도처의 가옥이 거의 조선인 가옥이오, 주민 또한 백의인이 아닌 곳이 없어 완연히 조선을 여행하는 것과 같고, 조금도 중국 영토 같은 생각이 들지 않는다"라고 할 정도로 한인들의 이주 열풍이 불었다. 가장 먼저 독립운동기지가 건설되었으며 교육계몽운동이 활발히 펼쳐졌던 룽징은 1919년 북간도에서 전개된 3·13만세운동의 진원지이자 한인 사회의 문화적 중심지였다.

1917년 북간도로 이주한 박서양이 옌지에 거점을 마련한 것은 옌지의 이러한 사회문화적 분위기 때문이었다. 박서양이 북간도로 이주한 배경은 정확히 알려져 있지 않다. 다만 옌지으로 떠나기

전까지 그가 주로 활동했던 황성기독청년회나 상동청년회, 신민회 등이 만주 지역 독립운동기지 건설에 적극 나서던 시기였으므로, 그 역시 이 지역 독립운동에 관심을 가진 것으로 보인다. 그는 옌지의 한 중심지인 쥐쯔제(局子街)에 구세병원을 세웠고, 곧이어 숭신학교(崇信學校)의 교장이 되었으며, 대한적십자사 소속 의사이자 대한국민회의 군의가 되었다. 박서양이 의료활동과 교육계몽, 무장투쟁 중 무엇을 궁극적 목표로 삼았는지는 정확히 알 수 없지만, 북간도에서는 이 3가지가 모두 가능했다. 특히 룽징 3·13만세운동 과정에서 등장한 조선독립기성회는 상하이 대한민국 임시정부 수립 이후 임시정부 산하의 대한국민회로 개칭되었다. 대한국민회는 개신교 인사들이 주도한 북간도 최대의 독립운동단체로서 무장독립투쟁을 목표로 했고, 박서양은 대한국민회의 군의로 무장독립투쟁을 지원했다. 1919년 3·13만세운동, 1920년 봉오동 전투와 청산리 전투의 승리로 간도 항일무장투쟁은 한껏 고무되었으나, 1920년 10월 이후 일제의 무자비한 보복과 학살이 본격화되면서 북간도의 무장투쟁은 점차 위축되었다.

북간도에서 교육운동을 주도하다

항일 무장독립투쟁이 침체 국면으로 돌아서자 박서양은 교육운동에 더욱 매진했다. 당시 쥐쯔제에는 약 900여 명의 한인들이 살고 있었지만, 마땅한 교육시설이 없었다. 옌지 이주 직후 박서양

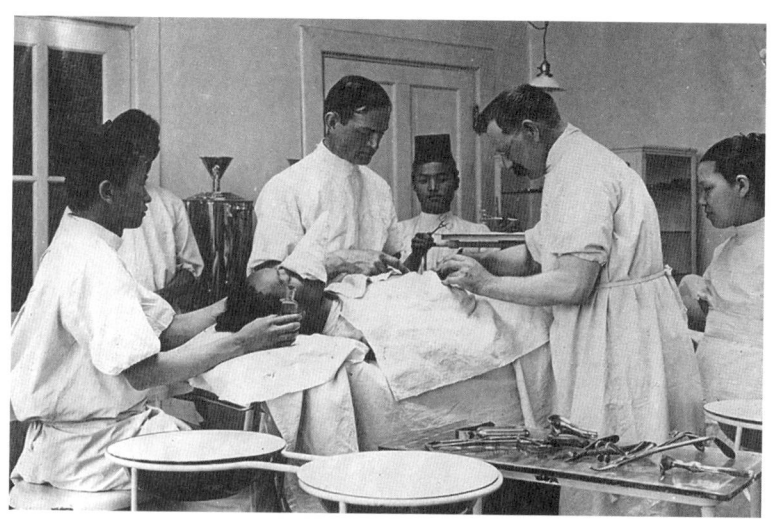

박서양의 수술 보조(1904년경)

정중앙은 허스트, 그 옆으로는 왼쪽부터 박서양, 에비슨 순이다.

박서양의 화학 강의(1917)

은 한인 유력자들과 함께 쥐쯔제에 숭신학교를 설립하고 교장에 취임했다. 숭신학교는 기독교 정신에 기초해 민족의식 함양을 목표로 설립된 교육기관으로, 입학식과 졸업식 등 학교의 주요 행사는 모두 기독교식으로 거행되었다.

당시 간도에 상당수의 민족학교가 만들어졌지만, 학제가 제각 각이었고, 교원의 자격이나 설비 기준 등도 정립되지 않았다. 이를 정비할 필요에서 간도 지역의 교육자 600여 명이 발기하고, 80여 명이 참가해 간도교육협회 창립대회를 개최했다. 1923년 8월 숭신학교에서 열린 이 대회에서 박서양은 집행위원으로 선출되었다.

민족교육에 앞장섰던 숭신학교는 1930년 2월 19일 하시장(下市場)에서 만세운동을 벌였고, 이로 인해 수십 명의 학생들이 체포되었다. 결국 일본영사관 경찰분서는 1932년 6월, 배일 및 불온사상을 고취한다는 이유로 숭신학교를 폐쇄시켰다. 자신이 계획했던 무장독립투쟁과 교육계몽운동이 모두 수포로 돌아가자 더 이상 옌지에 남아 있을 이유가 없었다고 생각한 박서양은 1936년 그리워하던 고국으로 돌아왔다. 이후 그는 황해도 연안에서 병원을 운영하며 의료활동을 펼쳤지만, 안타깝게도 조국의 독립을 보지 못하고 1940년 서울 자택에서 세상을 떠나고 말았다. 그의 나이 55세였다. 정부는 그의 공훈을 기리고자 건국포장(2008)을 추서했다.

이태준은 1911년 6월, 세브란스병원의학교를 제2회로 졸업한 후,
김필순과 함께 독립운동에 참여했다.
김필순의 중국 망명 이후, 이태준도 중국에 망명했고,
몽골에서 동의의국을 개원하여
몽골의 질병 퇴치와 한국의 독립운동을 지원했다.
이태준은 몽골 정부로부터 '귀중한 금강석'이라는 훈장을 받는 등
사회에서 두터운 신뢰를 받았지만,
러시아 백위파 군대에 체포된 후 피살되었다.

몽골의 슈바이처
이태준

몽골의 신인, 대암 이태준

1919년 7월, 몽골의 수도 울란바토르에 동의의국(同義醫局)을 세운 후 몽골인을 위해 의료활동을 하던 이태준(李泰俊, 1883-1921)은 몽골의 마지막 왕 보그드 칸 8세로부터 최고 등급의 훈장인 '귀중한 금강석(에르데니-인 오치르)'을 받는다.

1921년 11월 몽골을 방문한 여운형은 「몽골사막여행기」에서 이태준의 행적과 명성을 확인한 바 있는데, 몽골인의 70-80%가 감염되었을 정도로 심각한 국민병이었던 화류병 퇴치에 이태준이 지대한 공헌을 했다고 한다.

1910년대 이전까진 매독 등의 성병에는 수은을 이용한 치료가 보편적이었는데, 수은치료는 효과가 크지 않은 반면 중독의 위험이 높았다. 1910년대 파울 에를리히가 비소화합물에 의한 살바

르산과 네오살바르산을 개발하면서 매독 치료에 획기적인 전기를 마련했고, 이태준은 이 새로운 치료법을 적극 활용했다. 매독 치료로 이태준은 큰 명성을 얻었다. 울란바토르에서는 '리다인(이태준의 호 '大岩'을 딴 이름인 이대암의 몽골식 표기)'이라고 하면 모르는 사람이 없을 정도였다고 한다. 몽골 사람들은 이태준에게 존경심을 표현하기 위해 그를 '신인(神人)' 또는 '극락세계에서 강림한 여래불[如來佛]'이라고 칭했다.

독립자금과 폭탄 제조 지원

이태준이 울란바토르로 향한 몽골에 독립군 비밀군관학교를 건설하겠다는 사촌 처남 김규식의 계획 때문이었다. 울란바토르에서 이태준은 자신의 병원을 독립운동가들의 중요한 거점으로 제공했고, 독립운동자금 지원과 정보 전달의 역할을 수행했다. 1920년 여름 소비에트 정부는 상하이 대한민국 임시정부에 200만 루블의 자금 지원을 약속했고, 1차로 한인사회당 코민테른 대표 박진순에게 40만 루블의 금괴를 제공했다. 한인사회당의 비밀요원이었던 이태준은 이 자금 운송에 깊이 관여했다.

자금의 일부인 12만 루블이 울란바토르에 도착하자 이태준은 1차분 8만 루블을 가지고 베이징으로 향했다. 베이징에 도착한 그는 의열단 단장 김원봉을 만났고, 무장독립투쟁 중 폭발물 불발 문제를 고민하던 김원봉에게 헝가리 출신의 폭탄 제조 전문가 마자르를 소개했다. 이후 이태준은 2차분 4만 루블의 운송과 마자르와의 연락을 위해 다시 몽골로 향했다. 그러나 안타깝게도 이것이 그의 마지막 길이었다. 마자르에게 폭탄 제조를 부탁한 후 러시아 군대에 체포되어 살해당한 것이다. 이태준의 사후 마자르는 그와의 약속을 지키기 위해 홀로 김원봉을 찾아 나섰고, 독립운동을 위한 폭탄 제조와 국내 반입을 도왔다. 그리고 이 이야기는 2016년 개봉한 영화《밀정》에서 다루어졌다.

의사로서 독립운동에 참여하기까지

이태준은 1883년 11월 23일 경남 함안군 군북면 명관리에서 태어났다. 어려서 마을 도천재(道川齋)에서 한학을 공부했지만, 선교사들과의 만남을 통해 서양 학문에 관심을 가졌고, 1907년 10월 세브란스병원의학교에 입학했다. 그리고 1911년 6월 세브란스병원의학교를 제2회로 졸업했다. 의학교 재학 시절 이태준은 그의 평생에 중요한 영향을 미치는 김필순과 안창호 등을 만나게 된다. 1909년 10월 안중근이 이토 히로부미를 저격한 이후 안창호는 그 배후로 지목되어 체포되었고, 이듬해 2월, 세브란스병원에 입원하게 되었다. 이때 이태준은 안창호의 권유로 비밀청년단체인 청년학우회에 가입했다. 1911년 10월 중국에서 신해혁명이 발생하자, 이에 감동한 이태준은 김필순과 함께 중국에 망명해 혁명에 동참하기로 결심했다. 두 달후 김필순이 먼저 중국에 망명했고, 이태준도 뒤

이태준의 난징 기독의원

현 난징시 구러우의원(당시 기독의원)은 이태준이 중국 망명 이후 처음으로 취직한 곳이었다.

경남 함안군 군북면 명관리 도천재

도천재는 인천 이씨의 재실로 이괄의 난을 평정하여 진무공신(振武功臣)으로 봉해진 이휴복(李休復)의 공신교서(功臣敎書)가 있는 곳이다. 이태준은 어린 시절 이곳에서 한학을 공부했다.

위-이태준 / 아래-이태준 기념공원

를 이어 중국으로 향했다. 김필순은 서간도 퉁화현(通化縣)을 거쳐 치치하얼에 가서 이상촌 건설을 시작했고, 이태준은 난징(南京)에서 기독의원(基督醫院, 현 구러우의원)에 취직했다. 1914년 이태준은 김규식에게서 몽골에서 독립운동을 함께하자는 제의를 받고 몽골 고륜(현 울란바토르)으로 이주한다. 몽골에서 전염병과 성병 퇴치에 큰 활약을 한 이태준은 몽골인의 신임을 얻었고, 몽골 국왕의 어의가 되었다. 그러나 항일독립운동에 참여하다가 1921년 러시아 백위파 운게른 부대에 체포되어 살해당하고 만다. 그의 나이 38세였다. 정부는 그의 공훈을 기리고자 건국훈장 애족장(1990)을 수여했다.

세브란스연합의학교 제4회 졸업생 이원재는 독립운동을 전개했고,
의료의 공공성을 제고하기 위해 실비진료운동을 펼쳤다.
독립운동가인 부친 이가순 선생의 요청으로
경기도 고양에 자리를 잡은 그는
양수장과 수리조합을 만들어
만성적인 홍수와 가뭄 피해에 시달리던
지역사회의 숙원을 해결하기도 했다.

하얼빈에 독립운동의
교두보를 마련한 이원재

대를 이어 독립운동에 투신하다

이원재(李元載, 1886-1950)는 함경남도 원산에 독실한 남감리회 신자였던 이가순(李可順, 1867-1943)의 장남으로 태어났다. 원산과 블라디보스토크를 오가며 독립운동에 투신했던 부친 이가순은 원산 지역의 만세운동을 주도한 후 보안법 위반, 출판법 위반 혐의로 체포되어 2년 6개월의 옥고를 치르기도 했다. 그는 출소 후에도 대성학교 건립, 신간회 조직 등 독립운동을 이어갔다.

이원재는 1914년 세브란스연합의학교를 제4회로 졸업하고, 그 즈음 독립운동가 노백린의 딸 노숙경과 결혼했다. 이후 그는 부친과 장인의 독립운동을 돕기 위해 원산 구세병원으로 근거지를 옮겼다. 부친과 장인이 모두 독립운동가였기 때문에, 이원재도 자연스럽게 일본 경찰의 요시찰 대상에 올랐다. 원산에서 이원재

위-이원재 / 아래-1920년대 이원재의 하얼빈 고려의원

고려의원은 하얼빈시 다오와이취(道外區) 베이우다오제(北五道街)에 설립되었다. 아래 사진은 고려의원이 있던 곳으로 추정된다.

는 주로 블라디보스토크와 하얼빈 등지의 독립운동을 지원했으며, 1920년대 초에는 하얼빈시 다오와이취(道外区)에 고려병원을 개원하고 한인들의 자립과 독립운동을 도왔다. 1920년대 중반, 건강이 악화된 이원재는 요양을 위해 강릉으로 거처를 옮겼다. 그는 강릉에서도 관동의원을 개원했으며, 강릉농산조합 등을 조직해 조합원들의 자립자족을 도왔다.

일제강점기 실비진료운동에 앞장서다

일제강점기에는 의료의 도시 집중과 빈부격차 심화가 심각한 사회문제였다. 특히 가난한 조선인들은 의료비를 지불할 수 없어서 병원 문턱을 밟을 수 없는 처지에 있는 경우가 많았다. 이에 일부 의료인들을 중심으로 의료의 상업화를 극복하고 의료의 공공성을 제고해야 한다는 목소리가 커지고 있었다.

당시 의료계에서는 의료의 공공성을 높이기 위해 다양한 논의를 전개했는데, 그중 하나가 실비진료운동이었다. 실비진료운동은 가난한 민중들에게 실비 수준의 재료비만 받는 것으로, 병원의 문턱을 낮추기 위한 방안이었다. 1930년대 초 경성으로 돌아온 이원재는 개원을 통한 영리 추구에 더는 관심을 두지 않았다. 그의 관심은 더 많은 사람들이 의료혜택을 받을 수 있는 방안을 모색하는 것이었다. 이를 위해 그는 실비진료소와 실비진료병원에 관심을 가졌고, 고민 끝에 1931년 5월 종로 2가에 유석창과 더불어 '사회영 중앙실비진료원'을 창립한다. 이원재는 사회영 중앙실비진료원의 부원장을 맡아 실비진료운동을 지원했으며, 1년 동안 그가 진료한 환자만 5만여 명에 달했다. 3개월 후 이원재는 종로 1가에 금강의원(金剛醫院)을 개원하고 실비진료를 확대했다. 특히 그는 국민의 80% 이상이 회충과 십이지장충으로 고통받고 있다는 점에 주목하고 기생충 박멸에 각별한 관심을 가졌다. 금강의원에서 그는 매일 30명에게 무료로 기생충 검사를 실시하고 10명을 치료하는 등 기생충 박멸에 앞장섰다.

양수장과 수리조합 건설로 지역사회의 숙원사업을 해결하다

1930년대 원산 지역에서 독립운동을 주도했던 이가순은 일제의 감시망이 강화되자 칠순을 앞두고 친인척들이 모여 살던 경기도 고양으로 이주를 결심했다. 그리고 그는 고양군 토당동에 10만 평을 구입하고 백석농장을 설립했다. 당시 토당동 일대 농민들은 한강의 주기적인 범람과 가뭄으로 농지 개간에 애를 먹고 있었다. 심각성을 인지한 일제 식민 당국이 1920년대부터 수리조합 건립을 통해 이러한 문제를 해결하고자 했지만, 성과를 내지 못하는 상황이었다. 이가순은 한강과 인접한 행주산성 일대 행주외동의 대지 1만 평을 구입하고 양수장 건설을 시작했다.

양수장은 가뭄에 한강물을 끌어들이고, 홍수 때 용수를 한강으로 배출하는 시설이다. 1939년부터 시작된 양수장 건설사업은

1943년 이가순의 사망으로 좌초될 위기에 직면했다. 아들 이원재는 부친의 유지를 받들어 양수장 건설을 계속했고, 해방 즈음 행주외리에서 행주내동, 토당동, 삼성당 마을을 지나 내곡, 백석에서 장항리까지 15킬로미터에 달하는 수로를 완성했다. 이것이 고양군 최초의 양수장이자 양수설비였다. 이렇게 건설된 양수장은 '행주양수장 1호 용수간선수로'라는 이름으로 지금도 고양과 파주의 경계를 넘어 삼남리까지 총 길이 100여 킬로미터에 이르는 주변의 농경지 약 4,500헥타르에 용수를 공급해주고 있다.

이가순·이원재 부자 숭덕비

행주산성 역사공원 내에는 이가순·이원재 부자의 공덕을 기리기 위해 고양 주민들이 세운 숭덕비가 놓여 있다.

1935년 세브란스를 졸업한 방관혁은
농촌계몽운동과 독서회활동 등에 참여하며
독립운동과 계몽운동을 주도했다.
그 과정에서 체포와 투옥을 겪은 그는 중국 유학을 결정하고
베이징협화의학원에서 수련의 과정을 거쳐 교수직에 올랐다.
아울러 반일독립운동과 중국혁명에 가담하며
신중국 탄생에도 기여했다.

중국혁명에 참가하고
국가 일급 교수로 추대된
방관혁

제중원 100주년 행사를 앞두고 세브란스에는 중국으로부터 기부금이 전해졌다는 낭보가 전해졌다. 한 동창생이 100주년 기념 사업에 100만 원을 기부한 것이다. 당시 한국과 중국은 적성 국가여서, 상호 방문이나 교류가 엄격히 금지되던 시절이었다. 그럼에도 기부금은 일본을 통해 전달될 수 있었다. 기부금을 낸 이는 세브란스의전 1935년 졸업생인 방관혁. 방관혁(方觀赫, 중국명 方亮, 1912-2015)은 일제하에서 독립운동을 하다가 중국으로 유학을 떠났고, 베이징협화의학원(北京協和醫學院) 교수로 활동하면서 중국혁명에 참여했다. 그는 유명한 의학자이자 반일혁명투쟁을 지원한 지식인으로 중국인들의 사랑과 존경을 받았다. 그러나 해방과 한국전쟁을 거치면서 중국과 한국은 적성국가가 되었고, 더 이상의 교류는 불가능해졌다. 그는 선후배들 사이에서 유명한 독립투사로 기억되었지만, 세월이 흘러갈수록 점차 사람들의 기억에서 사라져갔다.

중공에서 활약하고 있는 한 한국인 의사가 모교 100주년 기념사업기금 일백만 원을 의대에 보내왔다. 중공 서안 의학원 미생물학교수인 방관혁(75세)씨는 지난해 12월 일본에서 극적으로 상봉한 형수 배상명 씨(상명재단 이사장)를 통해 이 기금을 전했다. 1935년 세브란스의전을 졸업한 방씨는 1937년 일제치하를 벗어나 중국 베이징의 미국인재단 의학교에 유학을 떠났다가 지금까지 중국 대륙에 머물게 됐다. 방씨는 교수직 외에 중공에서는 국회의원직에 해당되는 중공전인민대표자회의의 과학분과위원회 위원으로도 활약하고 있는 것으로 알려졌다.

- 『경향신문』(1984년 7월 9일자)

계몽운동과 독립운동의 일선에 서서

방관혁은 1912년 10월 평안남도 강서군에서 태어나 1931년 세브란스의전에 입학해 1935년 3월 졸업했다. 재학 시절에는 여름방학을 이용해 고향인 강서군에서 브나로드운동('인민 속으로'라는 뜻의 19세기 후반 러시아에서 일어난 농촌계몽운동)을 전개하며, 주민들을 대상으로 야학활동을 벌였다. 그의 농촌계몽운동은 주로 아동과 여성을 대상으로 한 한글식자운동이었고, 일제는 이 운동이 반일운동으로 확대될 수 있다고 판단해 예의주시했다.

그는 브나로드운동과 야학활동 외에도 독서회를 조직해 지역 청년들과 끈끈한 관계를 유지했는데, 일제는 이 모임을 반일 사회주의 단체로 규정하고 방관혁을 배후로 지목했다. 졸업 후 내과 조수로 바쁜 나날을 보내던 그는 어느 날 비밀경찰에 의해 체포되어 평안남도 강서경찰서로 이송되었고, 고문과 감금 속에서 6개월을 보낸 후 증거불충분으로 석방되었다. 이후에도 일제의 감시가 계속되자, 그는 결국 세브란스 은사들과 상의한 끝에 중국 유학을 떠나기로 결정했다. 당시 베이징협화의학원은 동아시아 최대이자 최고의 의과대학이다. 또한 외과학교실의 이용설 교수 등이 수학한 바 있는데다

방관혁

가 병리학교실의 밀즈 교수, 외과학교실의 러들로 교수 등이 오랫동안 교류해온 곳이었다. 방관혁에게 베이징은 학업과 독립운동을 지속할 수 있는 유일한 대안이었다.

존경받는 의학자이자 혁명운동가로

방관혁은 1936년 중반부터 베이징협화의학원 인턴으로 일하다가 1937년 7월 1일, 내과학교실 및 면역학교실의 조교로 정식 발령을 받았다. 그러나 1937년 7월 7일 중일전쟁이 발발함에 따라 베이징은 일제의 점령통치를 받기 시작했다. 방관혁에게는 또 다른 위기가 찾아든 것이다. 이때 방관혁은 신분을 숨기기 위해 이름을

방관혁의 입관식(2015. 6. 7)

베이징 바바오산(八宝山) 혁명공묘에서 치러졌다.

방량(方亮)으로 개명했고, 국적도 중국 장시성(江西省) 출신으로 고쳤다. 그는 베이징협화의학원 미생물학교실에서 연구에 매진하여 당시 중국에서 크게 유행하던 발진티푸스, 뇌막염 등 연구에서 큰 성과를 냈다. 그 결과 그는 베이징협화의학원 미생물학교실의 강사, 교수 등으로 승진했다. 방관혁은 의학자로서 크게 성공했을 뿐만 아니라 항일전쟁 시기와 내전 시기 동안 반일혁명운동을 적극 지원했다. 내전 기간 동안 방관혁은 구삼학사(九三學社)라는 민주당파의 지도자로서 활동했으며, 중국공산당의 비밀당원이 되었다. 신중국 성립 이후로 방관혁은 중국인민정치협상회의 위원 및 전국민주청년연합회 상무이사 등 정치적으로 중요한 지위에 올랐다.

국가 일급 교수로 추대되다

그는 오랫동안 중국의 대표적인 미생물학자이자 민주당파와 정치협상회의 등의 주요 인물로 활동했다. 1958년에는 중국 정부의 서북개발을 지원하기 위해 시안의학원(西安醫學院)으로 자리를 옮겼다. 그는 이곳에서 부교장, 부원장 등으로 재직했으며, 산시성(陝西省) 성위원회 주석위원 등 고위관료를 지냈다. 또한 시안의학원에서 이룬 극산병(克山病) 연구 및 암 연구 분야의 중대한 공헌을 인정받아 국가 일급 교수로 추대되었다. 방관혁은 2015년 6월 3일, 104세를 일기로 생을 마감했다. 그는 한국독립운동과 중국혁명운동에 일생을 바친 마지막 생존 인물이었다.

한말 일제 초 세브란스에서 의학교육을 받았던 졸업생 중
많은 이들이 독립운동에 직간접적으로 참여하거나,
지방 중소도시의 선교병원에서 활동했다.
안사영은 만주에서 독립운동을 했으며,
귀국 후에는 원주 서미감병원 등지에서
의료선교에 매진했다.

만주의 독립투사
안사영

한족회와 신흥무관학교

1931년 11월 5일자 『조선일보』는 강원도 원주 의학계의 대표 인물로 안사영(安思永, 1890-1969)이라는 의사를 소개했다. 세브란스 의전을 졸업하고 만주에서 활동하던 중 평양에서 2년형을 선고받았으며, 현재는 원주에서 신망받는 의사로 공헌을 쌓고 있다는 내용이다. 의사로서는 이례적으로 한족회(韓族會)라는 무장독립운동단체에 가입했고, 신문에 'XX단'이라고 표기된 신흥무관학교에도 참여했다고 밝혀졌다.

한족회는 1919년 4월 만주의 독립운동을 지원하기 위해 설립되었으며 독립군 양성, 무기 구입, 독립전쟁 수행을 위한 군정부의 수립이 주요 목표였다. 1919년 5월, 한족회 산하의 군사교육기관으로 신흥무관학교가 창설되면서 안사영은 자연스럽게 신흥무관학교

안사영

의 운영에도 참여했다.

신흥무관학교는 지린성(吉林省) 류허현(柳河縣) 구산쯔(孤山子)에 본부를 설치하고, 지린성 퉁화현 하니허(哈泥河)와 퉁화현 치다오거우(七道溝)의 콰이다마오쯔(快大茂子)에 분교를 두어 모두 세 곳의 학교를 운영했다. 전성기에는 한 학기 학생수가 600명에 달했으며, 졸업생들은 김좌진과 이범석이 이끄는 청산리대첩에 대거 참여해 전대미문의 기록도 남겼다. 하지만 일제의 보복학살과 초멸작전으로 한족회와 신흥무관학교는 오래지 않아 해체되고 말았다.

선교교육과 독립운동에 참여하다

안사영은 1890년 경기도 고양군 연희면 창천리에서 독실한 기독교 신자인 안석호와 이경애의 장남으로 태어났다. 그의 부친은 개신교 전도사와 영명학교의 교사로 활동했다. 안사영은 부친의 영향으로 영명보통소학교와 중학교를 졸업했으며, 안기영 등 4명의 동생들도 영명학교를 졸업하고 항일독립운동에 참여했다. 학창 시절 그는 공주에서 의료선교사로 활동하던 제임스 반버스커크(James Van Buskirk, 潘福奇, 1881-1969)와 교류하며 의사의 꿈을 키웠다. 1912년 세브란스의학교에 진학해 1917년 세브란스연합의학전문학교를 졸업했으며, 그 후 독립운동에 참여하기 위해 만주 지린성으로 이주하고 한족회에 가입했다. 한족회는 한인들이 결성한 대표적인 무장독립운동단체였다. 안사영이 어떤 계기로 무장독립운동에 관심을 가졌는지는 알 수 없지만, 독립운동에 대한 열망이 강했던 집안 분위기와 만주에서 독립운동을 전개하던 세브란스 출신 선배들의 영향을 받았을 것으로 추정된다.

> 안동병원 안사영 씨는 금년 사십 세의 장년으로 경성 출생인데, 1917년 세브란스의전 출신으로 뜻한 바 있어 1919년 돌연히 경성을 떠나 만주에서 표랑하던 중 그곳 한족회에 가담하여 ××단 군의과장과 신흥중학의 신제병원의 원장 등을 역임한 바 있었는데, 그 후 이 때문에 평양서 2년형을 받게 되었다 한다. 이곳에 오기는 오년 전으로 지방 도규계를 위하여 많은 공헌을 쌓고 있다. 특히 내과에 특출하며 기독교 신자인만큼 각별한 친절미가 있다. ─『조선일보』(1931년 11월 5일자)

1919년 3·1운동 이후 신흥무관학교가 설립되어 무장독립운동이 재정비되자 안사영은 신흥무관학교 고등군사반 의무감과 신흥중학 산하 신제병원(新濟病院)의 원장을 역임했다. 그러나 한족회와 신흥무관학교 등에서 활동한 경력 때문에 몇 차례 체포되어 투옥을 당했다. 결국 그는 독립운동에 가담한 혐의로 평양에서 2년간 복역하고, 1922년 세브란스의전으로 되돌아갔다. 당시 세브란스에는 미북감리회 소속의 반버스커크 교수가 있었다. 그는 1908년 공주로 파송되어 의료선교사로 활동하다가 1913년 세브란스연합의학교가 출범한 후 세브란스에서 내과와 생리학을 담당하고 있었다. 출감 후 마땅히 갈 곳이 없었던 안사영은 자신의 멘토인 반버스커크를 찾아갔고, 덕분에 내과학 공부를 지속할 수 있었다.

안사영에 대한 보도 기사

『조선일보』(1931년 11월 5일자)

원주 서미감병원의 중흥을 이끌다

서미감병원(Swedish Methodist Hospital)은 미감리교 선교부에서 미 스웨덴감리교 선교부의 지원을 받아 1913년 11월 15일 개원한 강원 남부권 최초의 서양식 의료기관이다. 당시 17개 병상으로 건축되어 세브란스 출신 한국인 의사와 함께 1935년까지 운영되었다. 미감리교의 의료선교사 앨빈 앤더슨(Albin G. Anderson, 安道宣, 1882-1971)이 1912년 원주에 부임해 서미감병원에서 1921년까지 근무했다. 앤더슨이 평양 기홀병원으로 자리를 옮기면서 서미감병원은 폐원 위기에 직면했다.

미감리교는 앤더슨의 후임으로 맥매니스(S. E. McManis, 孟萬秀, 1891-1952)를 선임했고, 1925년 2월에서야 서미감병원을 재개원하게 되었다. 서미감병원의 어려운 상황을 잘 아는 반버스커크는 안사영을 파견해 서미감병원을 돕기로 결정했다. 안사영은 1925-1928년까지 4년여 동안 서미감병원에서 근무했고, 그 후 원주에 안동의원을 개원하고 서미감병원과 교류를 계속했다. 안사영이 서미감병원에서 활동하던 당시 서미감병원은 전성기를 맞이했는데, 특히 한국인 의사와 간호사들이 병원의 성장에 크게 기여했다. 안사영은 병원 진료뿐만 아니라 지역 기독교청년회를 조직하고 임시회장과 종교부장 등을 맡아 선교 활성화에 기여했다. 더 나아가 신간회 활동이나 지역 사업에도 적극적으로 참여하면서 독립운동과 사회활동에도 지속적으로 앞장섰다. 그러나 1935년 일제의 감시와 탄압이 강화되자 그는 활발했던 사회활동과 의료활동을 접고 또 다시 만주로 향했다.

원주 서미감병원(1913)

1945년 8월, 해외 동포와 전국 각지의 전재민들은
해방을 맞아 고향으로 돌아가기 위해 서울역 앞에 모여들었다.
세브란스의전 학생들은 학도대를 조직해
귀환 동포를 구제하고 치안 유지에 힘썼다.
또 한반도 신탁통치안이 가결되자
반탁 범국민운동을 전개했다.

세브란스 학도대의
전재민 구호활동

해방과 세브란스 학도대의 활동

1945년 8월 15일, 해방을 맞은 서울역은 하루 속히 고향으로 돌아가기 위해 세계 각지와 전국에서 몰려든 동포들로 이미 아수라장이었다. 먹고 자고 입는 데 필요한 것들은 턱없이 부족했고, 많은 이들이 고향으로 돌아가는 기차표를 구하지 못해 발만 동동 굴렀다. 시간이 지날수록 서울역 앞은 더욱 인산인해를 이루었고, 사람들 틈에서 부랑자와 소매치기가 활개를 쳤다. 이런 광경을 목도한 세브란스의전 학생들은 스스로 귀환 동포들을 돕기 위해 자발적으로 학도대를 조직했고, 4학년생 윤복영과 나도헌 등이 대장과 부대장을 맡았다. 귀환동포들을 위한 수용 장소 물색이나 식량, 의복 등 구호 물품 확보가 가장 시급하고도 어려운 일이었다. 처음에는 세브란스 구내 교회와 운동장 등지에 동포들을 받았지만, 수가 점점

해방 후 시가행진을 하는 세브란스 학생들(1945. 8)

해방 이후 전국학도대회에 참가한 세브란스

늘어나자 장소가 더 많이 필요해졌다. 병원 주변과 서울역 일대는 이미 포화상태였기 때문에, 세브란스학도대는 주변에 음식과 숙소를 제공할 수 있는 사람을 수소문했다. 그리고 서울역 맞은편에 있던 고아원 시설인 향린원과 일본인 청주 양조장에서 경영하던 긴치요회관 등을 확보하고 건국준비위원회, 재외동포구제회, 서울시청 등에서 필요한 식량과 물품을 지원을 받았다. 또 서울역장은 학도대에게 발권 업무를 일부 대행하도록 하기도 했다.

세브란스 학도대는 학생들 중심의 일시적인 조직이었기 때문에 구호활동을 오래 지속할 수가 없었다. 학교 당국의 지시에 따라 학생들은 구호사업을 재외동포구제회에 넘기고 학교로 복귀했다. 학도대가 재외동포구제회에 인계한 내역을 보면 수용 및 구호한 인원이 7만 5,840명, 현금 14만 8,806원, 백미 14가마, 의류 3트럭분 등이었다. 2개월여의 짧은 기간이었지만 세브란스 학도대의 자발적인 활동은 귀환 동포들에게 실질적인 도움을 준 의미 있는 활동이었다. 학도대를 주도했던 4학년생들은 졸업 후 교내외에서 수련의와 임상의로 활동했다.

모스크바 3상회의와 반탁운동

그해 12월 모스크바에 모인 미국·영국·소련의 외무장관들은 한반도에 미소공동위원회를 설치하고 미국·영국·소련·중국의 책임하에 5년 동안 신탁통치를 하기로 결정했다. 이는 완전한 독립국

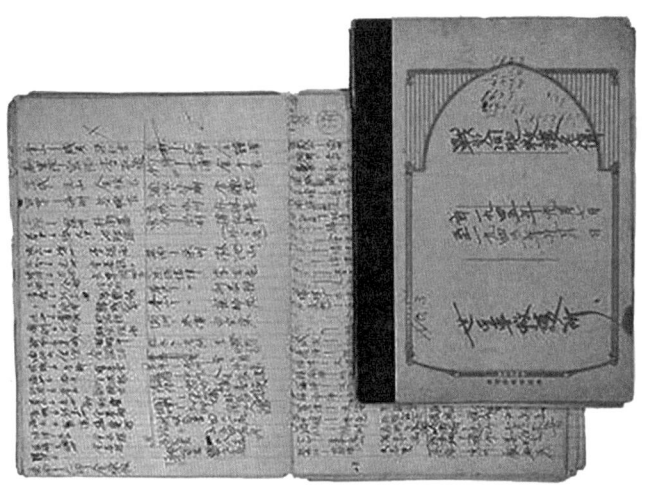

세브란스 학도대의 구호장부(1945. 9)

가를 희망했던 한국인들에게 엄청난 분노와 실망을 안겨주었다. 국민들은 하나가 되어 신탁통치에 반대하며 반탁운동을 전개했다.

그러나 1주일 후, 좌익진영은 갑자기 태도를 바꿔 신탁통치에 찬성했다. 우익과 중립진영 국민들은 크게 분개했고, 1946년 1월 3일 19개교의 학생 대표들은 종로 한청빌딩에 모여 반탁전국학생총연맹(반탁학련)을 결성했다. 반탁학련 본부가 세브란스에 설치됨에 따라 세브란스는 전국 반탁운동의 중심지로 부상했다. 4일 후 열린 신탁통치반대 궐기대회에는 전국 60여 개 대학과 고교에서 1만여 명의 학생들이 모였고, 세브란스의전의 김덕순은 연합국 학생들에게 보내는 메시지를 낭독해 대회 분위기를 고조시켰다. 1월 18일에는 정동교회에 반탁학련 소속 학생 1,000여 명이 모였다. 이들은 시가행진을 하며 반탁운동의 정당성을 알렸고, 연희전문학교 김덕신 등이 주도했던 학생 무리들은 조선인민보사, 인민당사, 서울시 인민위원회 등을 습격해 좌익계열의 조선학병동맹 회원들과 충돌하기도 했다.

이튿날 좌익에서는 조선인민보사 습격자들에 대한 체포와 조사를 강력히 요구했고, 서울시 경찰국은 세브란스 학생본부를 포위한 뒤 학생 41명(그중 8명은 여학생)을 체포했다. 조사와 심문을 거쳐 주동자급으로 간주된 13명은 유치장에서 2개월여 동안 수감생활을 했다. 양재모·홍석기·김성전·김덕순 등 세브란스의전 출신이 가장 많았으며 홍석기·김성전 등은 정식 기소되어 징역 4월과 집행유예 2년의 판결을 받았다.

정치에서 의학으로

세브란스의전 학생들은 정치·사회활동 경력을 바탕으로 정계에 진출하기도 했다. 하지만 이들의 정치·사회활동은 당시 시민들의 사회적 열망을 반영한 것이었고, 정치적 입신양명을 꾀하려는 의도는 없었다. 그래서 대부분 졸업 후 의사 본연의 업무에 충실하고자 했다. 윤복영은 한국전쟁 발발 이후 전상외과의 개척자이자 선구자로 활동했고, 나도헌은 국립의료원장과 보사부 차관 등을 지냈다. 양재모는 예방의학자가 되어 보건소 설립운동, 가족계획운동, 의료보험제도 정착 등에 공헌했다. 홍석기는 세계적인 생리학자로, 김성진은 진단방사선과 의사로 활동했다. 반탁운동에 가장 적극적으로 참여했던 김덕순은 졸업 후 서울신문사 기자로 일했지만, 한국전쟁 때 납북된 후 생사를 알 수가 없다.

최정규는 연세대학교 의과대학 예과 2학년 재학 시절
이승만 장기집권과 부정선거에 저항하다가 총탄에 맞아 사망했다.
그는 열아홉 꽃다운 나이에
한국의 민주화를 위한 한 알의 밀알이 되었다.

4·19혁명의 전설이 된
최정규

이승만의 장기집권 계획과 3·15부정선거

1948년 5월 10일 제헌의회를 구성하기 위한 총선거가 실시되었고, 5월 30일 개원했다. 초대 의장은 이승만이었다. 유진오 등은 내각책임제를 제안했으나 이승만은 건국 초기의 산적한 현안들을 해결하기 위해서는 대통령중심제가 타당하다고 보았고, 결국 이를 관철시켰다. 7월 12일, 간선제에 의한 대통령중심제를 골자로 한 헌법이 국회를 통과하고 7월 20일 초대 대통령 선거가 실시되었는데, 이승만은 출석의원 196명 중 180명의 찬성으로 대통령에 당선되었다. 1951년 11월, 대통령간선제로는 연임이 불가능하다는 현실을 직시한 이승만은 대통령직선제 개헌안을 국회에 제출했고, 12월에는 이를 뒷받침해줄 자유당을 창당했다. 1952년 4월, 대통령 선거를 앞두고 야당 국회의원들은 내각책임제 개헌안을 제출했다.

최정규

그러나 1952년 5월, 이승만은 계엄령을 반포하며 국회위원을 체포했고, 그해 7월에는 발췌개헌안으로 대통령 직선제가 국회를 통과했다. 1952년 8월, 이승만은 제2대 대통령에 당선되었다. 당시는 대통령 4년 중임제로 이승만은 1956년 제3대 대통령 선거에는 나갈 수 없는 처지였다. 1954년 11월, 이승만 정부는 헌법 부칙에 "초대 대통령에 한해 중임 제한을 없앤다"는 규정을 신설하고, 국회 본회의에 상정했다. 결과는 재적의원 203명 중 가결정족수 3분의 2(136표)에 1표가 부족한 135표였다. 그런데 이승만과 자유당은 203명의 3분의 2는 135.333명으로 사사오입하면 135표로 개헌이 가능하다는 주장이었고, 결국 11월 29일 본회의에서 개헌을 가결시켰다. 이른바 사사오입 개헌안이다. 이로써 이승만 장기집권의 길을 열게 되었다.

1956년 5월 15일, 제3대 대통령 선거에서 민주당 신익희 후보가 뇌일혈로 갑작스럽게 사망하면서 이승만이 대통령에 무난히 당선되었다. 그러나 부통령 선거에서는 자유당의 이기붕을 누르고 민주당의 장면이 당선되었다. 1960년 3월 15일, 제4대 대통령 선거를 앞두고 민주당의 유력 주자인 조병옥이 사망했다. 이승만의 당선은 불을 보듯 뻔했지만, 부통령 선거가 문제였다. 4년 전과 같이, 야당 후보가 부통령이 되어서는 안 될 일이었다. 이승만과 자유당은 이기붕을 부통령으로 당선시키기 위해 가능한 모든 방법을 동원했다. 세 사람이 함께 자유당에 기표를 하도록 하는 3인조 공개투표, 유권자의 40%를 자유당 지지로 미리 기표한 후 투표함에 넣어두는 4할 투표, 투표함 바꿔치기 등 기상천외한 투표 방법이 고안되었다. 분노한 시민과 학생들이 불법선거, 부정선거에 항의하며 시위를 했다. 1960년, 4월 11일에는 마산상고 김주열 학생의 시신이 마산시 앞바다에 떠올랐다. 최루탄이 눈에 박힌 처참한 모습이었다. 시민들의 분노는 최고조에 달했으나, 이승만과 자유당 정권은 반정부시위가 공산주의자에 의해 조종되고 있다는 판에 박힌 말만 되풀이했다.

4·19혁명과 연세대학교

4월 19일, 조간신문을 펼쳐본 시민들은 깜짝 놀랐다. 신문 1면에 3·15부정선거를 규탄하는 시위를 마치고 귀가하는 고려대 학생들이 깡패들의 급습에 피투성이가 된 채 쓰러져 있는 장면이 그대로 실렸다. 이날의 보도는 일파만파로 퍼져 시민들과 학생들이 거리로 모여 들었다. 연세대학교 학생들도 4월 19일 정오 대강당 앞에 모였다. 학생들은 "참다운 민주주의 정치의 구현과 악을 배격하여, 정대한 자유와 정의를 찾고 진리를 찾자"는 결의문을 낭독하고, "학도여 깨어라", "부정선거 다시 하라"는 플래카드를 들고 시위에 나섰다. 3,000여 명의 시위대는 신촌로터리와 아현동 고개를 넘어 12시 40분경에는 서대문까지 진출했다. 광화문으로 진출하려고 했으나 길이 막히자 시위대는 서울역을 거쳐 시청 쪽으로 향했다.

연세대학교 시위대(1960. 4. 19)

연세대학교 대강당 앞에서 출정하는 모습이다.

흰 가운을 입고 선봉에 서다

의과대학 학생들도 시위에 참여했다. 4월 19일 아침, 연세대 의과대학 학생들은 흰 가운을 입은 채 서울역 앞 세브란스병원 현관에 모였다. 의과대학 학생들이 주축이 된 시위대는 남대문을 돌아 시청 쪽으로 향했다. 오후 1시 20분경, 시청 앞 광장에서 연세대 본교 학생들과 합류했다. 연세대 시위대는 광화문, 중앙청을 거쳐 경무대로 향하려고 했다. 광화문 길이 막히자, 시위대는 잠시 연좌 농성을 벌이다가 종로 4가에서 원남동 로터리를 지나 중앙청으로 향했다.

원남동부터는 흰 가운을 입은 의과대학 학생들이 선두에 섰다. 흰 가운을 입은 사람들에게 무차별 총격을 가하지 않을 거라는 기대였다. 오후 1시 40분, 시위대가 경무대 정문에서 멀리 떨어지지 않은 곳에서 경찰과 맞닥뜨렸다. 오후 2시, 시위대와 경찰의 간격이 10미터까지 좁혀들자, 갑자기 경찰의 총구가 불을 뿜어내기 시작했다. 여기저기서 학생들이 쓰러지기 시작했다. 연세대 시위대 맨 앞줄에 서 있던 예과 2학년생 최정규도 갑자기 피를 흘리며 쓰러졌다. 혼비백산하던 와중에 최정규(崔正圭, 1941-1960)를 재빨리 구급차에 태워 세브란스병원으로 옮겼으나, 총탄이 이미 하행대정맥과 간장을 관통하여 위중한 상태였다. 오후 3시, 최정규는 다시는 돌아올 수 없는 길로 떠났다. 그의 나이 만 19세, 꽃다운 나이였다. 그날 경무대 앞에는 수많은 최정규가 경찰의 총탄에 쓰러져 갔다. 경찰의 총격은 3시간 동안 지속됐다. 사망자는 최정규 등 21명이 발생했고, 부상자는 172명이었다.

이승만의 하야와 자유와 민주를 위한 투쟁

4월 25일, 서울 지역의 대학 교수들은 '학생의 피에 보답하라'는 플래카드를 들고 시가를 행진했다. 다음 날인 4월 26일 이승만 대통령은 "국민들이 원한다면 대통령직을 사임하겠다"고 발표했다. 영원할 것 같은 독재의 아성이 무너져내리는 순간이었다. 이미 전국에서 186명이 사망했고, 6,026명이 부상을 당한 다음이었다.

4월 21일, 최정규에 대한 영결식이 홍제동 화장터에서 거행되었고, 5월 4일에는 연세대학교 노천극장에서 그를 추도하는 예배가 열렸다. 추도예배에서 백낙준 총장은 "과거의 연세는 우리에게 진리와 자유의 정신을 전하여주었으며, 그로 인해 현재의 연세는 민족정기를 되살아 피게 하는 한 알의 밀알이 된 최군을 낳았고, 이러한 진리와 자유에 의한 숭고한 정신은 미래의 연세를 더욱 빛나게 할 것"이라고 추모했다. 예배에 참여한 최정규의 아버지는 아들의 친구들에게 "여러분들은 유명을 달리한 정규와 영원한 우정을 이어주기 바라며, 또한 이제 정규의 죽음을 위로하는 길은 정의와 자유를 위해 투쟁하는 것"이라고 말했다. 고 최정규 열사에게는 1965년 명예의학사 학위가 수여됐다.

박정희는 1972년 10월 유신헌법을 반포하면서 장기독재에 들어섰다.
또한 그는 유신헌법에 대한 비판과 저항을 묵살하고자
긴급조치를 발표했다. 연세대 의대생들은 긴급조치 제1호 위반으로
구속, 수감되고 퇴학 처분을 받았다.

유신 독재에 항거한 의학도들

박정희 군사정부와 독재 야욕

4·19혁명으로 부정선거와 장기독재를 막아냈지만, 한국 사회는 민주화의 열매를 맺지 못하고 1961년 5·16 군사쿠데타를 맞았다. 박정희 군사정부는 국가재건최고회의를 구성하고 경제재건과 사회안정을 주창하며 민정이양을 약속했다. 1962년 12월, 국가재건최고회의는 4년 중임의 대통령직선제를 가결시켰다. 군복을 벗은 박정희는 민주공화당을 창당하고, 1963년 10월 제5대 대통령 선거에서 대통령에 당선되었다. 1967년 5월 제6대 대통령 선거에서도 박정희가 당선되었다. 2차에 걸친 연임했던 박정희는 헌법상 3선을 할 수 없게 되자, 1969년 3선 개헌안을 통과시켰다. 1971년 4월, 제7대 대통령 선거에서 박정희가 당선되었고, 장기집권을 위한 초석을 마련했다. 1972년 10월에는 유신헌법이 비상국무회의에

서 의결되고, 11월에는 대통령의 중임, 연임 제한 규정을 철폐하고, 통일주체국민회의가 선출하는 6년 임기의 대통령간선제가 국민투표로 확정되었다. 1972년 12월, 이른바 체육관 선거를 통해 제8대 대통령으로 박정희를 선출하게 되었다. 그야말로 박정희 종신대통령제의 시작이었다.

긴급조치와 의대생 체포

이미 박정희의 3선 개헌안 전후로 대학과 시민사회에서는 군사 독재정권에 대한 비판과 시위로 들끓었다. 군사정부는 대학에 대한 휴교령 등으로 학원 소요를 진정시키고자 했다. 1971년 3월부터 학원의 군사화에 반대하여 교련 반대 시위가 일자, 1971년 10월, 군사정부는 위수령을 반포하여 서울시내 8개 대학에 휴교령을 내리고 군대를 주둔시켰다. 아울러 교련 반대를 주동한 학생들은 강제로 군대에 징집하기도 했다. 유신헌법의 의결 이후로는 정부 비판과 학원 소요가 빈번하게 발생했고, 1973년 11월부터는 시위가 전국 대학으로 확대되었다. 1974년 1월, 박정희 군사정부는 긴급조치를 발동하기 시작했다. 유신헌법이 규정한 대통령 긴급조치권은 집회·결사·언론의 자유 등 국민의 기본권을 얼마든지 제한할 수 있는 초법적인 규정이었다. 1974년 1월 8일, 긴급조치 제1호와 제2호가 발동되었으며, 1월 14일에는 제3호가 발동되었다. 이에 따라 유신헌법 혹은 정부 비판을 하는 자는 영장 없이 체포와 구금

비상고등군법회의에서 선고를 받고 있는 피고인들

오른쪽부터 장준하, 백기완 그리고 고영하 등 연세의대 학생들이 보인다.

이 가능하고, 비상군법회의가 이를 심판을 하도록 했다. 1월 15일, 긴급조치 제1호 위반으로 장준하와 백기완이 첫 구속자가 되었고, 1월 24일에는 대학생 최초로 연세대 의대생 7명이 긴급조치 제1호 위반으로 구속되었다.

사건 내막은 이랬다. 유신헌법에 반대하는 학생들의 수업 거부, 동맹 휴학과 강제 휴교령 등으로 학사 일정을 진행하지 못한 각 대학 의과대학은 1974년 1월 긴급히 복교를 결정했다. 집단 유급을 막으려는 조치였다. 때마침 긴급조치가 반포되고, 1월 15일 장준하와 백기완이 긴급조치 제1호 위반으로 구속되었다. 1월 21일, 연대 의대생들은 복교 준비를 위해 강당에서 사전모임을 가졌다. 그 자리에서 본과 1학년생인 고영하가 시국이 어수선한데 대학생으로서 유신헌법에 대한 의사표현이 필요한 게 아닌지 시국토론을 제안했다. 고영하 이외에 황규천·김석경·문병수·이상철·서준규·김향 등이 유신헌법 반대해야 한다는 주장을 했고, 토론 내용은 투표에 부쳤다. 투표를 마치고 병리실습실로 이동했는데, 수업을 막 시작하려는 사이 경찰들이 들이닥쳤고 본과 1학년 120명 전원이 체포되었다.

비상보통군법회의 검찰부는 26일 고영하군(21세) 등 연세대 학생 7명을 1·8 대통령 긴급조치 제1호 위반혐의로 지난 24일 구속하고 앞서 구속했던 경동중앙교회 부목사 임신영 씨(32세) 등 4명을 같은 날에 석방했다고 발표했다. △ 구속자명단: 고영하(21세, 연대생), 이상철(24세, 연대생), 김석경(21세, 연대생), 문병수(20세, 연대생), 서준규

(21세, 연대생), 황규천(21세, 연대생), 김향(21세, 연대생)

- 『동아일보』(1974년 1월 26일자)

뒤틀린 운명

그중에서 유신헌법에 반대한다는 의사를 표현한 고영하 외 6명은 전원 비상군법회의에 회부되었고, 1심에서 징역 7년에서 징역 3년 집행유예 5년형까지를 선고받았다. 실제로는 대부분 최고 1년 1개월을 복역하고 출소했다. 감방 생활보다 더 힘들었던 것은 더 이상 공부를 할 수 없도록 학교 당국으로부터 강제로 퇴학 처분을 당한 일이었다. 게다가 어디를 가든지 경찰의 지속적인 감시와 감찰을 받아야 했다. 해외 유학도 정상적인 취업도 불가능했다. 아르바이트나 과외 등으로 생계를 꾸려야 했다. 그 기간은 무려 5년여에 달했다. 1979년 10·26사건으로 박정희가 사망하자 가까스로 복교가 허용되었다. 이때 5명은 복학하여 의사의 길로 다시 들어설 수 있었지만, 고영하와 김향은 끝내 복학하지 못했다. 그들은 신군부의 블랙리스트 명단에 올라 감시와 수배 대상이 되었고, 도피와 은둔을 반복해야 했다. 그러는 동안 의사가 되겠다던 청운의 꿈은 멀어져갔다. 그들은 단지 한국 사회가 정상적인 길로 나아가길 바랐을 뿐이었다. 그러나 시대는 그들의 바람을 허락하지 않았고, 그들의 운명마저 바꾸어놓았다.

3부

한국의 의료공간을 변화시킨
세브란스 사람들

재동과 구리개의 제중원은
기존의 전통 가옥을 새롭게 수리하거나 배치하는 방식으로
근대적 병원공간을 창안했다.
재동 제중원 시기는 미아즈마설에 입각하여
증상을 육안으로 관찰하던 시기였다면,
구리개 제중원 시기는 세균설에 입각하여
현미경으로 관찰하는 시기였다.

세균설과
제중원의 공간 변화

병원의 개념사

개항 이후 조선에서는 서양 의학을 시술하는 장소로서 '병원'이라는 명칭이 등장했다. 조선인 사절이 일본을 방문하면서 병원과 의학교 등을 방문했고, 그 결과를 기록으로 남겼다. 어윤중의 『종정연표』, 송헌빈의 『동경일기(1881)』, 조준영의 「일본 의학교 시찰」 등이 그것이다. 송헌빈은 『동경일기』에서 다음과 같은 글을 남겼다.

병원(病院)인즉 좌우에 긴 복도가 있었고 병을 고치고자 하는 사람이 무려 수백 명이었으며 의자(醫者) 역시 이와 같았다. 치병하는 기구는 많은 것이 껍질을 벗기고, 째고, 막힌 것을 뚫는 것이었다. 이를테면 체증의 경우에는 긴 실을 가지고 입으로부터 아래로 뚫었으며, 대변이 통하지 않는 경우에는 조그만 통을 항문 안으로 집어넣었다. 탕제는 쓰지 않았으며 오로지 환제와 산제를 썼다. 인형의 피부가 벗겨진 것, 베어진 장부와 폐, 이들을 보니 극히 통해(痛駭)스럽다. 병 걸려 죽은 자는 그 병이 생긴 곳을 입증하기 위하여 장부와 폐를 해부하니 그 술이 매우 정교함을 알 수 있으나, 그 마음 씀이 진실로 잔인하기 짝이 없으니 이 어찌 어진 사람이 할 수 있는 짓일까. 괴이하고도 통탄할 일이다.

서양 의학과 그것을 시술하는 병원을 처음 접한 사람들은 한편으로는 신기해하며 감탄하면서도 다른 한편으로는 괴이하고도 통탄스럽게 느꼈다. 병원과 서양 의학에 대한 일반인들의 인상도 이것과 크게 다르지 않았다. 이와 같은 병원은 『한성순보』에 여러 차례 언급되고 있다. 실제로 서양 의학을 시술하는 병원을 접했을 때 조선 사람들의 반응은 어떠했을까? 여기에 대해서는 논쟁적인 관점이 존재한다.

개원 1주년이 지난 1886년 알렌과 헤론 의사는 『제중원 일차년도 보고서』를 작성했는데, 이 보고서에는 제중원의 진료실적과 병원 운영 등에 관한 상세한 내용을 적고 있다. 알렌은 『제중원 일차년도 보고서』에 포함된 「병원에 관한 이야기(Narrative Concerning the Hospital)」에서 다음과 같이 주장했다.

병원 기구는 새로운 것이 아니었다. 유사한 기관이 수백 년 동안 존속해 왔고, 이러한 고대의 기관을 전복하는 것이 어떤 나쁜 감정을 불러일으킬 것 같아 두렵다. 그런 감정이 있다 하더라도 명백히 드러나지는 않는다. 사람들은 새 병원에 매우 우호적인 것 같았고, 국왕의 포고 및 병원을 개원해 전국 각 지방의 사람들이 치료받을 수 있게 한다는 취지에 수없이 반응을 보였다.

알렌의 보고는 조선에서 병원이 결코 새로운 기관이 아니며, 조선 사람들의 병원에 대한 인식 역시 매우 우호적인 듯한 인상을 전하고 있다. 그러나 다른 한편 그는 이러한 고대의 기관을 전복하는 것이 어떤 나쁜 감정을 불러일으킬 것 같아 두렵다고 고백하고 있다. "고대의 기관을 전복한다"는 것은 전통의학과 전통적인 방식으로 운영되는 병원을 새로운 양식으로 전환시킨다는 것을 의미한다. 제중원의 운영을 책임졌던 알렌은 이처럼 새로운 병원으로 낡은 것을 전복하고자 하는 의도를 가졌음에도, 그런 의도를 실현하기 위해서는 조선 사람들의 반감을 최소화하는 신중한 방안을 찾아야 한다고 생각했다. 그러한 방안 중의 하나는 기존 혜민서 등에서 일하던 일부 관리와 직원들을 채용하고, 병이 호전되어야만 약값을 지불하는 전통적 의료기관의 운영 방식도 일부 받아들이는 것이었다.

그러나 알렌은 정부 관리가 병원 운영에 직접 개입하는 것에는 반대했고, 1885년 4월 제정된 「공립의원규칙(公立醫院規則)」에는 정부안에서 제시했던 조선 관리의 병원 책임자 선정과 병원 운영 개입안을 삭제하고, 치료비는 병의 호전 여부와 상관없이 지불하도록 규정했다. 알렌의 이러한 조치들은 진료 성과에 대한 자신감과 조선 정부와 한국인들에게서 호감을 얻고 있었기 때문에 가능한 일이었다. 이처럼 제중원의 명칭 제정과 실제 운영 방식의 정착 과정 등에는 근대적 병원의 성격을 둘러싸고 재정 지원자인 조선 정부와 운영자인 알렌 사이의 경쟁과 갈등이 내포되어 있었다.

　알렌은 제중원을 통한 서양식 병원의 운영을 낙관하고 있었지만, 서양식 병원이 한국인들에게서 절대적인 지지를 받았다고 단정할 수는 없다. 송헌빈의 『동경일기』에서 보았던 것처럼, 서양 의학 시술은 여전히 조선인들에게는 낯설고도 두려운 존재였다. 『언더우드 부인의 조선견문록(Fifteen Years Among the Top-Knots)』(1904)에서 릴리어스 호튼(Lillias Horton Underwood, 1851-1921)은 다음과 같이 증언하고 있다.

> 몹시 악의를 품은 몇몇 사람들이, 외국인들이 어린아이의 염통과 눈알을 도려내어 약에 쓰려고 원주민 어린아이를 훔쳐 오는 흉악한 조선인들에게 돈을 준다고 소문을 퍼뜨렸다. … 끔찍한 이야기들이 떠돌았다. 이를테면 독일공사관과 영국공사관 그리고 미국공사관에서 어린애들을 잡아먹는다는 것이었다. 이 피에 굶주린 작업의 총본부는 물론 병원인데 그것은 병원이 약을 만들고 병을 치료하는 곳이기 때문이라고 했다.

　서세동점의 시기에서 영아소동은 서양인과 서양 문화에 대한 두려움과 공포를 조장하는 효과적인 수단이었음을 잘 보여준다. 영아소동은 한국뿐만 아니라 동아시아 각국에서 흔하게 발생했다. 그리고 치료를 목적으로 영아를 납치하고 살해하는 총본산으로 병원이 지목된 것은 너무나 자연스러운 일이었다. 그러나 이러한 두려움과 공포 속에서도 서양 의학과 외과수술 등을 통해 목숨을 건지는 사람이 적지 않았고, 그러한 두려움은 점차 극복되고 있었다.

개항 이후 병원이 점차 광범위한 지지를 얻어나갔지만, 병원이 단지 서양식 병원만을 의미하는 것은 아니었다. 1899년 대한제국은 전염병 관리와 구료기관의 필요성이 제기됨에 따라 내부 직속의 정부병원을 설립하고 「병원관제」와 「병원세칙」을 통해 내부병원(內部病院)을 설치했다. 내부병원은 전염병 관리와 구료병원의 성격을 가졌으며, 양약을 사용하기는 했지만 한의사와 한의학을 활용한 한방병원이었다. 1900년 내부병원을 광제원(廣濟院)으로 개칭한 것 역시 전통적 의미의 대민 구제시설의 성격을 분명히 한 것이라 할 수 있다.

이처럼 병원은 서양식 병원뿐만 아니라 한방병원을 지칭하는 경우에도 사용되었으며, 병원과 의원이라는 용어가 혼용되었다. 그러나 의원이라는 용어는 여전히 강한 생명력을 갖고 있었다. '병원'과 '의원'의 명칭이 법적으로 명확히 구분되기 시작한 것은 「사립병원 취체규칙」(1919. 4) 제정 이후이다. 그런데 이 규칙에 따르면, 병원은 최소 10명 이상의 전염병 환자를 수용할 수 있는 시설을 갖추어야 했다. 말하자면, 사립병원은 적어도 일반병동과 전염병병동을 합쳐서 20여 병상 이상 규모를 갖춘 병원을 지칭하게 된 것이다. 「조선의료령 시행규칙」(1944. 9)에서도 환자 10인 이상의 수용시설을 갖춘 곳을 병원이라고 하고, 그 미만을 진료소라고 규정했다. 병원과 의원이라는 개념이 명시적으로 분리된 것은 「국민의료법 총칙」(1951. 9)에서인데, 병원이라 함은 의업 또는 치과의원을 행하는 장소로서 환자 20명 이상을 수용할 수 있는 시설이라고 했고, 20명 미만의 환자를 수용할 수 있는 시설을 의원이라고 규정했다. 종합병원·병원·의원의 구분이 명확하게 이루어진 것은 1970년대 이후였다.

질병 분류와 재동 제중원의 공간 구성

18세기 말 이후 서양 근대의학에서 근대의학을 특징짓는 중요한 변화는 신체와 질병의 공간화와 일상공간의 대상화가 급속하게 진행되었다는 점이다. 미셸 푸코는 『임상의학의 탄생』(1963)에서 국가권력에 의한 질병의 제도적 공간화를 통해 근대의학이 성립했다고 역설한 바 있다. 질병의 제도적 공간화란 질병의 계보 구성과 분류하기를 통해 의학을 새롭게 재구성한다는 것을 의미한다.

의료선교사들은 동아시아 각국에서 의료활동을 전개하면서 단순히 환자를 치료하고 기독교를 전파하는 것에 만족하지 않았고, 서양 의학을 선교지에 안착시키기 위해 다양한 노력을 병행했다. 그중의 하나가 현지의 질병을 새롭게 분류하는 것이었다.

중국에서 질병 분류는 1870년대 영국 출신 의료선교사인 존 더전(John Dudgeon, 중국명 德貞, 1837-1901)에 의해서 시도되었고, 1870년대 중국해관 의사인 로버트 제미슨(Robert Alexander Jamieson)은 해관 보고 시에 영국식 질병 분류로 해관 업무를 보고하도록 했다. 해관 의사로 활동한 알렌 역시 이와 같은 분류 기준으로 질병을 분류했고, 그 내용은 『제중원 일차년도 보고서』에 반영되었다. 1870년대 사망 원인 분류는 대분류로 일반 질병(급성 및 만성전염병),

신경계 질병, 순환계 질병, 호흡계 질병, 소화계 질병, 비뇨계 질병, 생식기관병, 분만병, 운동기관병, 피부계 질병, 중독, 손상 등으로 구분했고, 총 69종의 소분류된 질병을 포함했다. 실제 개별 보고서에는 이 중에서 소분류 질병 중 30종 이내가 보고되었다.

실제 더전이 행한 베이징의 질병 보고는 중요한 전염병을 서술하는 방식으로 이루어졌지만, 당시 영미계 의료선교사들의 질병 분류는 감염성 여부, 환경적 요인, 신체 계통 등을 중심으로 엄밀하게 이루어졌다. 1870년대 이래로 질병 분류 방식은 조금씩 변화되지만, 감염, 발열, 신체계통 등에 따른 분류는 여전히 지속되었다. 사망 원인 분류 역시 전염병과 신체 부위 및 계통 질환을 중심으로 분류되었다. 바꾸어 말하면, 이러한 질병 및 사망 원인 분류체계는 개항 이후 동아시아 서양 의학계에서 공식적인 질병 분류체계로 작동하고 있었다.

1885년 『제중원 일차년도 보고서』 역시 발열, 소화기계 질병, 순환기계 질병, 호흡기계 질병, 신경계 질병, 임파선계 질병, 비뇨생식계 질병 및 매독, 전신 질환, 새로운 질병, 눈 질환, 귓병, 종양, 골·관절·건 질환, 외상, 기형, 결합조직 질환, 피부병, 여성질환 등 18개의 대분류와 350여 종의 소분류를 사용하고 있다. 재동 제중원 시기에 영국식 질병 분류에 따른 다양한 분류가 시도되었지만, 여전히 증상에 따른 분류였으며 세균학적 검진에 바탕한 것은 아니었다.

1880년대 서양 의학계에서 미아즈마설을 대신하여 세균설이 점차 권위를 얻고 있었지만, 동아시아의 의료선교 현장에서 세균설

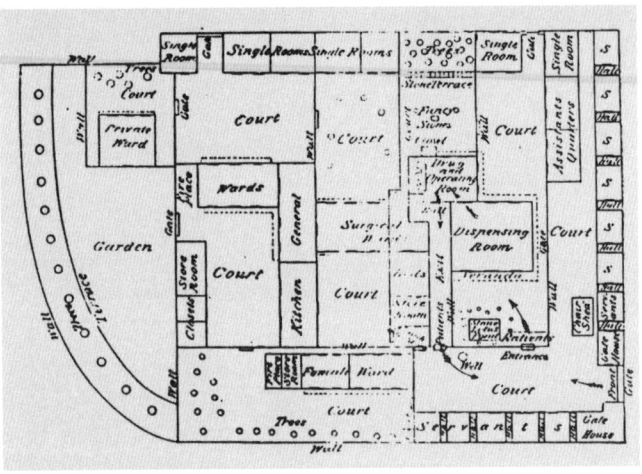

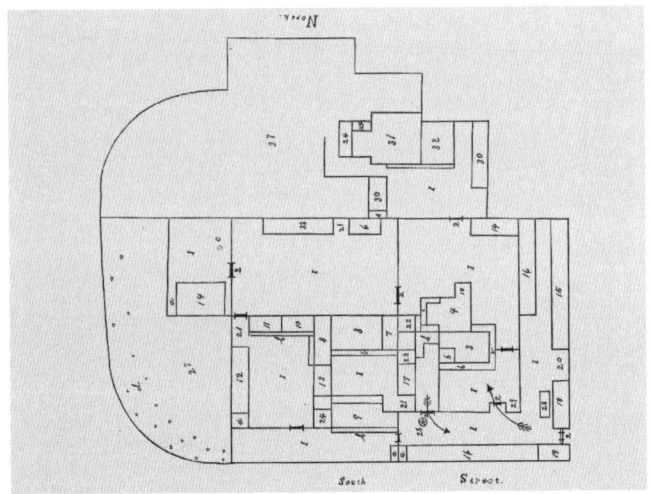

1885년(제1차) 및 1886년(제2차) 재동 제중원 배치도

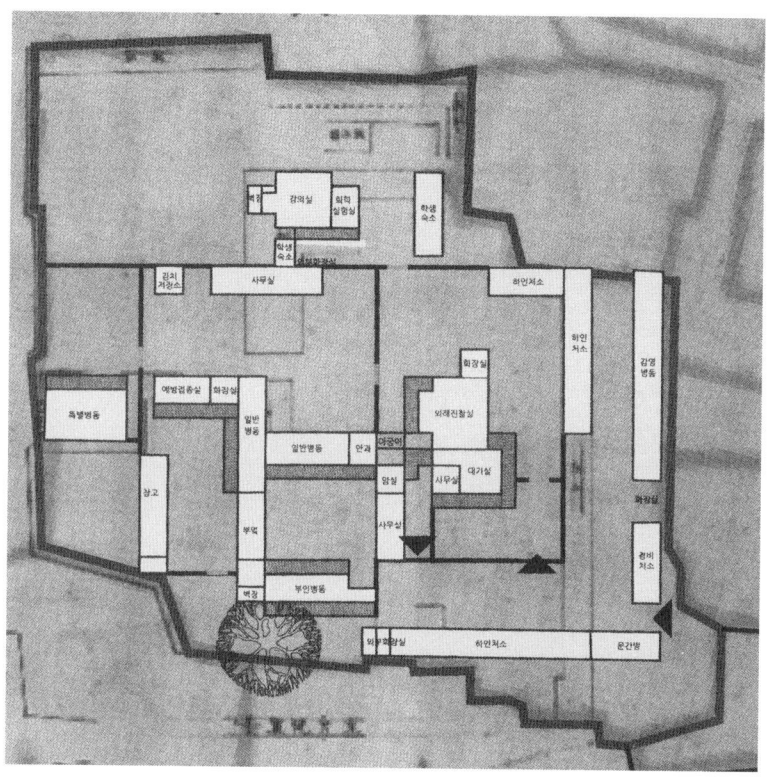

1910년도 지적원도에 근거한 재동 제중원 배치도(출처: 이연경, 2016)

과 실험의학이 큰 의미를 지니지는 못했다. 세균을 검증할 수 있는 현미경이나 실험실 등이 확보되지 못했기 때문이다. 한국에서 세균설과 실험의학의 위상은 알렌이 제중원 배치도를 통해 확인해볼 수 있다. 알렌은 여러 차례에 걸쳐 제중원 배치도를 작성한 듯한데, 현재 확인할 수 있는 것은 두 종류의 배치도이다. 하나는 제중원 설립 초기인 1885년 6월경에 작성한 제1차 배치도이고, 나머지 하나는 1년여 후인 1886년 7월경에 작성한 제2차 배치도이다.

　　1885년의 제1차 배치도에 따르면, 제중원은 외래진찰실과 수술실, 외과병동, 부인병동이 병원의 중심부를 차지하고 있다. 이러한 공간배치는 근대식 병원들의 일반적인 공간배치와 유사한 것으로서 진료공간과 입원공간이 주축을 이룬다는 것을 알 수 있다. 특히 수술실과 부인병동을 중심에 배치함으로써 외과에 강점을 지닌 서양 의학 시술 병원으로서의 장점을 부각했고, 남녀가 유별한 한국 사회의 특수성에도 신경을 썼음을 알 수 있다.

　　제중원은 독립적인 공간을 형성하면서도 중앙의 건물들이 서로 연결되어 있는 전형적인 고관대작의 저택임을 보여주는데, 집의 구조는 8개의 마당을 중심으로 '역ㄴ'자 형태로 한옥이 배열되어 있다. 행랑채에 전염병실, 바깥채에 대기실, 진찰실, 수술실, 약국, 안과병실과 암실, 사랑채에 일반 병실, 예방접종(종두)실, 안채에 여성 병실, 별채에 독방들을 두었으며 규모는 작아도 종합병원 형태를 갖추었다. 1885년 알렌이 직접 그린 평면도를 보면, 전면과 중심부에 진료실과 약국 등이 배치되며, 이와 별도로 후면에 병실들이 배치되어 있음을 알 수 있다. 이 배치 방식은 후대의 세브란스병원이나 대한의원의 배치 방식과 유사한 것으로서, 진료시설과 입원시설을 구분하는 형식이다. 1886년 제중원의학당을 개설하고 의학생 16명을 교육시켰다. 1887년에는 환자가 많아져서 구리개(銅峴, 현 을지로입구 외환은행 일대)로 이전했다.

1886년의 제2차 배치도에 따르면, 1년여 동안 제중원의 공간은 크게 변화했다. 첫째, 제중원의학당이 제중원 북쪽으로 825제곱미터(250평) 규모로 확장되었다. 제중원의학당 건물에는 강의실, 화학실험실, 학생 숙소 등이 조성되었다. 둘째, 수술실 겸 약국이 외래 진찰실로, 외래진찰실이 대기실과 사무실로 변경되었다. 셋째, 외과병동이 일반병동과 안과병동으로 분할되었다. 넷째, 일반병동이 예방접종실과 일반병동으로 분할되었다. 다섯째, 하인 처소가 전염병동으로 변경되었다. 여섯째, 환자 독방이 사무실로 변경되었다. 일곱째, 부인병동 앞의 나무들이 철거되었다.

제1차 배치도와 제2차 배치도는 정확한 설계도면이 아니라 일종의 배치도이기 때문에, 이것을 통해 정확한 공간배치와 구성을 확인하기 어려웠다. 최근 이연경의 연구에서 1912년 제작된 '지적원도', 1936년의 '대경성지도', 1947년 항공사진, 1910년대 '경성여자고등보통학교 기숙사기타신축공사배치도' 등에 근거해서 1886년 제중원의 공간 배치도가 새롭게 고증되고 있다. 가장 눈에 띄는 변화는 북쪽으로 제중원의학당 공간이 들어서면서 공간이 크게 확장된 것, 그리고 예방접종실이 신설된 것과 기존의 하인 처소를 전염병동으로 바꾼 것 등이다. 당시 최대의 전염병은 두창과 콜레라였는데, 예방접종실은 두창 예방접종을 위해 설치한 것이고,

전염병동은 콜레라에 대응하기 위해 설치한 것으로 보인다.

1910년대 지적원도를 바탕으로 새롭게 작성한 1886년 재동 제중원의 배치도에 따르면, 정중앙에 'ㅁ자' 형의 안채, 안채와 연결되는 사랑채와 별채의 구조를 가졌다는 것을 알 수 있다. 안채에는 일반병동, 안과, 부인병동 등 병동공간이 중심을 차지하고 있고, 제중원을 상징하는 백송은 부인병동 바로 앞에 위치하고 있었다. 사랑채에는 사무실, 대기실, 외래진찰실 등 외래 진료공간을 구성했다. 별채에는 특별병동이 자리잡고 있었다. 그 밖에 대문간과 전염병동 영역, 의학교 영역 등이 있었다. 이처럼 1886년의 재동 제중원은 담장에 의해 병동공간인 안채 영역과 별채(특별병동) 영역, 외래공간인 사랑채 영역, 전염병동 및 서비스공간인 대문간 영역 및 의학교가 있는 의학교 영역, 이렇게 5개의 영역으로 분리 구성되어 있었다.

콜레라는 한반도 북부를 거쳐 1821년 조선에서 처음 유입된 이래로 빈번하게 출몰했고, 특히 개항 이후로는 부산과 인천 등을 통해서도 유행하면서 한반도에서 콜레라는 풍토병처럼 거의 매년 유행했다. 제중원 개원 이후인 1885년 9월과 1886년 7-8월에 인천 한성 등지에서 콜레라가 크게 유행한 바 있기 때문에 제중원은 콜레라에 대한 대응조치를 해야 했고, 전염병동의 설치는 그러한 대응의 일환이었다. 전통적으로 전염병이 유행할 동안 피병원을 설치하여 전염병환자를 별도로 수용한 사례는 있지만, 병원 안에 별도의 전염병동을 설치한 것은 이때가 처음이었다. 이러한 조치는 한국전염병사에서는 매우 기념비적인 사건이었다.『알렌의 일기』는 1885년 9월의 상황을 다음과 같이 서술했다.

조선 정부에 각 도시의 출입 대문마다 두 사람의 훌륭한 사자(使者)를 파견 배치, 콜레라 환자의 출입을 통제하고 격리수용하는 환자 집에는 일체 숙식을 하지 말도록 당부했다. 각 세대주들에게는 집 안팎을 깨끗이 청소하고 하수구에 석회를 뿌리며, 방안에는 유황을 태우는 등 소독을 철저히 하라고 하였다. 또 물은 반드시 끓인 물을 마시도록 했다.

조선 정부는 1885년 8월, 제중원 원장인 알렌 의사를 해관 총세무사 부속의사로 임명했고, 1886년 해관 총세무사는 「온역장정」을 발표하는 등 검역행정을 추진했다. 알렌은 제중원 원장으로서 책임을 다해야 했기 때문에, 인천이나 부산 등지에서 실행되는 실질적인 검역 업무를 담당하기는 어려웠다. 또한 조선 정부의 검역 대책에 대한 외세의 반발로 검역행정이 실효성을 갖기는 어려웠지만, 조선 정부가 방역에 대한 인식을 전환하고 초보적인 방역 조치를 실행해나갔다는 것만으로도 의미 있는 변화였다.

예방접종실과 전염병동의 설치 이외에, 외과병동과 수술실이 축소되거나 사라지고, 안과병동이 설치된 것도 중요한 변화였다. 알렌이 장안에서 명성을 얻게 된 것이 외과수술 덕분인데, 그런 명성을 유지해줄 외과병동과 수술실을 축소시켰다는 점은 언뜻 이해되지 않는다. 아마도 제중원이 외과병원으로 인식되고 있었기 때문에, 외과병동이라는 용어가 더 이상 필요 없었을 것이다. 또한 백내장 수술 등 안과시술 역시 서양 의학을 대표하는 외과시술 중의 하나이고, 안과시술은 선교의학이 종교적 차원에서 중시해온 것과 관련이 있을 것이다.

제중원은 서양식 건물은 아니었지만, 건물의 중심부에 진료실과 병동을 배치하여 규모는 작아 보여도 종합병원 형태의 근대적 공간구조를 구축하고 있었으며, 의학교와 전염병실을 병원 가장자리에 마련하여 병원공간을 매우 효율적으로 배치하고 있음을 알 수 있다. 또한 재동 제중원의 공간배치를 보면, 동아시아의 병원에서는 찾아볼 수 없었던 수술실, 전염병실, 예방접종실, 화학실험실, 의학교 등이 배치되었다는 점에서 전통 병원과는 공간적인 구성이 완전히 달랐다고 할 수 있다. 제중원은 이처럼 점차 서양 병원의 공간구조를 내면화해나갔다.

구리개 제중원과 세균설

흔히 서양 근대의학의 대표적인 특징으로 세균설과 실험의학이 거론되지만, 파스퇴르와 코흐 등의 활동이 있었음에도, 세균설과 실험의학이 확실한 대세가 되었던 것은 서양 사회에서조차도 1890년대 이후라고 할 수 있다. 그것은 현미경 제조기술 발전과 실험실의 세균 발견 등이 급속하게 진행된 것과 관련이 깊다.

구리개 제중원에서 외래 진찰실이 있던 건물은 단층 한옥이었다. 병원은 방 셋으로 구성되었는데, 첫째 방은 약방과 진찰실로 쓰고, 둘째 방은 병실과 치료실로 쓰였으며, 셋째 방은 검사실로 썼다.

에비슨이 내한하기 전, 빈튼(Charles C. Vinton, 1856-1936)이 제중원의 책임을 맡고 있던 시기는 제중원의 침체기였다. 빈튼에게는 더 많은 병실이나 수술실이 필요하지 않았다. 1893년 11월, 제중원의 책임을 맡게 된 이래 6개월 동안 에비슨은 새로운 각오로 제중원을 회복시키기 위해 노력했다. 내원 환자들이 증가함에 따라 그는 병실을 증축했고, 수술실도 준비했다. 수술실 준비 과정에서 조선인 주사들과 마찰이 있었지만, 그 일을 계기로 에비슨은 조선 정부에 제중원의 운영권과 점유권을 선교부로 이관하는 성과를 이루게 되었다.

재동 제중원이 862.16평이었던 데 비해, 구리개 제중원은 최소 2,133평, 최대 4,620평에 달한다. 재동 제중원과 비교하면 구리개 제중원은 2.5배 내지 5.4배에 달하는 규모였다. 현재까지 구리개 제중원의 공간배치를 확인할 수 있는 설계도가 발견되지 않아 재동 제중원과 어떤 점에서 달라졌는지를 명확히 밝혀내기 어렵다. 1936년「대경성부대관」을 보면, 남아 있던 구리개 제중원 가옥은 대체로 재동 규모로 추정되지만, 에비슨과 에바 필드(Eva H. Field)의 사택을 포함할 수 있을 정도로 대지는 훨씬 더 많이 확보했던 것으로 보인다.『1901년도 제중원 연례보고서』의 기록을 토대로 살펴보면, 구리개 제중원은 질병에 따라 구분된 병동·수술실·대기실·진료실 등의 진료 공간과 교회 창고, 부엌, 세탁소 등의 부속 건물을 갖추고 있었다. 여전히 전통 한옥을 개조해서 사용했기 때문에 병동은 크게 만족스럽지 못했지만, 이전과 달리 침대를 사용할 수 있었다.

1895년 콜레라 유행 시기에 에비슨은 갑오개혁 정부로부터 방역을 위한 전권을 부여받은 상태였다. 에비슨의 회고에 따르면,

이 시기에 콜레라 등의 세균 검사를 실시했다. 따라서 구리개 제중원은 전염병동을 갖추었음은 물론, 이전과 달리 현미경과 실험실을 충분히 갖췄을 것이라고 생각된다.

『1901년도 제중원 연례보고서』는 재동 제중원에서 구리개 제중원으로의 물리적·의학적 공간 변화와 질병 분류의 변화를 엿볼 수 있는 중요한 자료이다. 게다가 이 보고서는 1904년 세브란스 병원의 준공을 기약하며 새병원에 대한 전망까지 제시하고 있다. 에비슨은 이 보고서에서 외래환자의 질병을 피부, 소화관, 직장, 생식비뇨, 눈, 귀, 호흡, 심장순환, 신경, 발열, 선, 혈액, 종양, 탈장, 뼈·관절, 기생충, 코, 기타 등 18가지로 분류하고 있다. 이러한 분류는 알렌의 『제중원 일차년도 보고서』의 18가지 분류와 크게 차이가 없어 보인다.

그러나 두 보고서는 질병 순위나 검진 방법상에서 많은 차이를 보였다. 『제중원 일차년도 보고서』에서 질병 순위는 소화기질환, 성병, 말라리아 순으로 많았다면, 『1901년도 제중원 연례보고서』에서는 피부병, 성병, 결막염 순으로 많았다. 이전과 비교해볼 때, 소화기질환과 말라리아가 많이 줄었음을 알 수 있다. 소화기질환이 동아시아인들의 만성적인 질환이었던 점을 상기하면, 소화기질환이 줄어든 것은 에비슨도 지적하듯 의외의 결과였다. 반면 말라리아의 감소에 대해서 에비슨은 치료제인 키니네의 성과라고 평가했다.

『1901년도 제중원 연례보고서』는 1890년대 이후 현미경의 적극적인 사용을 통해 검진 방법이 달라졌음을 보여준다. 구리개 제중원은 현미경으로 가래 검사를 하여 결핵을 구분해낼 수 있었고, 이런 방식으로 콜레라나 말라리아 같은 전염병에 적극적으로 대처할 수 있었다. 또한 병원에서 전염병 관리를 위해 침대 사용은 필수였다. 환자들이 침대를 사용하기 위해서는 문화적인 차이를 극복할 시간이 필요했고, 침대 구비에 적지 않은 비용도 소요되었기 때문에, 소량씩 점진적으로 도입되었다. 구리개 제중원 시대는 서양 의학을 시술하는 데 편리한 한옥 가옥을 개조하는 것에 그치지 않고, 1890년대 세균설의 입지를 공간적으로 체현하고 다가올 세브란스병원 시대를 맞이하여 공간을 배치하고 구조화하는 시기였다. 그러나 구리개 제중원 시기에도 전염병이 유행하면 병원을 폐쇄하는 등 임기응변식으로 대응할 수밖에 없었다. 전통한옥공간과 시설의 개조와 보수만으로는 병원 운영에 한계가 있었기 때문이다.

도동 세브란스병원은 서양식 설계도면에 기초한
르네상스 양식의 벽돌 조적식(造積式) 병원 건물로
그야말로 최신식 근대병원이었다.
세브란스병원에서는 실험실 환경과 엑스레이 등을 갖추었는데,
이로써 바야흐로 실험실과 엑스레이의 시대로 접어들게 되었다.

실험의학과
세브란스 병원의 공간 변화

세브란스병원과 실험의학

1904년 세브란스병원의 개원은 병원공간과 전염병 관리에서 획기적인 변화가 있었던 시기였다. 한국 근대건축 도입 시기의 건물이 대부분 일본식 의양풍(擬洋風) 건물인데 비해, 세브란스병원은 르네상스풍의 구미식 건축물로 근대 한국의 서양식 건축을 대표한다고 볼 수 있다. 세브란스병원은 40병상 규모였고, 여기에는 6개의 격리병상이 포함되어 있었다. 이 병원에서 하루 평균 30명, 연간 1만여 명의 외래환자를 볼 예정이었다. 설계는 캐나다인 고든(H. B. Gordon, 1854-1951)이, 시공은 중국인 장해리(Harry Chang)가 맡았다. 설계사 겸 건축감독인 고든은 교회 건축 전문가로 병원 건축에는 경험이 많지 않았다. 때문에 고든은 난방시설, 배기시설과 상하수도 시설 등의 병원시설과 공간배치 등에 대해 에비슨 등 의료선교사들

세브란스병원(1904)

과 상의하면서 병원을 설계하고 시공했다.

　세브란스병원은 2층과 반지하층으로 이루어진 건물로서 길이가 약 24미터, 폭이 약 12미터였다. 반지하층은 천장이 높았고 조명이 잘 되어 밝았기 때문에 이 건물은 실제적으로 300평 규모의 3층 건물이었다. 세브란스병원의 공간구조에 대해서는 에비슨의 보고서에 자세히 언급되어 있다. 아직까지 세브란스병원의 평면도가 발견되지 않아 정확한 공간배치를 알 수 없지만, 건물 외부 사진과 창문 배치 등을 통해 대략적인 공간은 가늠할 수 있다. 중앙 입구와 중복도를 중심으로 앞뒤와 좌우 대칭적인 평면구조를 지녔다. 대략 1층 전면부에는 6－8실 규모이고, 후면부는 8－10실 규모로 추정해볼 수 있다. 반지하층과 2층 역시 앞뒤로 각각 8－10실 규모의 공간 배치가 가능했을 것이다.

　반지하층에는 무료 진료실, 2개의 대기실, 상담실, 검사실, 약국, 의약품 창고, 난방로와 석탄창고, 주방, 그리고 현대적인 건조실을 갖춘 세탁소 등이 있었다. 1층에는 의사 사무실, 방사선 기계 설비, 증기탕, 관절 치료를 위한 건조고온공기 장치, 이비인후과 질환 치료를 위한 압축공기 장치, 특수 장치가 있는 전기 설비실 등이 있었다. 그 밖에 아마포 벽장, 목욕실, 남자 화장실 등이 딸린 3개의 남자 병실과 아마포 벽장, 목욕실, 여자 화장실 등이 딸린 4개의 여자 병실, 그리고 일반회의실 등이 있었다.

　2층은 남자 외과수술을 위해 꾸며졌는데, 이곳에 집도 의사의 수세실 및 멸균실 등을 가진 수술방이 있었다. 수술실은 폭과 너비가 약 5미터였으며, 천장 높이는 약 4.2미터였다. 건물은 북동쪽을 향했는데, 동쪽 끝방은 거의 유리로 덮여 있어 자연 채광으로 밝았고 집도 의사를 방해하는 그림자가 지지 않았다. 수술실은 흰색 에나멜을 입힌 철제 수술기구 및 물약 소독기가 갖추어져 있었다. 2층에는 7개의 병실, 린넨 붙박이장, 목욕탕, 화장실, 간호사실, 소수술실 등을 갖추고 있었다. 주방은 반지하층의 주방과 통해 있어 소형 화물 엘리베이터로 음식을 운반했다.

 1층의 의사실은 소리관을 통해 건물의 모든 곳과 연결되어 있었으며, 병원과 의사 사택은 사설 전화로 연결되었다. 외국인 환자의 편의를 위해 병원에는 서울의 전화가 설치되었다. 벽과 천장을 포함한 병원 건물의 전체 내부는 부드러운 색으로 칠을 해 물로 닦았고, 모든 구석을 둥글게 만들어 먼지가 모이는 것을 방지함으로써 건물을 깨끗하게 유지할 수 있었다. 몇 개의 특실이 있었는데, 자신들만의 방을 갖고 싶어 하는 사람이나 외국인 환자가 주로 이용했다. 목욕실·화장실 및 대야는 최신식으로 갖추었고 배관을 통해 온수와 냉수가 공급되었다.

 전체 건물은 온수로 난방을 유지했기 때문에 연기, 석탄가루, 재 등이 방에 들어오지 않았으며, 건물 전체가 일정한 온도로 유지되었다. 또 건물 전체에 전기 조명을 사용했기 때문에, 입원실이 나쁜 공기로 오염되는 것을 막았다. 환기 역시 문 위의 채광창 및 배관을 통해 적절하게 유지하도록 했다. 배관을 통해 따뜻하고 신선한 공기가 병실로 들어가고, 병실의 탁한 공기를 제거함으로써 문이나 창문을 완전히 닫아도 병실의 공기를 항상 신선하게 유지할 수 있도록 했다. 검사실은 현미경, 원심분리기, 항온기 등의 최신 장비로 갖추어졌고 혈액·소변·대변과 가래침 등을 검사할 수 있었다. 토끼우리가 설치되었는데, 이것은 곧 장비가 완전히 갖추어진 파스퇴르연구소 설립의 일환이었다. 1905년 봄에는 전염병 환자를 위한 격리병동이 별도로 개설되었고, 영안실과 잡역부 등을 위한 별도의 건물이 설치되었다.

세브란스병원 부지에는 1900년대 간호사 사택을 시작으로 1910년대에 의학교 건물이 들어섰다. 1920년대에는 병원 신관, 전염병실 등이 건립되면서 규모와 밀도가 크게 증가했으며, 의료기술의 고도화에 따른 병원 건축의 기능성과 효율성이 강조되면서 19세기의 분동형 구조에서 벗어나기 시작했다. 이처럼 세브란스병원은 20세기 초 위생설비와 실험의학의 최신 성과가 반영된 최첨단 병원이었다. 병원 본관은 진료와 수술을 위한 최적의 시스템을 구축했다. 본관 주위로 정신질환과 전염병 관리를 위해서 별채의 건물과 의사·간호사·잡역부 등이 사용할 수 있는 사택과 기숙사 등이 건립되었다. 그 비용은 모두 루이스 세브란스와 그 자녀들의 기부금으로 충당되었다.

1908년의 『미북장로회 선교보고서』에 따르면, 전년 대비 병상 가동률은 43% 증가되었고, 입원 환자는 내과 환자 316건, 외과 환자 332건, 산과 환자 7건 등 합계 655건이었다. 『제중원 일차년도 보고서』에서 1년 동안 입원 환자가 265건이었던 것에 비해 2.5배 증가한 것이다. 무료진료도 신환 5,674건, 재환 3,638건, 소수술 1,241건 등이 시술되었다.

흥미로운 점은 세브란스병원에 파스퇴르연구소가 설치되고,

실험용 토끼를 사용하여 광견병 바이러스를 연구했던 것이다. 광견병 연구는 세브란스병원의 직접적인 관심이라기보다는 이 연구에 관심이 있던 이탈리아영사관의 지원에 힘입은 것이다. 1908년 파스퇴르 연구소는 7명의 광견병 환자를 치료하는 성과를 거두기도 했다. 세브란스병원은 자의든 타의든 세균설 연구의 중요한 기지였다.

제중원에서 세브란스병원으로 공간 변화

19-20세기 제중원과 세브란스병원의 공간 변화 과정을 살펴보면, 서양식 근대병원이 한국 사회에서 어떻게 변화·발전했는지를 압축적으로 살펴볼 수 있다. 제중원 이전이 구료의료에 제한되었다면, 재동 제중원과 구리개 제중원을 거치면서 연명의료와 전문의료의 단계로 나아갔다고 말할 수 있다. 세브란스병원의 등장은 최신식 의료설비를 갖춘 현대식 의료의 출발을 의미하는 것이었다. 서양 의학적 관점에서 보자면, 제중원 시기는 미아즈마설에 기초한 의학에서 세균설에 기초한 의학으로 나아간 과도기라고 할 수 있으며, 세브란스병원 시기는 세균설에 입각한 실험의학의 시대로 나아간 것이라고 볼 수 있다.

서양식 근대병원의 공간화 과정에는 질병의 공간화, 신체의 공간화, 의학의 공간화가 수반되었다. 질병과 신체의 공간화 과정에서 주목되는 점은 새로운 질병 분류체계가 도입되었다는 것이다. 알렌은 『제중원 일차년도 보고서』 등 의료보고서를 작성할 때, 중국해관 등에서 사용되는 질병 분류체계를 활용했다. 1880년대까지 서양 의학계에서는 세균학적 검사보다는 증상에 따른 감염, 발열, 신체계통별 분류를 중심으로 질병을 분류했다. 재동 제중원 시기에 감염질환에 대한 정확한 진단이 불가능했음에도, 콜레라의 유행에 대응하기 위해 알렌과 헤론 등은 전염병실의 운용 등을 매우 중시했다. 또한 수술실, 진료공간과 입원병상의 유기적 운용에도 적잖은 노력을 기울였다.

이러한 공간적 운용과 특색은 전통 병원에서는 찾아볼 수 없는 새로운 것이었다. 한국식 전통 가옥은 온돌방을 사용했기 때문에, 환자 관리에는 불편한 요소가 많았다. 그럼에도 불구하고 대저택 한옥의 공간구성은 공간배치에 따라 효율적으로 사용될 수 있었다. 재동 제중원 초기에는 전통 의원의 관행대로 환자가 치료되기 전에는 치료비를 받지 않았다. 새로운 규칙이 만들어지면서 점차 입장료와 치료비 등이 제도화되었다. 재동 제중원은 의료진과 환자의 동선을 최소화하여 진료와 입원에 편리하도록 공간을 효율적으로 배치했다. 다만 재동은 고관들의 한옥이 밀집한 지역이라 환자 수용 공간을 무제한 확장할 수 없는 공간적 한계가 있었다.

이러한 공간적 한계를 극복하고자 제중원은 재동에서 구리개로 이전했다. 1890년대 에비슨의 등장과 더불어 질병 분류에도 변화가 생겨났다. 구리개 제중원 시기에 세균학적 검사와 현미경 검사 등이 본격화되었다. 이것은 단순히 증상에 따른 질병 분류에서 세균학적 검사를 통한 질병 분류라는 점에서 이전과 질적인 차이가 있었다. 더욱이 구리개 제중원은 재동 제중원에 비해 2-5배 이상

공간 확장을 꾀할 수 있었고, 병원공간에 침대를 도입하여 위생 수준을 향상시킬 수 있었다.

1900년대 세브란스병원의 건립은 세균설과 실험의학의 이상을 공간적으로 실현한 결정판이었다. 병원 건물 전체에 전기와 급수가 안정적으로 공급되었고, 채광·통풍과 온도·온수 조절이 가능했을 뿐만 아니라 목욕·세탁·화장실·상하수도 등 시설 인프라를 구축하여 병원 위생이 획기적으로 개선되었다. 아울러 엑스레이(X-ray) 장비와 실험실을 구축함으로써 최신 의학의 시연이 가능해졌다. 그 밖에 전염병병동과 기숙사 사택 등을 별도로 건립하여 위생 관리와 동선의 효율화에도 신경을 썼다. 3층의 건물에 진료·병실·실험실을 구축함으로써 진료·연구·교육이 효율적으로 이루어질 수 있는 공간을 구축하게 된 것이다.

재동 제중원에서 구리개 제중원으로, 그리고 다시 세브란스병원으로의 변화는 단순히 병원공간의 확장이나 서양식 건축양식의 도입이라는 표면적인 변화 이외에도 근대 서양 의학의 성과를 한국의 병원공간에 내면화하고 체계화하는 과정이었다고 말할 수 있을 것이다.

세브란스병원의학교는 1908년 6월,
7명의 제1회 졸업생을 배출했으며,
이어서 1909년 7월, 학부에 정식 등록되었다.
이때부터 의학교는 4년제로 운영되었다.
1911년 6월에는 6명의 제2회 졸업생을 배출했고,
1913년 4월에는 5명의 제3회 졸업생을 배출했다.

세브란스병원의 의사들: 제2회와 제3회 졸업생

의학교의 발전과 졸업생 배출

세브란스병원의학교는 1908년 6월, 의학박사(醫學博士) 학위를 받은 7명의 제1회 졸업생을 배출했다. 그해 10월, 신입생 23명을 정식으로 선발하고 기존에 공부하던 학생들은 상급반에, 신입생들은 하급반에 편성했다. 1909년 7월, 세브란스병원의학교는 학부에 정식 등록되었고, 10월에 신입생을 받았다. 1910년부터 세브란스병원의학교는 4년제로 운영되었다. 1학년과 2학년은 물리학·화학·해부학·생리학 같은 기초의학을 중심으로 배웠고, 3학년과 4학년은 위생학·내과학·외과학·산과학 같은 임상의학 위주로 편성된 교과과정을 이수했다. 주요 교수진은 에비슨·허스트 등 의료선교사와 김필순·홍석후·박서양 등 1회 졸업생들이었다. 여기에 같은 해 본격화된 교파연합에 힘입어 북감리교 선교사 폴웰과 남감리교

세브란스병원의학교 제3회
졸업생 곽병규의 졸업증서

선교사 리드가 교수로 파견되었다. 1911년 6월에는 서광호·강문집·박건호·박영식·이태준·송영서가 2회 졸업생으로 배출되었다. 이들 6명은 이전의 'M.D.(Doctor of Medicine)' 대신 'M.B.(Bachelor of Medicine)' 학위를 받았다. 4년제가 정착되면서 이전의 의학박사 대신 의학사 학위를 받게 된 것이다. 실제로 일제는 4년제 의학교를 졸업한 일본인에게만 의학사(醫學士)를 수여했고, 세브란스 출신에게 수여하는 의학사 학위에는 의학득업사(醫學得業士)라는 명칭을 붙였다.

같은 해 10월에도 신입생이 입학했지만 교사 신축으로 1912년 9월까지 학교가 정상적으로 운영되지 못하면서, 1912년도에는 졸업생을 배출할 수가 없었다. 그러나 새로운 교사가 완성되어 문을 열자 미북장로회가 외과의사인 러들로를, 미남장로회가 오긍선을 파견하는 등 교파연합에 의한 의학교육이 활기를 띠게 되었다. 1913년 4월에는 5명의 제3회 졸업생이 배출되었고, 5명이 M.B.학위를, 2명이 M.D.학위를 받았다. M.B.학위를 받은 사람은 고명우·곽병규·김인국·김재명·장인석이었다. 그리고 같은 해 6월, 의학교 이름은 '세브란스연합의학교'로 바뀌었다.

2회 졸업생들의 활약

서광호(徐光晧, 1880-?)는 한국 최초의 교회인 소래교회를 설립한 서경조의 장남으로, 본명은 서효권이다. 두 아들이 의사나 목사가 되길 원했던 서경조는 1896년 에비슨이 소래교회를 방문하자 그에게 자신의 아들들을 소개했다. 이때 서광호는 에비슨을 따라가 의학 공부를 시작했으나 중간에 그만두었다가, 1908년 2학년으로 재입학해 세브란스병원의학교 2회로 졸업생이 되었다. 졸업 후 그는 황해도에 해서의원(海西醫院)을 열고 개원의로 활동했다.

강문집(姜文集, 1880-1923)은 강영옥의 장남으로 서울 출신이었다. 서광호와는 동갑내기 친구로, 1907년 세브란스병원 의학교에 입학해 주로 외과에서 수련을 받았다. 1912년 세브란스병원에 국내 최초로 설치된 X-Ray 설비를 다룰 수 있는 사람이 없자 이를 전담했고, 외과학 교실 강사로 활동했다. 독실한 기독교인이었던 그는 새문안교회의 장로이기도 했다. 또 계모를 극진하게 돌보아 타고난 효심으로 장안에서 유명했으나, 1923년 감기에 의한 폐렴으로 요절하고 말았다.

이태준(李泰俊, 1883-1921)은 경남 함안 출생으로, 1907년 세브란스병원의학교에 입학해 2회 졸업생이 되었다. 재학 시절부터 이미 독립운동에 참여하고 있던 그는 1회 졸업생 김필순과 함께 중국 망명을 도모했다. 신해혁명을 계기로 중국 난징에 가서 기독회의원에 취직하기도 했다. 그 후 독립운동을 실행하기 위해 김규식과 함께 몽골로 이동했고, 먼저 군자금을 확보할 목적으로 동의의국(同義

세브란스병원의학교 제2회 졸업생(1911)

醫局)이라는 병원을 개설했다. 그는 몽골에서 의료활동을 전개하며 몽골 주민들의 열악한 의료환경 개선과 질병퇴치를 위해 노력했고, 어의로도 활약했다. 이처럼 몽골사회의 두터운 신뢰를 바탕으로 독립운동을 전개하고 있었던 이태준은 러시아 백위파 장교에 의해 발각되어 처형되었다.

다양한 사회 참여 활동을 벌인 3회 졸업생들

고명우(高明宇, 1883-?)는 황해도 해주에서 태어났다. 한학자였던 그의 부친 고윤하는 에비슨·어빈 같은 선교사들에게 한글을 가르쳤다. 그 인연으로 그는 1896-1909년까지 부산의 선교병원에서 어빈의 조수로 일했다. 1910년 관립의학교에 입학했으나 한국병합과 함께 자퇴하고, 세브란스병원의학교에 편입해 제3회 졸업생이 되었다. 그는 1914년부터 1920년까지 황해도 수안에 위치한 광산의 의무책임자로 일하면서 교회와 학교를 세웠다. 1920년에는 모교로 돌아와 러들로의 제1조수가 되었으며, 그해 강사로 진급했다. 당시 대학에 남으려면 식민 당국이 인정하는 학위(M.D.)가 필요했는데, 그는 이를 위해 1926년 뉴욕 의과대학에서 수학한 뒤 롱아일랜드 의과대학에 편입해 1928년 졸업했다. 그리고 같은 해 10월, 모교 외과학교실의 조교수가 되었다. 세브란스병원 부원장으로도 활동했던 고명우는 신사참배 문제로 식민 당국과 갈등하다 학교를 사임하고 개업했으며, 한국전쟁 발발 이후 납북되었다.

세브란스병원의학교 제3회 졸업생(1913)

황해도 봉산 출신의 3회 졸업생 곽병규(郭柄奎, 1892-1965)는 졸업 후 해외 독립운동에 관심을 가지고 러시아와 중국 등지에서 활동했다. 1920년에는 김창세 등과 함께 상하이 적십자회 간호부양성소 등지에서 활약했는데, 이곳은 임시정부가 독립군 양성과 함께 이를 뒷받침할 전투 간호부를 양성하기 위해 세운 일종의 독립군 양성기관이었다. 이후 귀국해 원산 구세병원을 거쳐 사리원에 경산의원(鏡山醫院)을 개원했다. 1927년에는 사리원에 신간회지부를 설립하고 임시지부장을 맡는 등 좌우합작에 의한 민족운동을 전개하기도 했다.

한말 일본의 선진문물을 수용하기 위해
각 분야별로 파송되었던 관비유학생인 유전은
동경제대에서 응용물리화학(화학공학)을 공부한
최초의 공학도 중 한사람이었다.
귀국 후 세브란스 의학교육에 참여하기 시작한 그는
의학생들에게 화학·물리학·수학 등 기초과학을 가르쳤다.

실업구국의 소명을 실천한 화학자 유전

학교 예배 시간과 주일 예배 시간은 빠지지 않으려고 합니다. 나는 기독교인은 아니지만 예배 시간을 지키는 것이 기독교기관에서 일하는 사람이 갖춰야 할 최소한의 예의라고 생각합니다.

누구 하나 그에게 예배 참석을 강요하지 않았는데도, 유전(劉銓) 교수는 이처럼 이야기하며 스스로 예배 시간을 지키고자 노력했다. 그는 자신의 일에 최선을 다하는 것을 삶의 모토로 삼았고, 주위에 민폐를 끼치는 상황을 만들지 않기 위해 항상 신경 썼다. 유전은 세브란스연합의학교 교수 중 유일한 공학도 출신이었으며, 의학생들에게 화학과 물리학 등을 가르쳤다. 일본에서 귀국한 지 얼마 되지 않아 한국어가 익숙하지 않았지만, 또박또박한 어투로 화학의 기초이론을 강의했다. 또 자신이 맡은 일을 충실하게 하다 보면 더 좋은 기회가 찾아올 것이므로, 지금 힘들더라도 용기를 잃지 말고

자신의 소명을 지켜나가라고 학생들에게 늘 당부하는 선생이었다.

관비유학생과 세브란스의 기초 과학교육

갑오개혁 이후, 정부는 개화와 개혁 추진을 감당할 인재를 양성하기 위해 일본에 관비유학생을 파견하기로 결정했다. 이후 수차례에 걸쳐 유학생 파견이 이루어졌지만, 정치적 혼란과 재정 부족으로 조기 소환되는 등 도중에 중단되는 사태가 발생했다. 하지만 대한제국 정부는 국가개조를 위한 인재 양성을 위해 유학생을 계속 선발했다. 유학생들은 대부분 양반 출신으로 관직에 있던 사람들이었다. 그러나 초창기 관비유학생들이 공부를 마치고 귀국할 즈음, 한국은 일본에 병합되어 주권을 잃고 말았다. 대부분의 관비유학생들은 식민지 관공서에 취직하며 식민권력에 편입되었지만, 일부는 사립학교 교사로 남거나 계몽운동에 참여하는 방식으로 식민권력에 대항했다.

유전은 대한제국 말기에 파송되었던 관비유학생 중 한 사람으로, 1907년 8월 도쿄제국대학 응용물리화학과에 입학해 1911년 7월 졸업했다. 1900년대 중반 일본 유학생 사회에서 『태극학보』・『공수학보』를 창간할 때 주도적인 역할을 한 점, 귀국 후에도 한국어가 어눌했다는 회고를 종합해볼 때, 그는 일찍부터 일본에 유학했던 것으로 보인다. 당시 한국에는 공학사 학위를 가진 제국대학 출신자가 거의 없었기 때문에, 조선총독부는 그를 당국에 끌어들이

유전 교수

세브란스 교수진(1917)

왼쪽 첫 번째가 유전 교수다.

기 위해 다양한 제안을 했다. 그러나 유전은 조선총독부의 제안을 뿌리치고 연희전문학교의 전신인 경신학교에 화학 교사로 취직했다. 제국대학 졸업생이 사립학교 교사로 취직하는 사례가 거의 없었기 때문에 그의 선택은 매우 충격적인 사건이었다. 당시 경신학교 부교장으로 있으면서 세브란스병원의학교를 종합대학으로 발전시키려는 계획을 가지고 있었던 에비슨에게는 기초과학을 전담할 교원 확보가 절실한 상황이었다. 세브란스병원의학교 운영 초기에는 제1회 졸업생 박서양이 주로 화학을 강의했지만, 화학을 비롯해 물리학과 수학의 기초와 심화까지 가르치기에는 부담이 될 수밖에 없었다. 이런 상황에서 유전은 1912년 세브란스연합의학교가 신축되었을 때부터 활동을 시작해 10여 년 동안 화학·물리학·수학 등 세브란스의 기초과학 교육을 책임졌다.

실업구국의 이상 실현에 나서다

유전이 10년 동안 재직했던 교단을 떠나 새롭게 출발하게 된 것은 실업구국이라는 자신의 이상을 실천하기 위함이었다. 그는 조선제사회사(朝鮮製絲會社)의 전무로 취임했는데, 이 회사는 식민지 시기 최대의 견직회사로 300여 명의 직공들이 근무하고 있었다. 견직물을 염색하고 가공해 해외로 수출하는 것이 회사의 목표였지만, 설립 직후 경제적 타격을 입어 자금난에 허덕이게 되었다. 경영난에 처한 회사를 구하기 위해 급하게 초빙된 인물이 바로 유전이었다. 그는 우선 은행융자를 받아 자금을 회전시키고, 미국에 판로를 개척해 공장의 활로를 찾았다. 그의 이러한 노력에 힘입어 조선제사회사는 한국 최대의 견직물 가공 회사로 성장했고, 실업계의 성공신화가 되었다.

유전이 이처럼 실업구국에 나서게 된 계기는 3·1운동이었다. 적지 않은 세브란스 교직원들이 3·1운동에 참여했지만, 운동을 주도했던 대부분의 인사들이 체포되고 투옥되면서 더 이상 운동이 지속되기가 어려웠다. 이에 일부 지식인들은 과학 기술과 산업 기술의 개발을 통해 국력을 키우는 데 역량을 집중해야 한다고 강조했다. 유전은 이에 공감했고, 후학 양성도 필요하지만 그 이전에 3·1운동을 계승하며 실업구국을 실천하기 위해 직접 현장에 뛰어들어야겠다고 결심했다. 마침 견직 산업은 자신의 전공을 발휘할 수 있는 직종이었다.

그는 경성상공업협회 부회장(1930), 조선제사회사의 고문(1933)으로 재직하면서 실업계의 대표적인 인물로 성공 가도를 달렸다. 1936년, 유전은 다시 교단으로 돌아왔다. 여성 실업인을 양성하기 위한 경성여자상업학교 창립에 관여하면서 초대 교장으로 초빙되었기 때문이다. 해방 이후에도 그는 공업연맹 이사로 활약하며, 실업구국의 시대적 소명을 다하고자 했다.

강의 중인 유전 교수

세브란스병원의학교가 세브란스연합의학교로 발전하면서
의학교육과 진료의 전문화가 이루어지기 시작했고,
기초 분야의 연구도 활발해졌다.
1914년 11월, 병리학을 담당했던 밀즈 교수는
세브란스연합의학교에 연구부를 설립했고,
연구부는 조선 사회의 각종 의학적 문제를 규명하기 위한
다양한 연구활동을 전개했다.
밀즈 교수의 연구는 현지의 의료 문제를 해결하고,
세브란스의 자생적인 연구풍토를 조성하는 데 기여했다.

세브란스에 기초학 연구풍토를 조성한 병리학자 랄프 밀즈

교수님은 언제나 발로 뛰는 분이셨습니다. 하루도 편히 쉬는 모습을 본 적이 없습니다. 시간 날 때면 식물채집통을 어깨에 메고 다니면서 식물을 채집하곤 하셨어요. 교수님이 오시기 전에는 아마 세브란스에 연구라는 말이 없었을 겁니다. 교수님이 오신 후부터 기초와 임상을 가릴 것 없이 너도 나도 연구에 뛰어들기 시작했지요. 선교사들도 처음에는 선교병원에서 연구가 웬 말이냐며 마땅찮게 생각했지만, 교수님의 연구가 세계적인 관심사가 되자 세계 선교계의 자랑이라며 크게 반색했습니다.

연구부의 창설과 활동

1913년, 세브란스병원의학교가 세브란스연합의학교로 발전하면서 임상과 연구에서 괄목할 만한 변화가 생겼다. 밀즈(병리학), 반버스커크(생리학), 러들로(외과), 바우만(안과), 커렐(산부인과), 맥라렌(소아과) 등 각 교파에서 파견한 전문분야별 권위 있는 교수진들로 새롭게 진영이 갖춰졌기 때문이다. 그중에서도 밀즈(Ralph Garfield Mills, 1884-1944)는 연구에 대한 남다른 애착을 가지고 있었고, 연구에 전념할 수 있는 의학연구기관 설립에 대한 열망이 있었다. 김명선의 회고에 따르면, 세브란스에 연구 분위기를 조성한 사람이 바로 밀즈였다. 1914년 11월 그의 주도로 세브란스 연구부가 설립되었는데, 연구부의 활동은 교내외에서 이슈가 되었다. 의학 연구가 새로운 학구열을 불러일으켜줄 것이라는 기대를 표명했던 사람들만큼이나 연구가 선교활동에 별 도움이 되지 않는다고 주장하는 사람들이 적지 않았기 때문이다. 이에 대해 밀즈는 연구부의 활동이 단순히 연구를 위한 연구가 아니라 한국이 당면한 의학적 문제를 규명하기 위한 것임을 강조했다.

1915년 2월, 세브란스 연구부가 수행한 첫 연구는 식수 소독에 관한 것이었다. 당시 한국에서 활동하던 선교사들 대부분은 식수 오염 문제로 많은 고통을 겪었다. 언제라도 식수를 끓여 먹을 수 있는 상황이 아니었기 때문에, 염소캡슐로 간단하게 소독하는 방안을 강구할 필요가 있었던 것이다. 이처럼 세브란스 연구부는 당면한 문제의 해결을 주요 연구 과제로 설정했다. 연구 방향은 한국 풍토병 연구, 한국인의 생리 및 식생활 연구, 전통의학과 식물학 연구 등으로 요약된다.

밀즈와 연구부원들의 연구는 중국에서 발행했던 영문 잡지인

랄프 밀즈

소래마을 세브란스 연구부 연구소

*China Medical Journal*에 게재되었고, 종종 일본이나 미국 의학잡지에도 발표되었다. 밀즈는 연구에 관심이 많았지만, 세브란스에 임상검사실이 설치되면서 기생충, 혈액 및 대소변 검사를 실시했기 때문에 업무가 너무 많아 따로 연구할 시간을 내지 못했다. 그는 자신의 연구실을 황해도 소래에 설치했는데, 소래 해변은 선교사들의 여름 휴가지인 동시에 그가 연구에 집중할 수 있는 곳이었다. 연구를 본격적으로 수행하기 위해 그는 연구소와 숙소의 설계도를 준비했다. 부지 매입, 연구소 건립, 의학문헌 구입 등에 필요한 많은 비용은 루이스 세브란스의 자녀인 존 세브란스와 프렌티스가 지원했다. 존 세브란스는 매년 1,500달러의 연구비를 세브란스 연구부에 지원하기도 했다.

기생충과 식물학 연구

랄프 밀즈는 1907년 노스웨스턴 의과대학을 졸업한 후, 북장로교 선교사로 한국에 왔다. 서울에서 어학을 공부한 뒤 1909년 5월에 평안북도 강계로 파송된 그는 1911년까지 의료선교사로서 많은 일을 했으며, 한국 재래식 가옥에 병원 설비를 갖추기도 했다. 진료 외에 그가 가졌던 주요 관심사는 기생충과 식물학 연구였다. 그의 첫 연구는 강계 지역의 질병 조사였다. 당시에 많은 사람이 배앓이를 겪었는데, 밀즈는 배앓이의 실체가 회충·요충·촌충 같은 기생충임을 과학적으로 처음 규명해냈다. 그가 이 연구를 본격화한

위-1917년 밀즈의 병리학 실험 / 아래-병리학 강의

것은 세브란스연합의학교에 재직할 때였으며, 5년 동안 이루어진 7,000건의 검사 사례를 통해 회충이 가장 흔한 감염 질환임을 밝혀냈다.

또 밀즈는 『본초강목』과 『동의보감』을 번역해 출간할 계획을 가질 정도로 한국의 전통 약재와 식물에 관심이 많았다. 한국에서 활동하던 10여 년 동안 한반도 식물에 대해 많은 조사와 연구를 하고, 무려 1만 5,000여 점에 달하는 방대한 식물 표본을 수집했을 정도였다. 그의 식물학 연구가 주목을 받게 된 것은 의외의 식물을 통해서였다. 소래 해변에서 싸리풀이라고 불리는 풀잎을 발견한 그는 그 식물이 염분이 많은 미국의 황무지에서도 잘 자랄 수 있다고 판단했다. 그는 이 식물을 "Korean Lespedeza(둥근잎 매듭풀)"라고 명명하고 표본과 씨앗을 미국 농업국에 보냈다. 그 후 이 식물은 임상 재배에 성공해 황무지를 목초지로 바꾸고 말의 먹이로도 사용되는 소중한 풀이 되었다. 그는 동물사료 발전에 기여한 공로를 인정받아 미국 연방정부로부터 훈장을 수여받았다.

밀즈는 베이징협화의원의 설립자 중 한 사람이 되어 1918년 한국을 떠났다. 그는 베이징에서 일하면서도 여름마다 황해도 구미포 피서지에 와서 선교의사들과 자신의 연구 내용을 협의했다. 그러다 베이징에서 병을 얻어 미국으로 귀국했고, 건강이 회복된 뒤에는 메이요클리닉에서 일하며 만년을 보냈다.

식민지 시기 함흥 제혜병원에서 의료선교 활동을 시작하고,
해방 이후에는 세브란스병원과 원주기독병원 등에서 48년 동안
결핵환자와 한센병 환자를 돌봤던 머레이 박사는
평생 한국을 사랑하며 한국인을 위해 헌신하는 삶을 살았다.

결핵환자의 어머니,
소아과 플로렌스 머레이

결핵환자의 어머니로

플로렌스 머레이(Florence Jessie Murray, 慕禮理, 1894-1975)가 한국과 인연을 맺은 것은 27세인 1921년, 캐나다 달하우지대학교 의과대학을 졸업하고 캐나다장로교 의료선교사로 함흥 제혜병원에 파송되면서였다. 그녀는 자신을 가장 필요로 하는 곳에서 일생을 바치겠다는 신념을 갖고 있었다. 그곳이 조선이라는 낯선 이국땅이 될 거라고는 예상치 못했지만, 여의사가 필요하다는 소식을 듣고 자신이 조선에 가는 것은 하나님의 명령이라고 받아들였다.

캐나다장로교가 한국에서 선교활동을 시작하면서 주요 거점으로 삼은 곳은 원산·함흥·성진 등이었다. 함흥의 의료선교는 1903년 케이트 맥밀란(Kate McMillan, 孟美蘭, 1868-1922)이라는 여의사에 의해 시작되었다. 1913년 5월, 맥밀란은 40병상 3층 규모의

플로렌스 머레이

함흥 제혜병원을 완공했는데, 혼자 고군분투하며 병원을 운영하는 일이 만만치 않았다. 그녀는 선교 본부에 여의사를 파송해달라고 요청했고, 7년 후에야 적임자인 머레이를 찾을 수 있었다. 캐나다 밴쿠버에서 출발한 기선은 고베에 도착했고 다시 부산을 거쳐 서울에 들어왔다. 머레이는 이때 세브란스병원과 처음 만났지만, 하룻밤을 지내고 곧바로 함흥으로 향했다. 맥밀란이 장티푸스로 사망하면서 머레이는 1923년 함흥 제혜병원의 원장이 되었다. 그녀는 재임 기간 동안 병상 규모를 2배 이상 확대하고, 조선에서 가장 치료가 절실한 질병이 결핵이라고 판단해 결핵 환자 수용을 위한 20병상 규모의 전염병동을 별도로 운영했다.

의사가 되기까지

플로렌스 머레이는 1894년 2월, 캐나다 동부 노바스코샤주 픽투랜딩에서 장로교 목사인 아버지의 2남 2녀 중 장녀로 태어났다. 어렸을 때 그녀는 목사가 되기를 원했지만, 당시 장로교단은 여성 목사가 성장할 기회를 주지 않았다. 그녀가 차선으로 선택한 장래 희망은 바로 의사였다. 머레이의 아버지는 신학대학에서 공부했

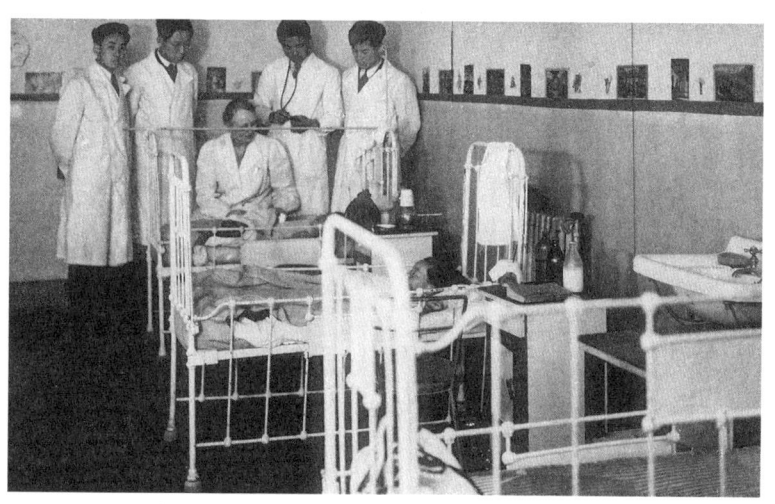

머레이 교수의 소아과 회진(1950)

던 친구들과 함께 해외 선교사를 지원했지만, 부양가족이 많다는 이유로 선발되지 못했다. 조선에 해외 선교사로 파송되었다가 안식년을 보내기 위해 돌아온 친구들은 머레이 가족에게 조선의 생활상과 경험한 보람에 대해 이야기해주었다. 이 선교사들과의 교류는 머레이에게 조선 선교에 대한 열망을 키워주었다.

머레이가 노바스코샤주 핼리팩스에 있는 달하우지대학교 의과대학을 다녔을 때는 제1차 세계대전 즈음으로, 캐나다 역시 전쟁과 스페인 독감 등에 휩쓸려 의사가 매우 부족한 상황이었다. 그녀는 학생 신분으로 적지 않은 환자들을 상대해야 했는데, 이것은 해외선교에 필요한 여러 경험을 쌓는 계기가 되었다.

두 번의 정년과 세브란스에서의 마지막 헌신

태평양전쟁이 발발하자 일제는 선교사들을 강제 추방하거나 포로교환에 활용했다. 머레이 역시 함흥 제혜병원에서 근무하던 중 포로교환을 위해 강제 출국을 당하는 처지가 되었다. 해방 후 이화여대 김활란 박사의 초청을 받아 한국에 돌아온 그녀는 이화대학병원과 세브란스병원에서 소아과와 산부인과 의사로 활동했다. 한국전쟁이 터졌을 때는 일시 귀국했다가 곧바로 다시 세브란스병원에 돌아와 전후 복구와 의료사업에 힘을 보탰으며, 특히 전쟁고아 구호사업과 결핵병원 설립을 주도했다. 이후 세브란스병원 부원장을 역임하고, 원주 기독병원을 설립해 병원장으로 집무했다. 또 원주

근교에 한센병 환자촌인 경천원도 만들었다.

> 세브란스 병원 의무기록실. 책상 위에는 각종 카드와 서류가 가득히 쌓여 있다. 그 앞에서 조그만 타이프라이터를 능숙히 두드리는 벽안의 할머니. 하얀 머리와 굽은 등이 75세의 나이를 말해주지만 맑게 빛나는 눈과 목소리엔 정기가 서려 있었다. 48년 동안 한국에서 의료사업에 몸 바쳐온 머레이 박사는 이번에 정년이 되어 5월 말, 고향인 캐나다로 떠난다.
> "더 있고 싶습니다. 나에겐 한국이 고향이에요. 그러나 이젠 너무 늙었어요. 젊은 사람에게 넘겨주는 것이 병원을 위해 좋은 일입니다. 캐나다에 돌아가면 한국을 소개하는 일에 여생을 바치겠습니다."
> — 『경향신문』(1969년 2월 5일자)

1960년 정년을 맞아 귀국한 머레이는 이듬해 대구 구라협회에서 2년 동안만 한센병 치료를 도와달라는 요청을 받고 다시 한국에 왔다. 1964년 대구 구라협회와 계약이 만료되어 세브란스병원에 오게 된 그녀는 국내 최초로 의무기록실을 설립하고 문서실장을 담당했다. 1969년 4월, 75세의 머레이는 두 번째 정년을 맞아 캐나다 귀국길에 올랐다.

식민지 시기에 베를린 의과대학을 졸업하고 박사학위를 취득한
이석신은 한국 최초의 생화학자로서 개척자의 길을 걸었다.
그는 세브란스의전에 생화학교실을 창설하고 연구부에 참여해,
세브란스의 의학연구가 세계적 수준으로 도약하는 데 구심적 역할을 했다.

한국 최초의 생화학자 이석신 교수

세브란스 기초의학 연구의 전성기를 이끌다

독일에서 '조선 천재'라고 불리며 생화학계의 총아로 떠오른 사람은 다름 아닌 한국 최초의 생화학자인 이석신(李錫申, 1897-1944)이다. 당시에는 생화학이라는 말조차 없어서, 의화학이라고 칭했다. 한국 최초의 SCI급 논문은 세브란스의전에서 세균학과 위생학을 담당했던 스코필드 교수와 그의 제자 신현창이 1919년 4월 미국 의학회지 *Journal of American Medical Association*에 발표한 한국에서 스페인 독감에 관한 연구였다. 이석신은 세브란스의전에서 근무 중이었던 1930년, 독일어로 된 『생화학잡지』에 "실험동물의 영양 상태에 따른 불안정성"이라는 제목의 SCI급 논문을 한국인 최초로 단독 기고했다.

그는 1921년 봄, 경성의전을 우수한 성적으로 졸업하고 즉시 동경제대 병리학교실에서 연구하다가 1922년에 베를린의과대학에 입학한 후 독일 의학계의 태두인 루바쉬(Lubarsch) 교수의 연구소에서 농 교수의 지도를 받아가면서 열심히 연구한 결과, 무기인과 글리콜리제에 관한 학위논문을 제출해 박사학위를 동 대학을 졸업했던 1926년에 취득한 바, 기타 8종의 논문을 독일 의학잡지에 발표해 루바쉬 교수와 전 독일 의학계에서 대칭송을 받았을 뿐만 아니라 독일 의학계에 일대 공헌이 있게 한 조선천재라 한다.   －『조선일보』(1927년 9월 3일자)

세브란스는 1914년 연구부를 조직했고, 초창기에는 밀즈·러들로·반버스커크 등이 세계적인 연구를 수행했다. 한국인으로서는 병리학교실의 윤일선 교수와 해부학교실의 최명학 교수가 세브란스의 기초의학 연구를 이끌었는데, 1928년 이석신이 연구부에 합류하면서 세브란스의 의학연구는 전성기에 접어들었다.

그는 독일에서 박사논문을 작성하던 1920년대에 당 분해 작용과 혈당효과 등에 관심을 두었고, 이는 점차 영양과 신진대사에 관한 문제로 확대되었다. 1930년대부터는 좀 더 실용적인 문제에 관심을 가졌던 것으로 보인다. 당시 그의 주된 관심사는 한국인들이 일상에서 섭취하는 음식물이 영양과 신진대사에 미치는 영향이었다. 1931년 그가 교토제국대학에서 취득한 박사학위 논문은 그동안의 연구 결과를 정리해 제출한 「조선인의 식습관에 관한 연구」였다. 이후에도 그는 한국인 수형자의 영양 상태나 한국인의 음식물에 관한 연구를 지속했다. 그의 마지막 연구 과제는 노쇠에 관한

이석신

이석신 교수의 생화학 강의(1932)

것이었다. 지금으로서는 지극히 평범한 연구 주제로 여겨질 수 있지만, 당시에는 의학자가 이러한 주제에 관심을 갖는다는 것 자체가 획기적인 일이었다.

세브란스 생화학교실을 이끈 한국 최초의 생화학자

이석신은 1897년 10월 6일 평안남도 대동군 남촌리에서 태어났다. 1909년 소학교를 졸업한 그는 도산 안창호 선생이 설립한 평양대성학교에 입학했고, 평양고등보통학교를 거쳐 1917년 경성의학전문학교에 입학해 1921년 의학사 학위를 받았다. 그해 4월부터는 도쿄제국대학 의학부 병리학교실에서 연구를 시작했다. 당시 일본에서는 독일에서 의학을 공부한 사람들이 의학 분야의 실권을 장악하고 있었고, 교육과 연구가 독일 의학 위주로 이루어지고 있었다. 이에 이석신은 독일에 가서 선진 의학을 직접 경험해보기로 결심하고, 1921년 9월 경성의전 동기생인 이성용, 메이지대학 법과 졸업생인 김준연 등과 함께 유학길에 올랐다.

1922년 4월 베를린 의과대학에 입학한 이석신은 1926년 5월에 졸업했다. 그는 세계적인 병리학자인 루돌프 피르호(Rudolf Virchon)의 제자 루바쉬(Otto Lubarsch, 1860-1933)가 운영하던 병리학 연구소에서 생화학을 연구했고, 1926년 10월, 「당 분해 작용에 대하여(Ueber Glykolyse)」라는 논문으로 의학박사학위(Doctoris Medicinae)를 취득했다. 또한 1926년 5월부터 1927년 8월까지 베를

이석신 교수의 생화학 실습(1930)

린 국립병원에서 조수로 재직했다. 1928년 2월에는 경성제대 의학부에서 의학부 조수로 일하기 시작했고, 4월에 세브란스의전의 생화학(당시 의화학) 및 생리학 강사로 임명되었으며, 이듬해에는 이화전문학교의 영양학 및 생리학 강사로 임명되었다. 1928년 그가 생화학을 담당하기 시작하면서, 1912년부터 생리학과 생화학을 담당해왔던 반버스커크는 생리학만을 맡게 되었다. 이석신은 1931년 조교수로 임명되었고, 그해 12월에는 교토제국대학에서 의학박사 학위를 받았다. 그는 독일 유학 시절부터 청렴결백, 책임 완수, 시간 엄수, 근면 등을 생활신조로 삼았고, 그래서 독일인들보다 더 철두철미하다는 평가를 받았다. 세브란스에서도 늘 묵묵히 연구와 교육에 헌신하는 나날을 보냈던 이석신은 1944년 12월, 뇌출혈이 재발해 47세의 짧은 생애를 마감했다.

알렌은 제중원에 격리병동과 전염병사를 마련하고
해관의 검역의사로 활동했을 정도로 전염병 관리에 관심이 많았다.
헤론은 방역활동 중에 이질에 감염되어 사망했으며,
에비슨은 조선 정부의 방역책임자로 임명되어
콜레라 방역을 성공적으로 지휘했다.
식민지 시기에는 경성부민들의 자발적인 기부금으로
세브란스병원 내에 전염병동이 건립되기도 했다.

세브란스병원과 전염병 관리

> 콜레라는 악귀에 의해서 발병되지 않습니다. 그것은 세균이라 불리는 아주 작은 생물에 의해서 발병됩니다. 만약 당신이 콜레라를 원치 않는다면 균을 받아들이지 않아야 합니다. 지켜야 할 것은 음식은 반드시 끓이고, 끓인 음식은 다시 감염되기 전에 먹기만 하면 됩니다.
>
> – 1895년 방역 포스터의 일부

제중원과 방역행정

서양식 근대병원이 기존 전통식 병원과 근본적으로 달랐던 것 중 하나는 병원에 전염병실과 격리병동이 설치되었다는 점이다. 제중원 역시도 예방접종실, 전염병실, 격리병동 등을 별도로 설치해 전염병 환자가 내원했을 때 적극적으로 대응할 수 있는 시스템을 구축하고자 했다.

　그러나 알렌과 헤론이 활동하던 1880년대는 세균설이 서양 의학에서 우위를 점하지 못하고 있었고, 현미경 검사나 세균 검사 등이 아직 본격화되지 않았던 시기였다. 따라서 의사들은 원인균 검사를 면밀히 진행하기보다는 환자의 임상증상을 분석하고 주변 환경을 청결하게 유지하는 데 관심을 기울였다.

　개항 이후 해항 검역의 필요성이 대두되자 정부는 1885년 8월, 제중원 원장 알렌을 해관 총세무사 부속의사로 임명했다. 그러나 알렌은 제중원 원장으로서 책임을 다해야 했기 때문에, 인천이나 부산 등지에서 시행되는 실질적인 검역 업무를 담당하기엔 무리가 있었다. 아울러 1886년 「온역장정」을 발표하는 등 해관 총세무사가 검역행정을 추진했음에도, 간섭을 우려한 외세의 반발로 방역이 실효성을 갖기가 어려웠다.

　방역에 대한 본격적인 관심은 1894년 갑오개혁 정부에 의해 시작되었다. 이 시기 정부는 내부아문 산하에 위생국을 설치하고, 전염병 관리와 의료인 및 약품 관리 등을 담당하게 했다. 이듬해 콜레라가 크게 유행하자 내부대신 유길준은 콜레라 방역을 위해 당시 제중원 원장이었던 에비슨을 방역위원장으로 임명하고, 방역행정에 필요한 각종 경비를 지원했을 뿐만 아니라 경찰을 직접 지휘할 수 있는 권한까지 부여했다. 에비슨은 신분의 고하를 막론하고 철저한 방역을 시작했고, 이때 백정 박성춘을 구했다. 그 인연으로 박성춘의 아들 박서양은 세브란스병원의학교 제1회 졸업생이자 한국 최초의 면허의사가 될 수 있었다. 또한 1890년대 이후부터 서양 의

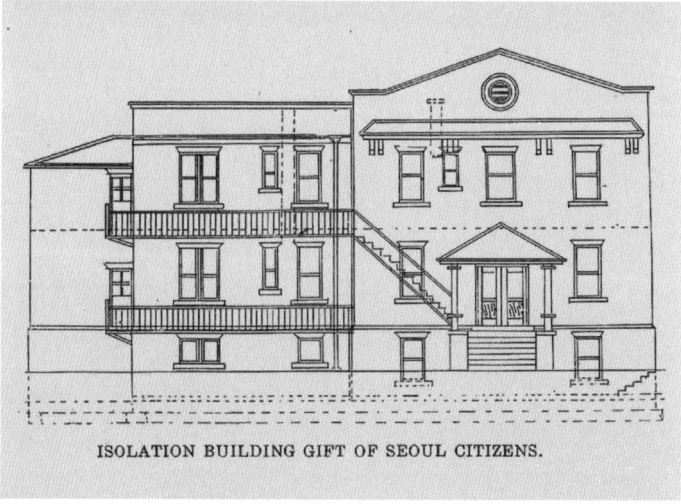

세브란스병원 경성부민기념병실(1926)과 경성부민병실 도면

학계에서 세균설이 점차 우위를 차지함에 따라 한국에서도 현미경 검사 등이 보편화되기 시작했다. 에비슨의 보고에 따르면, 이 시기에 구리개 제중원에서 현미경을 통한 가래 검사가 실시되었다. 정부의 전폭적인 지원 속에서 콜레라 유행은 단기간 내에 통제될 수 있었으며 에비슨은 경찰력의 활용, 차별 없는 방역, 현미경 분석 등을 바탕으로 방역사업을 성공적으로 이끌 수 있었다.

병원공간의 변화

알렌이 재동 제중원의 병원공간을 정비할 때 가장 신경을 쓴 것은 한국식 전통 가옥의 배치와 재구성 문제였다. 전염병실은 별채에 별도로 마련했으며, 각 병실은 온돌방으로 운영했다. 온돌방은 환자를 관리하는 데 불편한 점이 많았지만, 일단은 한국인들에게 친숙하다는 장점이 있었고, 당장 침대를 마련하기 어려운 점을 고려해 결정되었다. 그러나 장기적으로 보면 온돌방이 환자와 병실을 청결하게 관리하는 데 방해가 되었기 때문에 개선할 필요가 있었다.

재동에서 구리개로 이전하면서 제중원 병원공간의 형태와 운영에는 큰 변화가 생겼다. 병상 규모는 재동 제중원과 마찬가지로 40병상이었다. 그러나 구리개의 병원 부지는 재동의 최소 2배에서 최대 5배에 달할 정도로 공간의 여유가 있었다. 따라서 구리개 제중원에는 32명의 병원직원이 거주할 공간과 의료진들의 사택까지 지을 수 있었고, 전염병동 역시 일반진료실과 일반병동으로부터 더

마포검역소 전염병 관리(1919)

먼 지점에 운영하는 것이 가능해졌다. 병실에서 침대를 사용하기 시작한 것도 이때부터였다.

세브란스병원의 건립과 방역

1904년 세브란스병원의 개원은 병원공간과 전염병 관리에 획기적인 변화가 있었던 시기였다. 이전과 마찬가지로 40병상 규모로 설계되었으나 지하 1층, 지상 2층으로 이루어진 300평 규모의 건물로, 대기실과 진찰실, 실험실, 수술실, X-선실, 약국, 세탁실, 남녀 화장실과 목욕실 등 다양한 시설들이 구성되었다. 또 건물 전체에 중앙공급식 난방이 설치되어 병원 전체가 같은 온도로 유지되었고, 급수관에서는 사시사철 더운물과 찬물을 공급받을 수 있었다. 병원 본관은 진료와 수술을 위한 최적의 시스템을 구축했다. 정신질환과 전염병 관리를 위해서는 별도의 건물을 지어야 했는데, 그 비용은 루이스 세브란스와 그 자녀들의 기부금으로 충당되었다.

식민지 시기 본격적인 전염병 관리는 식민 당국이 관리하는 순화원이라는 전염병 전문병원을 통해 이루어졌다. 그러나 수용할 수 있는 인원이 많지 않았고, 강압적인 전염병 관리 방법도 문제였다. 이에 1920년 경성부민들은 시민 스스로 전염병을 관리할 수 있는 병원을 건립하기 위한 자발적인 모금운동을 전개했는데, 이른바 사립피병원 건립운동이다. 그러나 부지 선정 등의 문제로 사립피병원 건립운동이 좌초될 위기에 직면하자, 경성부민들은 이 병원을 세브란스병원 부지에 건립하기로 의견을 모았다. 세브란스병원 경성부민기념병실은 그렇게 시민들의 자발적인 기부로 만들어졌다.

유준 교수는 1947년 세브란스의과대학에
미생물학교실을 창설하고 33년 동안 재직하면서
교육과 연구활동에 매진했으며, 특히 한센병의 진단법과
치료법 개발로 세계적인 주목을 받았다.
그는 의학자뿐 아니라 한센병 퇴치를 위한 활동가로도 활약했다.

한센인의 대부
유준

세브란스병원 특수피부진료소의 설립

1959년 5월 9일, 세브란스병원 구내에 특수피부진료소라는 특별한 진료시설이 들어섰다. 4층 규모의 최신식 건물로, 세계기독교선명회의 지원을 받아 건축에만 1년여의 시간이 소요되었다. 이곳은 한센병 환자만을 전문적으로 치료하기 위한 시설로, 책임자는 유준(柳駿, 1916-2015) 교수였다. 이처럼 대학병원 내에 한센병 환자만을 위한 진료소가 개설된 것은 국내 최초의 일이었다. 그동안에는 서울 한복판에서 한센병 환자를 적극적으로 수용하고 치료하려는 시도가 없었기 때문이다. 당시까지만 해도 한센병 환자에게 강제수용법이 적용되어 일반 외래 치료는 금지되어 있었다. 유준 교수는 이러한 금기에 도전했다. 정부도 10만 명에 이르는 한센병 환자의 치료를 그대로 방치할 수만은 없었기에 마침내 진료소 건립을 허가했다. 세브란스병원 특수피부진료소는 한센병 환자의 재가 치료를 위한 우리나라 첫 공인기관이었으며, 1980년 폐쇄되기까지 20여 년 동안 한센병 환자의 치료를 도왔다.

대한나관리협회 고문인 유준 박사(77)가 50년 이상 나병 연구와 나환자의 사회적 재활 등에 헌신한 공로로 인도 정부가 수여하는 1994년도 국제간디상 수상자로 선정됐다고 국제간디상위원회가 5일 보사부에 알려왔다. 국제간디상은 세계적 평화주의자인 간디를 기리기 위해 인도 정부가 제정한 상으로, 지난 1986년부터 2년마다 인도인 1명과 외국인 1명에게 수여하고 있으며, 시상은 세계 나병의 날인 오는 30일 인도 대통령이 직접 한다. 유 박사는 경성의전을 졸업하고 연세대 의대 교수, 대한나예방협회 초대회장, 영남대 총장 등을 역임했으며, 나병 치유의 기본 방향인 3대 원칙(육체, 정신, 사회경제 재활)을 세운 것으로 널리 알려져 있다.   - 『동아일보』(1994년 1월 6일자)

한센병 연구

1916년 충남 천원군(현 천안시) 광덕면에서 출생한 유준 교수는 배재고보를 거쳐 1941년 경성의학전문학교를 졸업했다. 경성의전 재학 시절 소록도를 방문했던 그는 당시 한센병 환자들의 비참한 삶을 목격하고 한센병을 연구해 환자들을 질병의 고통에서 구제하고 싶다는 열망을 품었다. 유준 교수는 이를 위해 졸업 후 일본 규슈대

세브란스병원 특수피부진료소(1959. 5. 9)

세브란스병원은 한센병 환자만을 위한 특수진료소를 설립·운영했다. 왼쪽부터 유준 교수, 기독교선명회 밥 피어스 목사 순이다.

학 의대 세균학교실에서 한센병을 중점적으로 연구했고, 해방 이후에는 서울대학교 의과대학 내과와 세균학교실을 거쳐 1947년 세브란스의과대학으로 자리를 옮긴 뒤 미생물학교실을 창설했다. 한센병 연구에 대한 그의 의지는 1952년 일본 규슈대학에서 취득한 세균학 의학박사 학위와 1955년 미국 UCLA에서 취득한 미생물학 이학박사 학위에서도 잘 드러난다. 학문 분야 역시 한센병의 조기 진단을 위한 세균학적 연구, 한센병 치료제 개발, 나균 및 결핵균 같은 항산균 연구에 적합한 실험동물 개발 등 한센병과 관련된 것이었다. 특히 1956년에는 유씨 진단법(Lews Method)을 고안해 한센병의 조기진단법을 제시했으며, 이것은 이후 한센병 조기진료의 필수 과정으로 채택되었다. 아울러 한센병 치료제를 지속적으로 개량해 치료 효과를 향상하는 데도 기여했다. 1968년에는 자신의 연구 영역을 산업미생물학 분야까지 확대하고 각종 균주의 개발, 수집 보존 및 분양 등을 통해 미생물학의 체계적 연구와 발전 가능성을 보여주고자 했다.

한센인 정착사업과 성과

유준 교수는 의사가 되면서 한센병 연구를 평생의 과제로 삼았을 뿐 아니라 한센병에 대한 사회적 편견과도 맞서 싸웠다.

나환자는 죄인이 아니다. 나병은 불치병이 아니다. 나환자도 환자고,

미생물학실습 지도 중인 유준 교수(1950)

뒷줄 안경 쓴 사람이 유준 교수다.

위-유준 / 아래-국제간디상 수상 기념강연(1994. 3)

왼쪽에서 세 번째가 유준 교수다.

인간이고, 시민이다. 또 하나님의 아들, 딸이다. 그러니 병든 인간으로서, 병든 시민으로서 누구나 치료와 간호를 받을 권리가 있어야 한다.

당시 한센병은 일종의 천형으로 여겨져서, 환자가 되는 순간부터 가족과 사회에서 버림을 받았다. 또 완치되더라도 신경이 손상되어 손이 갈고리 모양으로 변하거나 얼굴 변형이 오기 때문에, 단순한 신체장애자가 아니라 마치 신에게 버림받은 존재처럼 여겨지기도 했다. 이에 유준 교수는 기회가 있을 때마다 한센병은 불치병이 아니며, 환자들이 인간으로서 권리와 존엄성을 존중받아야 한다고 강조했다. 더 나아가 그는 한센인의 사회적 재활을 돕기 위해서는 한센인 정착사업이 필요하다고 보고 실행에 나섰다. 하지만 한센인 정착사업은 초기부터 수많은 장벽에 부딪쳐야 했다. 한센병 전문가들조차 환자에게 일을 시킨다며 비난했고, 자기 마을 주변에 정착촌을 건설하지 말라는 야유와 협박도 끊이지 않았다. 1948년 처음 시작된 유준 교수의 한센인 정착사업(일명 희망촌사업)은 한국전쟁으로 일시 중단되었다가 1960년대에 본격적으로 재개되었다. 한때 100여 개에 달하는 정착촌에서 한센인들은 양계·양돈사업을 통해 재활에 성공했고, 이는 세계적인 모범사례로 거론되기도 했다. 유준 교수는 이러한 업적을 국제적으로 인정받아 1994년에 국제간디상을, 1995년에는 다미앵-듀튼상을 수상했다.

이응렬은 세브란스 병리학의 중흥을 이끈 선구자였다.
한국 최초로 종양 통계 논문을 발표해 학계의 주목을 받았으며,
대한병리학회의 창설을 주도했다.
그리고 해방 후에는 세브란스 병리학교실의 주임교수로서
병리학 분야의 교육과 연구를 이끌었다.

암 연구의 신기원을 연 한국 병리학의 선구자 이응렬

세브란스의 암 연구

현대인에게 가장 흔하게 발생하는 암은 현재 사망 원인 1위를 차지하는 무서운 질병이다. 그럼에도 암이 세계인의 관심 질병으로 부각된 시점은 20세기 이후다. 한국인의 암에 대한 최초의 학술보고는 세브란스연합의과대학 외과학교실의 러들로 박사에 의해 이루어졌다. 그는 1922년부터 암종에 관한 데이터를 구축하기 시작해 1929년 중화의학잡지 *The China Medical Journal*을 통해 한국인의 암 발병률 통계를 보면 남녀 모두 위암이 가장 많이 발병한다고 보고했다. 이후 세브란스 병리학교실은 종양 등록사업을 본격적으로 시작해 암 연구를 위한 기초 데이터와 표본 등을 체계적으로 수집했다. 이를 기초로 1933년 병리학교실의 최동이 악성종양에 대한 연구 결과를 발표했다. 병리학교실의 이응렬(李應洌, 1914-1947)은 15년 동안 전국 각지에서 수집한 3,254례의 종양 표본을 검토해 1942년 일본의 암연구회지『암』에 발표했다. 특히 한국 종양 통계의 효시를 이룬 이응렬의 연구는 학계의 큰 주목을 받았다. 이와 같이 세브란스병원은 한국의 암 연구와 암 등록사업을 시작한 최초의 기관이며, 이를 학술적으로 체계화한 이는 이응렬이다. 이후 1958년 대한암연구회가 조직됐고, 1980년이 지나서야 비로소 국가 암등록사업이 시작되었다.

불꽃 같은 삶을 살다

이응렬은 1914년 5월 경상북도 대구에서 이종영과 정복희의 5남 2녀 중 4남으로 태어났다. 그의 조부 이관준과 부친 이종영은 영남을 대표하는 한학자였으며, 특히 부친은 위정척사파의 일원으로 민족정신이 투철했다. 그러나 자녀들에게는 법학·영문학·의학 등 다양한 근대학문을 경험하게 하는 열린 정신의 소유자였다. 이런 분위기에서 성격이 온순하고 근면한 이응렬은 의학도의 길을 걷게 되었다. 세브란스의전에 진학한 후 그는 미술, 체육, 문학 등 여러 방면에서 재능을 보였다. 학창 시절에 그가 가장 관심을 보였던 과목은 정신의학이었다. 그러나 절친인 친구 남명석이 정신과 진학을 간절히 원하는 데다가 멘토였던 정신과 이중철 교수가 사직하자, 1938년 졸업 후 이응렬은 병리학을 선택했다. 당시 세브란스 병리학교실은 윤일선 교수의 지도로 전성기를 구가하고 있었고, 이응렬은 타고난 성실함과 근면함으로 윤일선 교수의 신임을 받아 교실 운영과 살림을 도맡았다.

해방 이후 윤일선이 경성대학 의학부장으로 전임하자, 윤일선에 이어 이응렬은 병리학교실의 주임교수가 되었다. 그는 1946년에는 교토제국대학 의학부에서 박사학위를 받았으며, 매년 3-4편의 논문을 꾸준히 발표할 정도로 연구에 매진했다. 그러나 유감스럽게도 1947년 4월 이응렬은 지병인 폐병이 과로로 악화되어 세상을 떠나고 말았다. 그의 나이 불과 서른셋이었다.

이응렬

혈흔

내 눈에 등잔불을 키고

다시금 날카로운 이빨을 윤나게 닦았다

그리고 모-진 숨길을 죽이고서

너를 닷새나 담모퉁이 그늘에 파수질했다

너에게는 몹시도 불행 날

앙칼진 발톱이 네 다리를 겨눌 때

너의 비명은 나에게 미소를 가져왔고

네 애미의 애원에 가득찬 눈초리를 담구녕 속에 보았노라

그러나 그는 너를 구하려 뛰어나오지는 않았었다

위-이응렬의 유고 『병리학원론』(1956) /
아래-병리학 실험실에서

뇌곤한 빗방울소리

땅위에 떨어진 세 방울의 피

- 계간 문학동인지 『요람』 제3집(1939)에 발표된 이응렬의 시

거룩한 학구를 위하여 생명을 바치다

이응렬은 서른셋의 꽃다운 나이에 요절한 탓에 세상에 남긴 것이 그리 많지 않았다. 문학에 심취해 해연(海燕)이라는 필명으로 문단에 발표한 2편의 시와 사망 전 8년 동안 발표한 26편의 논문이 전부였다. 학문에 대한 집념과 열정을 이해한 이들은 가족과 친구들이었다. 젊은 나이에 남편을 잃은 아내 이은숙은 남편을 따라 의업을 잇고자 의과대학에 진학했고, 한국전쟁의 난리통에도 학교에 찾아가 남편의 미발표 원고를 되찾아오는 지극한 정성과 열정을 보였다. 또한 친구 남명석은 이응렬의 유고가 된 『병리학원론』(1956)의 발간을 도왔다. 친구들은 아쉬운 마음을 담아 그의 묘비에 "거룩한 학구를 위하여 생명을 바친 故友(고우)의 영혼 영원히 빛나리"라는 문구를 새겼다. 짧았던 그의 생애는 묘비명대로 지금도 빛을 발하고 있다.

홍석기는 1950년대 후반
생리학의 불모지나 다름없던 한국에 돌아와
세계적인 생리학자로 성장했다.
밤낮으로 연구와 교육에 매달린 그는 잠수생리학 분야에서
독보적인 의학자가 되었다.

잠수생리학 분야의 세계적인 의학자 홍석기

1912년 4월, 뉴욕으로 향하던 영국의 호화여객선 타이타닉호가 북대서양에서 침몰했다. 이 사고에서 살아남은 승객은 2,200여 명 중 711명에 불과했다. 승객 대부분은 저체온증으로 사망했다. 이후 많은 사람들이 저체온증에 대해 관심을 가졌지만 연구를 진행하기는 쉽지 않았다. 사람의 목숨이 달린 일이었기 때문이다. 이 분야를 본격적으로 개척해 세계적인 석학이 된 이가 바로 홍석기(洪碩基, 1928-1999)다.

미 국무성 연구비로 수중호흡과 체온 조절 연구

1960년대 미 국무성은 해저 개발과 내한성 연구 등을 통해 경제적·군사적 필요에 대응하고자 했다. 특히 수중호흡과 저체온증

홍석기

에 관한 연구는 전시 해상침투나 탈출 등에 요긴한 자료여서 미 공군이나 해군에서 핵심연구로 지목되었다. 홍석기는 미국에서 생리학 박사학위를 취득한 후 호흡생리학과 내한성에 관한 기초연구, 특히 제주 해녀들의 독특한 수중호흡법과 내한력에 주목했다. 제주 해녀들은 15초 동안 수중에 있다가 30초 동안 물 위에서 쉬면서, 1시간 평균 60회 정도 잠수를 하며 하루에 4시간 동안 작업한다. 그런데도 신체적으로 아무런 문제가 없었다. 홍석기는 그 비법이 심호흡을 하지 않는 데 있었다고 판단했다. 심호흡을 하면 질소 압력이 높아져 위험을 초래할 수 있는데, 제주 해녀들은 독특한 호흡법으로 적당히 탄산가스를 유지하면서 생리학적인 균형을 유지했던 것이다. 또한 그는 제주 해녀들이 찬 바다에 입수할 때 카데고민이라는 호르몬이 분비되어 에너지 소모를 막고 혈액이 표피정맥이 아닌 심부정맥으로 흘러 체열의 방사를 줄이는 생리적 특성을 보인다는 점을 발견했다. 이러한 홍석기의 연구 결과는 독보적인 것이었고, 미 국무성 등은 그에게 9년 동안 10만 달러의 연구비를 계속 지원했다. 1960년대에 미국 정부가 개인 연구자에게 이렇게 많은 연구비를 지원한 것은 전무후무한 일이었다. 한국 해녀들의 수중호흡과 체온 조절에 관한 홍석기의 연구는 미국의 저명 잡지에 발표되는 등 세계적인 주목을 받았다.

모든 것을 자기 능력으로 해결할 수 있어야 한다

홍석기는 1949년 세브란스의과대학을 졸업하고 위생학교실에서 심상황 교수의 지도로 한복이 체온·습도 조절 등에 미치는 영향에 대해 연구했다. 1953년 미국 뉴욕주 로체스터대학교 생리학과 대학원에 입학해, 세계적인 석학 아돌프 교수의 지도로 1956년 생리학 박사학위를 받았다. 그는 졸업과 동시에 버팔로 뉴욕주립대학 조교수로 임용되어 이 대학 역사상 최연소 교수가 되었다. 3년 후 홍석기는 귀국해 세브란스 생리학교실 제4대 주임교수로 부임했다.

미 국무성의 지원을 받아 세계적인 연구를 수행하자 홍석기는 국제 생리학계의 주목을 받기 시작했다. 그는 이 기회를 타교 출신들에게도 적극 개방해 한국의 생리학 연구가 개방성과 국제성을 갖도록 노력했다. 또 1964년 도쿄올림픽을 앞두고 각종 기록 경신을 위해 운동선수들의 심폐기능과 생리학적 변화 등에 관한 체계적인 연구가 필요하다는 점을 설득해 대한체육회에 체력관리분과위원회를 설치하는 등 스포츠의 과학화와 스포츠생리학의 보급에도 기여했다.

홍석기의 연구와 교육이 후배들에게 남긴 가장 큰 유산은 세브란스에서 세계적인 연구를 수행할 수 있다는 자신감을 주었다는 점이다. 그는 많은 세브란스인들에게 정신적인 멘토이자 롤 모델이 되었다. 동생인 홍완기(연세의대 1967년 졸업, MD 앤더슨 암센터 교수)가 두경부암의 세계적인 권위자가 된 것도 그와 무관하지 않다. 홍석기는 제자들에게 "모든 것을 자기 능력으로 해결할 수 있어야 한다"는

위-생리학 실험 실습 중인 홍석기(1965, 왼쪽에서 여섯 번째) /
아래-연구실의 홍석기(1968)

점을 가장 강조했다. 그에게 연구 주제를 받은 학생은 스스로 문제를 해결할 때까지 밤낮으로 자신의 연구에 몰두해야 했다. 문제를 해결하기까지 고통은 이루 말할 수 없었지만, 문제를 스스로 해결하고 난 후의 성취감은 그 어느 것과도 비교할 수 없었다. 게다가 제자들로서는 세계적인 학자와 연구를 수행한다는 보람과 자부심도 컸다.

홍석기는 1969년 하와이대학 생리학교실로 이직했다가 1975년에는 버팔로 뉴욕주립대학교 생리학교실로 되돌아갔다. 버팔로 뉴욕주립대학교는 잠수생리, 고압생리, 스포츠생리를 한곳에서 연구할 수 있는 이상적인 곳이었다. 그는 미국·일본·한국 등 생리학계의 최우수 연구상과 공로상 등을 휩쓸었으며, 버팔로 뉴욕주립대학교는 그를 최우수 교수로 추대하기도 했다.

제중원 개원 이래 실시된 간호교육은
1906년 9월 세브란스병원에
간호부양성소가 설립되면서 본격화된다.
세브란스병원 간호부양성소는
1910년 첫 졸업생을 배출한 이후,
간호사 양성의 요람이 되었다.

세브란스의
산파·간호교육

제중원과 세브란스의 간호교육

미북장로회는 에비슨의 요청으로 1895년 4월 한국 최초의 간호사 애나 제이콥슨(Anna P. Jacobson, 1868-1897)을 파견했다. 그러나 제이콥슨이 간농양 수술을 받고 2년 만에 사망해 고대하던 제중원의 간호교육은 실시되지 못했다. 한국 최초의 정규 간호교육은 1903년 12월 미국북감리회의 마가렛 에드먼즈(Margaret Edmunds, 1871-1945)에 의해 '보구녀관 감리교 간호원양성학교'에서 시작되었다. 보구녀관은 간호교육을 시작한 지 5년 만인 1908년 11월 5일 처음으로 김마르다와 이은혜 2명의 졸업생을 배출했으나, 1912년 동대문으로 이전하면서 간호교육이 중단되었다.

세브란스에서는 1906년 9월 에스더 쉴즈(Esther. L. Shields, 1868-1940)에 의해 3년제 '세브란스병원 간호부양성소'가 개설되었고, 1907년 5명의 처음으로 입학했다. 1910년 6월, 세브란스병원 간호부양성소는 첫 졸업생 김배세를 배출했다.

한편, 통감부 설치 이후 일본인 의사들이 합류하면서 서양식 병원으로 성격이 바뀐 광제원에 1906년 일본인 간호사 3명이 합류했다. 1905년 개원한 대한국적십자사병원에는 간호졸감원이라는 직책이 있었는데 모두 간호 경력이 없는 남성이 임명되었다. 1907년 설립된 대한의원은 간호사와 산파 양성 과정을 설치했고, 한국인 간호 견습생들이 활동했다. 하지만 간호 견습생들은 학생이 아니었기 때문에 졸업으로 이어지진 못했다. 1910년 대한의원 부속의학교가 설립되고 2년제 간호과와 산파과가 설치됨에 따라 1911년 3월, 처음으로 간호과 졸업생을 배출하게 되었다.

제중원과 세브란스병원의 산파교육

1914년 조선총독부는 「간호부규칙」과 「산파규칙」을 반포해, 간호사와 산파의 면허제도를 실시했다. 보통 2년여 '간호부 과정'을 마친 후 1-2년 동안 산파 과정을 마쳐야 산파면허를 받을 수 있었다. 사립학교 출신들은 2년 과정을 마쳤다 해도 별도의 면허시험을 통과해야 했기 때문에 사립학교 간호 및 산파교육의 최대 목표는 총독부지정학교가 되는 것이었다.

1923년 쉴즈에 이어 세브란스의전 부속병원 산파간호부양성소 제2대 소장으로 취임한 로렌스(Edna M. Lawrence, 1894-1973)는 교

1908년 11월 제1회 가관식 기념사진

세브란스병원의학교 부속 간호부양성소의 7명의 간호 학생, 왼쪽 앞줄에서 두 번째가 김배세다.

육이념과 교육과정 정비에 심혈을 기울였다. 그 결과, 세브란스병원 산파간호부양성소는 1924년 총독부지정학교가 될 수 있었다. 또한 세브란스병원 산파간호부양성소는 총독부의원 산파 및 간호부양성소와 달리 졸업 후에 산파면허와 간호부면허를 동시에 받을 수 있었다. 1932년 세브란스의전 부속병원 산파간호부양성소가 4년제로 전환되면서 졸업생들은 시험 없이 일본제국에서 통용되는 면허를 동시에 받을 수 있었다.

일제강점하 산파 및 간호교육의 의미

근대적 간호교육을 받은 여성들은 이미 한국 사회에서 직업교육의 선구자이자 사회계몽의 지도자였다. 간호면허를 가진 것만으로도 경제적인 독립과 자유로운 사회활동을 보장받았다. 그러나 3·1운동 시기 세브란스병원에서 독립운동에 참여했던 간호학생 정종명은 그 이상의 자유를 원했다. 산파면허가 있으면 독립적인 조산원 개원이 가능했기 때문에 정종명은 졸업 후 누구보다도 산파가 되길 희망했다. 간호학교 졸업생들은 간호면허와 산파면허를 바탕으로 사회운동과 여성운동의 선구자로 살아갈 수 있었다. 세브란스의 간호 및 산파교육은 한국 여성들에게 전문직 여성으로 활동할 수 있는 고등교육의 기회와 경제적 독립을 제공했다는 점에서 역사적인 의미가 깊다고 할 수 있다.

위-세브란스의전 부속 세브란스병원 산파간호부양성소 졸업증서
(이희춘, 1933) / 아래-세브란스 간호부양성소 졸업 기념사진(1918)

가운데 앉은 이는 캠벨 교수, 뒷줄 네 번째가 에스더 쉴즈 간호부양성소 소장이다.

일제는 아시아 침략을 본격화하면서 이를 정당화하기 위해
'모든 사람을 평등하게 대우한다(一視同仁)'라는 의미로
동인회(同仁會)라는 의료단체를 조직하고,
동아시아 각국에 동인의원을 설립해 의료활동을 전개했다.
우리나라에는 평양·대구·용산 등 철도 중심지에 동인의원을 세우고
철도국과 긴밀한 협조관계를 유지했다.
이러한 동인회 활동의 정점은 대한의원의 건립이었다.

일본 제국주의의 최첨병, 동인회와 동인의원

동인회의 창립

동인회는 1902년 6월, "중국, 한국 및 기타 아시아 각국에 의학 및 그에 수반하는 기술을 보급하고, 피아 인민의 건강을 보호하고 병고를 구제한다"는 목표를 내걸고 도쿄에서 창립되었다. 1946년 2월 연합군 총사령부의 명령으로 강제 해산되기까지 동인회는 20세기 전반기에 동아시아 각국에서 의료활동을 전개했다. 동아시아 인민들의 병고를 구제한다는 설립 취지만 본다면 동인회가 보편적인 인류애를 실천하는 단체라고 간주하기 쉽다. 하지만 동인회는 순수한 민간단체가 아니라 정부지원금을 받아 일제의 군사침략정책을 보조하는 역할을 수행했다.

한국에서는 1904년 2월 경부철도 설립 과정에서 철도 촉탁의를 파견한 이래로, 통감부의 식민지배를 적극적으로 지원했다. 동인회는 1906년 12월 평양 동인의원, 1907년 2월 대구 동인의원, 1907년 12월 용산 동인의원 등을 개설해 일제의 식민지배를 지원했다. 동인회의 일차적인 목표는 철도 교통로를 중심으로 한 일본 거류민들의 치료와 건강 보호였으며, 이를 통해 일제 식민지배의 안정화를 도모하고자 했다. 또한 동인의원의 조선인 치료는 조선인을 회유하고 일본의 선진문명을 선전하는 수단이 되기도 했다.

이토 히로부미와 사토 스스무

이토 히로부미(伊藤博文, 1841-1909)는 식민지 위생의료 사무를 강화할 목적으로 대한의원을 구상하고, 동인회 부회장인 사토 스스무(佐藤進, 1845-1921)를 초빙했다. 사토의 초빙은 통감부와 동인회의 협력관계가 최고조에 이르렀음을 시사한다. 동인회는 사토의 초빙이 위생통감의 직책을 수행하는 것과 같다고 의미를 부여했다. 사토 스스로도 자신의 역할이 단순히 병원장으로서 직책을 수행하는 것이 아니라 조선의 문명개발을 선도하는 데 있다고 생각했다. 즉 사토가 주도하는 대한의원은 조선의 빈곤자를 치료하는 활동을 통해 통감부의 조선 지배를 원조한다는 것이 공식적 목표였다. 그러나 실제로 대한의원은 조선 내 일본인들을 위한 병원이었다. 조선인들은 고가의 진료비를 감당할 수 있는 사람만이 치료받을 수 있었고, 무료 시료환자가 되려면 일정한 조건을 충족해야만 했다.

이토와 사토의 동거는 오래가지 못했다. 1909년 2월, 이토는

위-대한의원 기념엽서 / 아래-대한의원 낙성식 기념엽서

대한의원 기념엽서의 인물은 사토 스스무이다.

구 용산철도병원(1910년대)

사토를 면직시키고 대한의원 설립 초기 임명되었던 동인회 인사들도 대대적으로 면직시켰다. 같은 해 12월에는 자혜의원을 설치해 동인의원을 이관시켰으며, 이후 1910년 조선총독부 설립을 계기로 동인회 인사들을 대거 면직시키고 군의들을 임명하면서 사토와 완전히 결별했다. 이토와 사토의 결별은 식민지 조선에서 민간을 배제하고 군경 위주의 무단통치를 시작할 것임을 예고하는 것이었다.

용산 동인의원과 그 유산

동인회가 철수하고 동인의원이 자혜의원으로 이관되면서 동인회의 한국 활동은 사실상 종결되었다. 그러나 경부선, 경인선, 경의선 철도의 중심지로서 용산 동인의원은 여전히 유지될 가치가 있었다. 이에 사사키 요모시(佐佐木四方志)가 용산철도병원장에 임명되었다. 사사키는 1906년 2월 동인회의 주선으로 광제원 의장(진료부장)을 담당한 바 있다. 사사키는 광제원을 장악해 기존 한의들을 몰아내고 일본인 의사들을 임명했다. 이에 따라 기존 한방병원이었던 광제원이 일제의 식민의료기관으로 탈바꿈하게 되었다. 곧이어 사사키는 대한의원의 창설위원, 위생부장 등에 임명되었다. 한국병합 후 동인회 인사들이 면직되는 가운데 용산철도병원장에 임명된 사사키는 용산철도병원이 조선총독부 철도국 산하 직영체제로 재편되는 1926년까지 병원장의 직책을 수행했다. 사사키가 계속해서 병원장 직책을 유지할 수 있었던 것은 용산철도병원이 단순히 철도 종사자의 치료만을 담당하는 데 그치지 않고, 용산 지역의 일본군과 일본인들을 위한 지역거점 병원으로서 역할을 충실히 수행한 덕분이었다.

'빛으로 인도하는' 안과에 관심을 보였던
다른 의료선교사들과 마찬가지로
알렌 역시 동아시아 의료선교를 준비하면서
안과병원에 관심을 두고 있었다.
이에 따라 외과병동 중심으로 개원한 제중원은
얼마 지나지 않아 일반병동과 안과병동 위주로 개편되었다.

제중원과 안이병원

알렌과 외과수술

1884년 12월 4일, 한국의학사에서 서양 의학의 도입을 결정지은 극적인 사건이 발생했다. 갑신정변의 발발이었다. 김옥균·박영효 등의 급진개화파들의 습격을 받은 온건개화파들은 자객의 갑작스런 칼날에 힘없이 쓰러졌다. 민영익 역시 그들 중 한 사람이었다. 무려 13번이나 칼에 찔린 민영익은 곧 묄렌도르프의 집으로 옮겨졌다. 한의사 14명이 민영익을 치료하기 위해 애썼지만, 송진을 바르는 등의 처치로는 민영익을 살려낼 수 없었다. 푸트 공사의 연락을 받고 급히 묄렌도르프의 집으로 달려온 알렌은 자상을 소독하고 출혈 부위를 봉합하거나 붕대로 감싸 지혈했으며, 혈관 1곳을 포함해 총 27곳을 꿰매고 치료했다. 이러한 외과적 시술은 종래의 의술과는 전혀 다른 형태였다. 2개월이 지나고 민영익은 건강을 회복

재동 제중원

흔히 재동 제중원으로 알려진 이 사진은 1934년 경성여자고등보통학교 기숙사로 사용되던 시절에 촬영된 것이다. 그동안 사진 속의 한옥 건물이 제중원의 안과병동으로 사용된 건물인지 특별병동인지를 둘러싸고 학계의 논란이 있었다. 최근 연구에 따르면 이 사진 속의 재동 제중원은 일반병동(왼쪽)과 안과병동(오른쪽)으로 쓰였다는 사실이 재차 확인되었다. 특별병동은 제중원 왼편에 위치한 현 윤보선가의 사랑채에 해당되는 것으로 판단된다.

하기 시작했고, 그로부터 1달 후 완쾌되었다.

이듬해 1월 말 알렌은 조선 정부에 「병원건설안」을 제출하고, 그해 4월 제중원을 개원하기에 이른다. 알렌이 외과시술로 명성을 얻었던 만큼, 제중원은 수술실, 약국, 외과병동, 진찰실, 부인병동 등을 중심으로 구성되었다. 제중원 건물은 전통 한옥이었지만, 수술실과 외과병동을 통해 서양 의학의 장점을 부각했고, 진료공간과 입원공간을 구분하는 등 근대식 병원으로서의 전형적인 공간 배치에도 신경을 썼다. 제중원 주변부에는 전염병실, 일반병실, 특별병실 등을 배치해 규모는 작아도 종합병원 형태를 갖추었다.

외과병동에서 안과병동으로

개원하고 1년 뒤, 제중원의 공간 구성은 크게 달라졌다. 제중원에서 의학교육이 실시됨에 따라 제중원 북쪽에 제중원의학당이 개교했다. 제중원의학당에는 강의실, 화학실험실, 학생 숙소 등이 조성되었다. 내부 공간에도 변화가 생겨 수술실 겸 약국이 외래진찰실로, 외래진찰실이 대기실과 사무실로 변경되었다. 또한 외과병동이 일반병동과 안과병동으로 변경되었고, 일반병동은 예방접종실과 일반병동으로 분할되었다. 하인 처소는 전염병동으로, 환자 독방은 사무실로 변경되었으며 부인병동 앞 나무들이 철거되었다.

예방접종실과 전염병동 개설은 당시 최대의 전염병이 두창(천연두)과 콜레라였다는 점에서 더욱 눈에 띈다. 예방접종실은 두창 예

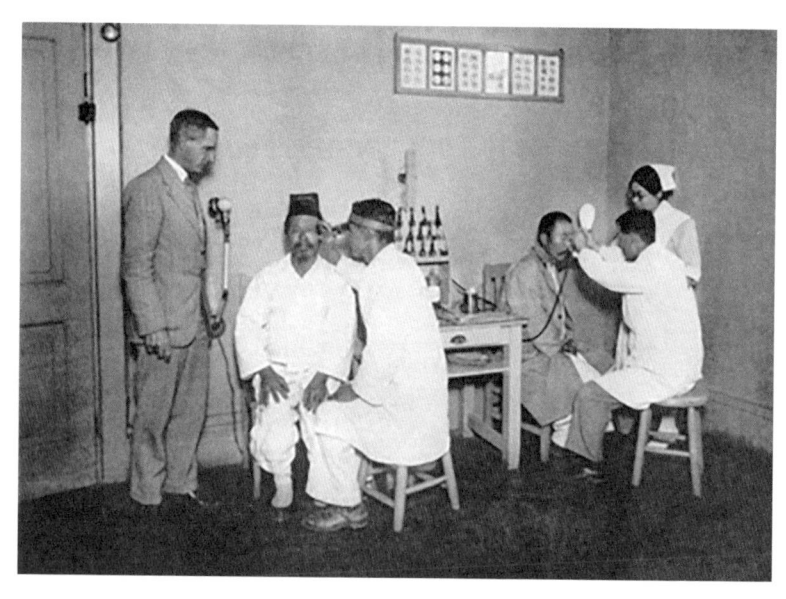

앤더슨 교수의 안과 진료(1932)

방접종을 시행하기 위해, 전염병동은 콜레라에 효과적으로 대응하기 위해 설치되었다. 외과병동을 대신해 안과병동이 설치된 것도 중요한 변화 중 하나였다. 외과수술로 장안에서 명성을 얻은 알렌이 외과병동과 수술실을 축소한 것은 언뜻 이해하기 어렵다. 그러나 이는 외과수술에 신중했던 알렌의 태도와 관련이 있다. 또 당시 한국인의 외과질환 중 안과질환이 차지하는 비중이 적지 않았고, 안과시술은 간단한 치료만으로도 예후가 좋았다. 개원 초기 1년 동안 10건의 백내장 수술을 포함해 35건의 안과시술이 시행되었다. 백내장 수술은 뿌옇게 된 수정체를 제거해 시력 회복을 돕는 시술이다. 백내장 수술에는 수정체 전체를 통째로 제거하는 낭내적출술과 수정체를 감싸는 낭에 들어 있는 수정체 핵만 제거하는 낭외적출술이 있는데, 제중원 개원 초기에는 난이도가 낮은 낭내적출술을 시행했을 것으로 보인다.

세브란스병원과 홍석후

1894년 제중원의 운영권을 선교부로 이관시킨 올리버 에비슨은 초교파적인 연합병원을 건립하고 이를 기초로 의학교육을 정상화하려는 열망을 가지고 있었다. 에비슨을 1900년 4월 뉴욕 카네기홀에서 루이스 세브란스와 만나게 되었는데, 이를 계기로 새 병원 건립 계획이 구체화되었고, 마침내 1904년 9월 23일 40병상 규모의 현대식 병원이 문을 열었다. 바로 세브란스 기념병원이었다.

홍석후 교수의 이비인후과 강의(1929)

10월 4일 세브란스 기념병원의 첫 수술이 이루어졌는데, "빛으로 인도한다(letting in the light)"는 의미로 백내장 환자가 선택되었다.

제중원 시기에 안과가 알렌의 특별한 관심 속에서 발전해나갔다면, 세브란스병원의 안과와 이비인후과는 세브란스병원의학교 1회 졸업생 홍석후(1883-1940)가 주도했다. 그는 에비슨 교장의 의학교과서 편찬을 도왔으며, 졸업 후에는 의학교 교수로 물리학, 세균학, 병리학 등 기초학을 강의했다. 1913년 교파연합에 의한 세브란스연합의학교가 출범하면서 남감리교의 바우만 교수가 안과와 이비인후과 강의를 하게 되었고, 홍석후는 바우만에게 안과와 이비인후과를 수학하고 세브란스병원에 안과와 이비인후과를 정착시키는 데 크게 기여했다.

제중원의학교는 독자적인 의학교과서를 제작해
의학교육을 주도했을 뿐만 아니라
세브란스병원 건립과 연구부 창립을 통해
진료와 연구활동에서도 선도적인 역할을 수행했다.
1924년 세브란스교우회는 국내 최초로
종합 의학잡지인 『세브란스교우회보』를 창간해
정보 교류와 학술 연구 정착 등을 위한
다양한 역할을 수행했다.

일제하의 의학잡지와 『세브란스교우회보』

『세브란스교우회보』의 출간

 교직원·학생·동창생·교직원 등 세브란스의 전·현직 구성원들의 상호 교류와 유대 강화를 위해 1924년 세브란스연합의학전문학교 교우회가 결성되었다. 교우회는 학예부·편집부·운동부·회계부 등을 구성해 교우회 활동을 체계적으로 지원했는데, 그 핵심 활동 중 하나가 『세브란스교우회보(世富蘭偲校友會報, The Severance Bulletin)』의 출간이다. 『세브란스교우회보』는 매년 2-3회 발행된 종합 의학잡지로, 연구논문뿐만 아니라 학우 소식, 교직원 동정, 학생활동, 동창활동 등 회원들의 주요 동향까지 모두 망라해 기록했다. 이 책은 비매품이었지만 다양한 의약 광고 등이 실려 있다. 광고비는 출간 제작비에 활용된 것으로 보인다.
 『세브란스교우회보』의 편집인은 이수원(1919년 졸업), 발행

『세브란스교우회보』 제6호(1926. 3) 표지

자는 치과학 교수 부츠(J. D. Boots), 인쇄인은 정경덕(경성부 삼청동 60번지)이었으며, 인쇄소는 기독교 영문사 인쇄부(경성부 서대문정 2정목 139)였다. 『세브란스교우회보』는 1924-1925년까지 발행된 제1호부터 제5호가 남아 있지 않아, 1926년 3월 3일에 발행된 제6호가 가장 오래된 호다. 현재 남아 있는 『세브란스교우회보』는 제6-16호까지와 제19-25호(1936년 2월 1일 발행)까지 총 18개 호, 1,000쪽이다. 그 내용은 의학 논문, 시, 수필, 기행문, 학교 및 동창 소식 등 세브란스 내부의 상황뿐만 아니라 조선 의료계의 다양한 동향을 포함하고 있다.

『세브란스교우회보』의 역사적 의의

현재 보존되어 있는 『세브란스교우회보』는 총 18개호에 불과하다. 그러나 이를 통해 확인할 수 있는 일제강점기 관련 정보는 결코 적지 않으며, 그 의의 또한 새삼 강조할 필요가 없을 만큼 크다. 우선 『세브란스교우회보』는 세브란스 교직원, 학생, 동창들의 소식을 상세히 적고 있어, 세브란스 안팎의 소식과 세브란스인들의 동향을 파악할 수 있는 귀중한 자료다.

무엇보다도 가장 중요한 것은 『세브란스교우회보』가 국내 최초의 의학잡지로서의 역할을 수행했다는 점이다. 일제강점기에는 한국인들이 의학 연구 성과를 발표할 지면이 마땅치 않았다. 이로 인해 당시 세브란스 출신 의사들은 중국의 중화의학회에서 발간하

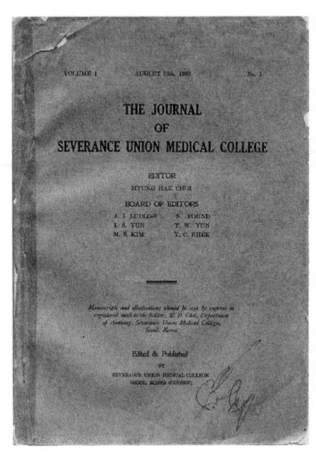

The Journal of Severance Union Medical College의 표지

세브란스의전이 1933년 8월 영문으로 발행한 의학전문잡지다.

는 중화의학잡지 *The China Medical Journal*(1887년 *The China Medical Missionary Journal* 창간, 1907년 *The China Medical Journal*로 개명, 1932년 *The Chinese Medical Journal*로 개명)에 논문을 발표하기도 했다. 경성에서 조선의학회가 발간하는 『조선의학회잡지』(1911-1943)가 있었으나, 발간 초기인 1910년대에는 한국인의 기고가 거의 없었고 주로 일본인 의사들의 글이 실리다가, 1920년대 중반 이후에야 한국인들의 연구 성과가 실리기 시작했다.

1930년 2월 21일, 한국인 의사들은 조선의사협회(회장 박계양)를 조직하고, 순한글판 『조선의보(The Korean Medical Journal)』(1930-1937)를 발행했다. 『조선의보』는 제1권 제1호(1930. 11)부터 제7권 제4호(1937)까지 총 7개 권, 24개 호가 발간되었고, 조선의사협회는 세브란스의전 병리학교실에 본부를 두었다. 해방 이후 김두종 선생이 문교부 의학교육과에서 발행하던 『조선의사시보』를 인수받아 1946년 12월에 의학잡지를 발간했는데, 이때 잡지 이름을 『조선의보』라고 했다. 따라서 일제 시기와 해방 이후의 『조선의보』는 별개의 잡지로 존재했다.

한편 일제강점기 경성제국대학 의학부와 경성의학전문학교에서도 각자 독자적인 의학학술지를 발간했다. 경성제국대학 의학부는 The Keijo Journal of Medicine(1930-1943)을 발간했으며, 경성의학전문학교는 Mitteilungen aus der Medizinschen Fachschule zu Keijo(1918-1927), 『경성의학전문학교기요』(1931-1943) 등을 발간했다. 또한 경성제국대학 의학부와 경성의학전문학교 공동으로 Acta Medicinalia in Keijo(1928-1929) 등을 발간하기도 했다. 『세브란스교우회보』 발간을 통해 세브란스의전은 1920년대 중반부터 1930년대 중반까지 10년 넘게 한국인 의사들의 의학 연구 풍토 조성에 크게 기여했다. 아울러 영어로 된 전문 학술지인 The Journal of Severance Union Medical College를 창간하고 1933년 8월 발행을 시작했다. 현재 연세대학교 의과대학이 발간하는 Yonsei Medical Journal의 전신인 이 잡지는 1933-1937년까지 제1권 제1호, 제2권 제1-2호, 제3권 제1-2호 등 총 3개 권, 5개 호가 발간되었다.

선교사의 아들로 태어난 케네스 스콧은
중국·한국·인도·미국 등에서 평생 의료선교사로 활약했다.
평양과 강계 등에서 청소년기를 보낸 그는 1952-1963년까지
12년 동안 대구 동산병원과 세브란스병원에서 근무하며
한국의 의료선교에 헌신했다.

외과수술을 통해 헌신적으로 사역한 케네스 스콧

한국인들은 기쁨과 감사가 많은 사람들이었습니다. 제가 큰 감명을 받았던 것은 한국인들이 소련의 북한 공산주의화와 일본의 식민지정책을 이겨냈다는 점입니다. 전 세계 사람들은 한국 기독교인들이 일본의 식민지화로부터 조국을 지켰다는 것을 잘 모르죠. 기독교인들 덕분에 한국 전체가 일본화되는 것을 막을 수 있었습니다. … 지금은 한국 교회가 미국보다 더 많이 온 세계에 선교사를 파송하고 있습니다. 놀라운 일이예요. 제가 기여한 것보다 한국 기독교인들로부터 받은 유익이 더 많습니다.
― 스콧 교수 인터뷰 중에서

스콧 부부와 한국 선교

케네스 스콧(Kenneth M. Scott, 1916-)은 선교사 부부의 아들로

1916년 중국 칭다오에서 태어났다. 그가 11살 때 부모가 중국에서 추방되어 한국에 오게 되었고, 4년 동안 평양외국인학교를 다니며 청소년기를 보냈다. 이후 미국으로 건너가 프린스턴 신학교와 펜실베이니아 의대를 졸업해 의사가 되었고, 필라델피아 장로교병원에서 인턴으로 일하던 중 간호사 안나를 만나 결혼했다. 결혼하자마자 태평양전쟁에 군의관으로 참전한 스콧은 전쟁 중 외과에 흥미를 느껴 펜실베이니아 의대 부속병원에서 외과 수련을 받았다. 그리고 전쟁이 끝난 후 중국에서 의료선교활동을 시작했으나, 중국이 공산화되면서 사역지가 한국으로 변경되었다.

 1952년 전쟁 중인 한국에서 스콧 부부가 처음 부임한 곳은 대구 동산병원이었다. 동산병원에서 재직하는 동안 스콧 부부는 대구 애락원의 한센병 환자를 돌보기도 했다. 한번은 애락원에서 한센병으로 눈이 먼 환자를 만났다. 기독교인이 아니었던 환자는 눈이 먼 상태에서 신약 전체를 외울 만큼 점점 신앙심이 깊어졌다. 한센병으로 생긴 상처가 온몸에 가득했지만 기독교인이 된 이후로 늘 아름다운 미소를 잃지 않은 그 환자에게서 하나님의 축복을 발견했다. 이렇게 그는 환자를 통해 하나님을 발견하고 하나님의 치유의 능력을 확신했다.

스콧의 의료선교와 전인 치유

5년 동의 첫 임기를 마친 스콧 부부의 두 번째 사역지는 세브

케네스 스콧 교수

1963년에 스콧 교수의 연구실에서 찍은 사진이다.

란스병원이었다. 당시 세브란스병원 외과는 민광식이 주도하는 일반외과, 그리고 홍필훈이 주도하는 흉부외과로 양분되어 있었다. 스콧은 홍필훈 교수의 흉부외과 소속이었는데, 홍필훈은 조교수였지만 스콧은 정교수였고, 나이도 5살이 더 많았다. 그럼에도 스콧은 홍필훈 교수가 자신보다 뛰어난 외과의사이자 교육자이며 행정가라는 점을 들어 홍필훈 교수에게 책임자 자리를 양보했다.

스콧은 홍필훈 교수와 함께 심장 및 폐 수술도 했지만, 언청이 수술이나 화상 환자의 피부 재건 수술에 더 많은 공을 들였다. 이러한 수술을 통해 스콧은 환자들이 기독교 신앙을 받아들이고 점차 변화되어가는 모습을 보면서 보람을 느꼈기 때문이다. 한번은 스콧 교수가 남편 때문에 심각한 화상을 입은 환자를 치료한 일이 있었다. 사연인즉 이러했다. 남편은 다른 여자를 만나면서 아내를 독살하려고 했다가 실패하자 아내를 절벽에서 밀어 죽이려 했다. 그러나 이 일도 실패하고 아내가 달아나려 하자, 경찰이었던 남편은 총을 쏴 아내를 쓰러뜨리고는 얼굴에 휘발유를 뿌리고 불을 지른 채 도주했다. 한마디로 잔인무도한 사건이었다. 다행히 남편은 구속되고 아내는 살아났지만, 이미 그녀는 얼굴과 전신에 화상을 입고 흉측한 몰골이 되었다. 몇 달 후 그녀는 세브란스병원에서 치료할 수 있다는 소식을 듣고 스콧을 찾아왔다. 스콧은 여러 차례의 수술 끝에 그녀의 얼굴을 회복시켰다. 비록 수술 전의 얼굴로 되돌릴 수는 없었지만, 스콧은 끊임없는 기도와 진실한 태도로 그녀에게 사랑과 복음을 전했다. 스콧의 정성과 진심에 탄복한 그녀는 복음을 받아들였고, 삶에 대한 태도까지 완전히 바꾸었다. 더 이상 그녀는 분노

회진 전 토론 중인 홍필훈 교수와 스콧 교수(1963)

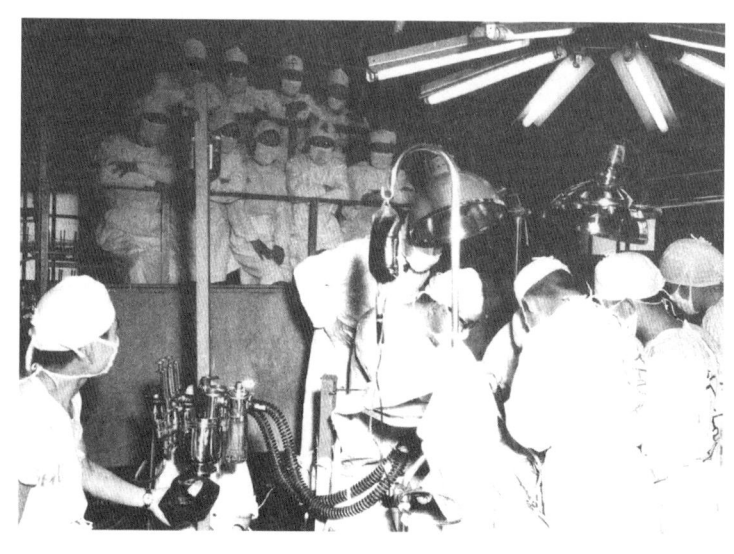

수술 중인 스콧 교수(1963)

와 복수심을 품지도 않았으며, 심지어 자신의 인생을 망쳐놓은 남편을 찾아가 용서를 말할 정도로 평온을 되찾았다. 이 모든 것이 스콧이 추구한 전인치료의 결과였다.

스콧은 평생 자신이 원하는 대로 임지를 정한 적이 없었다. 하나님이 정해주신 길을 따라 순종했을 뿐이다. 세브란스 사역이 끝날 즈음, 인도에서 사역해달라는 요청을 받았다. 그는 한국에 더 머물고 싶었지만 순종하겠다는 신념에 따라 인도로 떠났고, 이후 인도에서 11년간 사역했다.

재활의학의 발전 정도는 의학의 발전 수준을 가늠할 수 있는
척도일 뿐만 아니라 한 사회가 장애와 재활에 대해 갖고 있는
인식 수준을 평가할 수 있는 중요한 지표가 된다.
세브란스 재활의학은 기독교적 사랑과 박애의 정신에 기초하여
한국전쟁 직후 시작되었으며,
한국의 재활의학을 선도해왔다고 해도 과언이 아니다.

세브란스 재활병원의 탄생

세브란스병원 의수족부 및 보조기부에서 절단자재활원으로

한국전쟁 이후 수많은 수족절단 부상자가 발생했고 소아마비 환자도 급증하고 있었지만, 급성전염병의 공포와 빈곤의 위협 속에서 이들은 사회적 관심을 받지 못한 채 방치되어 있었다. 1952년 7월, 세브란스병원은 미감리교 선교사이자 물리치료사인 델마 모 (Thelma Maw, 毛優淑, 1916-2005)의 주도로 국내 최초로 물리치료실을 구축하여 서양식 재활치료를 시작했다.

1953년 4월 23일, 세브란스병원은 한국기독교세계봉사회 (KWCS: Korea Church World Service)의 지원과 주한미군 제1군단 장병들의 후원기금으로 절단환자를 위한 의수족부와 보조기부를 설치했다. 이것은 국내 최초의 현대적 시설을 갖춘 의지 및 보조기 제작소였으며, 국내 대학병원에서 최초이자 유일한 기구이기도 했

소아재활원 초대 원장 안나 스콧

다. 1963년 10월 31일, 세브란스병원은 절단자재활원을 설립했는데, 한국수족절단자복위회를 창설한 KCWS 소속 토리(Reuben A. Torrey) 목사의 적극적인 지원으로 세브란스병원 의수족부, 보조기부, KCWS 한국수족절단자 복위회를 통폐합한 것이었다. 세브란스 절단자재활원은 연면적 291평, 지하 1층, 지상 1층으로 된 철근콘크리트 건물로 진찰실, 병실, 물리치료실, 작업치료실, 상담실, 오락실, 식당, 목욕실, 세탁실 등으로 구성되었으며, 보조기부를 위한 보조기 제작실, 측정취형실, 자재보관실 등이 건물 지하층에 자리 잡았다. 절단자재활원은 환자들을 위한 물리치료, 보조기구 제작, 장착 후 훈련, 치료 상담 및 재활복지 상담 등 재활에 관한 일원화된 시스템을 구축할 수 있었다.

> 3세부터 15세에 이르는 어린이들의 따뜻한 품은 스콧 부인인데, 재활원은 1959년 10월 스콧 부인에 의하여 세워진 것이다. 지금까지 이 소아재활원에서 지난날의 먹구름 같은 진저리 쳐지는 과거를 없애고 보랏빛 희망을 한아름씩 안고 나간 어린이들도 많다. 처음 올 때는 업히거나 차를 타고 왔던 어린이들이 싱싱한 다리로 걸어 나갈 때는 눈물이 용솟음치는 듯한 기쁨을 느낀다는 것이다. 특수한 물리요법과 운동, 더운물 치료 등 온갖 치료방법을 써서 스스로 걸을 수 있도록 온갖 정성을 다하는 스콧 부인은 능숙한 한국말로 "우리 병원을 더 크게 만들어 한국 불쌍한 어린이를 많이 고치겠습니다"라고 앞으로의 포부를 말한다.
>
> －『경향신문』(1962년 3월 24일자)

세브란스 절단자재활원(1965)

세브란스 소아재활원의 건립

1954년 11월 19일, 세브란스병원은 소아마비와 환자와 지체장애 어린이들의 재활을 위해 소아마비 진료소를 열었다. 그 후 소아재활을 위한 전문기관의 필요성에 대한 각계의 지원과 요청 속에 세브란스병원은 새로 이전하는 신촌 캠퍼스에 소아재활원을 신축하기로 결정하고, 1959년 10월 1일 소아재활원을 개원했다. 소아재활원은 총 건평 155평, 30병상, 물리치료실, 작업치료실, 상담실, 운동치료실, 식당 등이 있었고, 부속 초등학교 시설로 쓸 수 있는 교실 3개와 교무실, 교재실 등이 있었다.

소아재활원의 초대 원장으로는 안나 스콧(Anna B. Scott, 1917-2010)이 임명되었다. 안나 스콧은 미북장로회가 파견한 선교사로 세브란스병원 외과학교실 교수인 케네스 스콧의 부인이다. 그녀는 소아재활 과정에서 신체적 부자유로 인해 학교교육에 소홀한 어린이들이 정규교육을 받을 수 있도록 문교부에 지체부자유 아동을 위한 특수학교 설립인가를 받을 수 있도록 필요한 조치를 취했다. 그 결과 1964년 2월 28일자로 문교부의 정식 인가를 받아 소아재활원 부속 초등학교가 출범할 수 있었다. 이 역시 국내 최초였다.

1968년 3월 절단자재활원장을 맡고 있던 김광회 교수가 소아재활원장을 겸임하게 됨에 따라 사실상 절단자재활원과 소아재활원의 통합이 이루어졌고, 1969년 2월 절단자재활원이 연세의료원에 이관됨에 따라 소아재활원, 절단자재활원, 보고기부 등이 세브란스병원 재활원으로 통합되었다. 국내 최초 대학병원 부설 재활원

위-세브란스 소아재활원 및 부속 초등학교(1964) / 아래-세브란스 소아 재활원 부속 초등학교 제2회 졸업식(1968)에서 축사하는 정인희 원장

의 탄생이었다. 1987년 5월, 지하 1층, 지상 6층의 세브란스병원 재활원이 신축되었고, 1993년 2월 세브란스병원 재활병원으로 개칭되어 오늘에 이르고 있다.

참고문헌

자료

『경향신문』·『기독신문』·『독립신문』·『동광신문』·『동아일보』·『마산일보』·『매일신보』·『시대일보』·『신한민보』·『연합뉴스』·『중앙신문』·『중외일보』·『조선일보』·『조선중앙일보』·『한겨레』·『한성일보』.

『기러기』·『삼천리』.

김승태·유진·이항 엮음, 『강한 자에는 호랑이처럼 약한 자에는 비둘기처럼: 스코필드 박사 자료집』, 서울대학교출판문화원, 2012.

독립운동사편찬위원회, 『독립운동사자료집 4: 삼일운동사자료집』, 독립유공자사업기금운용위원회, 1972.

독립운동사편찬위원회, 『독립운동사자료집 5: 삼일운동 재판기록』, 독립유공자사업기금운용위원회, 1972.

독립운동사편찬위원회, 『독립동사자료집 6: 삼일운동사자료집』, 독립유공자사업기금운용위원회, 1972.

독립운동사편찬위원회, 『독립운동사자료집 7: 임시정부사자료집』, 독립유공자사업기금운용위원회, 1973.

독립운동사편찬위원회, 『독립운동사자료집 9: 임시정부사자료집』, 독립유공자사업기금운용위원회, 1975.

독립운동사편찬위원회, 『독립운동사자료집 10: 독립군전투사자료집』, 독립유공자사업기금운용위원회, 1976.

독립운동사편찬위원회, 『독립운동사자료집 11: 의열투쟁사자료집』, 독립유공자사업기금운용위원회, 1976.

독립운동사편찬위원회, 『독립운동사자료집 13, 학생독립운동사자료집』, 독립유공자사업기금운용위원회, 1977.

올리버 R. 에비슨 지음, 박형우 편역, 『올리버 R. 에비슨이 지켜본 근대 한국 42년 1893-1935 上, 下』, 청년의사, 2010.

플로렌스 J. 머레이, 『내가 사랑한 조선』, 두란노, 2009.

『고등경찰요사』, 경상북도경찰부, 1934.

『대한민국임시정부자료집 31』, 국사편찬위원회, 2009.

『한민족독립운동사자료집』 1, 국사편찬위원회, 1986.

『한민족독립운동사자료집』 4, 국사편찬위원회, 1987.

『한민족독립운동사자료집』 6, 국사편찬위원회, 1988.

『한민족독립운동사자료집』 11, 국사편찬위원회, 1990.

『한민족독립운동사자료집』 12, 국사편찬위원회, 1990.

『한민족독립운동사자료집』 13, 국사편찬위원회, 1990.

『한민족독립운동사자료집』 14, 국사편찬위원회, 1991.

『한민족독립운동사자료집』 15, 국사편찬위원회, 1991.

『한민족독립운동사자료집』 16, 국사편찬위원회, 1993.

『한민족독립운동사자료집』 17, 국사편찬위원회, 1994.

『한민족독립운동사자료집』 18, 국사편찬위원회, 1994.

『한민족독립운동사자료집』 19, 국사편찬위원회, 1994.

『한민족독립운동사자료집』 35, 국사편찬위원회, 1998.

『한민족독립운동사자료집』 55, 국사편찬위원회, 2003.

『한민족독립운동사자료집』 58, 국사편찬위원회, 2004.

『한민족독립운동사자료집』 60, 국사편찬위원회, 2004.

『해외의 독립운동사자료 32. 중국편 7: 이자해자전』, 국가보훈처, 2007.

『꿈속의 꿈(下)』, 독립기념관 한국독립운동사연구소, 1996.

『세브란스교우회보』.

『세브란스연합의학전문학교일람』, 1923, 1928, 1931, 1934, 1936, 1939, 1940.

『세브란쓰』 제2권, 1955.

『세브란쓰』 제3권, 1956.

『세브란스병원』(2012-2019).

H. N. Allen and J. W. Heron, *First Annual Report of the Korean Government Hospital Seoul* (Yokohama R Meiklejohn & Co., 1886).

Annual Report of the Imperial Korean Hospital, Seoul, Korea(Methodist Publishing House, Sept. 1901).

O. R. Avison, "Cholera in Seoul," *Korean Repository* 2, 1895.

Catalogue Severance Union Medical College, 1917.

Catalogue Severance Union Medical College Training School for Nurses, 1918.

Catalogue Severance Union Medical College, 1925-26.

「경성복심법원 판결문」(국가기록원).

「경성지방법원 판결문」(국가기록원).

「고등법원형사부 판결문」(국가기록원).

「공주지방법원 판결문」(국가기록원).

「국외 항일운동 자료 일본 외무성 기록」(한국사데이터베이스).

「대구 복심법원 판결문」(국가기록원).

「독립유공자 공적조서」(국가보훈처 공훈전자사료관).

「독립유공자 공훈록」(국가보훈처 공훈전자사료관).

「반민족행위특별조사위원회 자료」(한국사데이터베이스).

「세브란스연합의학전문학교 학적부」.

「수형인명부」(국가기록원).

「안창호 일기」(독립기념관).

「일제감시대상인물카드」(한국사데이터베이스).

「재한선교사보고문건」(독립기념관 한국독립운동정보시스템).

「조선소요사건관계서류」(한국사데이터베이스).

「집행원부」(국가기록원).

「한국근현대인물자료」(한국사데이터베이스).

「현순메모들」(독립기념관 한국독립운동정보시스템).

「형사사건부」(국가기록원).

「흥사단원 건강진단서」(독립기념관 한국독립운동정보시스템).

「홍사단이력서」(독립기념관 한국독립운동정보시스템).

단행본

국사편찬위원회, 『한민족독립운동사 3. 3·1운동』, 국사편찬위원회, 1988.

김병기·반병률, 『국외 3·1운동』, 한국독립운동사연구소, 2009.

김승태·유진·이항 엮음, 『강한 자에는 호랑이처럼 약한 자에는 비둘기처럼: 스코필드 박사 자료집』, 서울대학교출판문화원, 2012.

김원모 옮김, 『알렌의 일기』, 단국대출판부, 1991.

金正明 編, 『明治百年史叢書: 朝鮮獨立運動』 1, 국학자료원 영인, 1998.

김정인·이정은, 『국내 3·1운동 1 - 중부·북부』, 한국독립운동사연구소, 2009.

김진호 외, 『국내 3·1운동 2 - 남부』, 한국독립운동사연구소, 2009.

대한간호협회, 『간호사의 항일구국운동』, 대한간호협회, 2012.

도레사 E. 모티모어 지음, 양성현·전경미 옮김, 『프랭크 스코필드 박사와 한국』, KIATS, 2016.

도산안창호선생 전집편찬위원회, 『島山安昌鎬全集』 제7권, 흥사단, 2000.

박찬승, 『한국독립운동사』, 역사비평사, 2014.

손과지, 『상해한인사회사: 1910-1945』, 한울아카데미, 2001.

박형우, 『제중원, 조선 최초의 근대식 병원』, 21세기북스, 2010.

신규환·박윤재, 『제중원 세브란스 이야기』, 역사공간, 2015.

신규환, 『질병의 사회사: 동아시아 의학의 재발견』, 살림, 2006.

릴리어스 호튼 언더우드 지음, 김철 옮김, 『언더우드 부인의 조선견문록』, 이숲, 2011.

연세대학교 의사학과 엮음, 『세브란스독립운동사』, 역사공간, 2019.

연세대학교 의학사연구소 엮음, 『동아시아 역사 속의 선교병원』, 역사공간, 2015.

연세대학교 의학사연구소 엮음, 『세브란스인의 스승, 스코필드』, 역사공간, 2016.

이연경, 『한성부의 '작은 일본', 진고개 혹은 本町』, 시공문화사, 2015.

이영석 외, 『도시는 역사다』, 서해문집, 2011.

이장락, 『민족대표 34인, 석호필』, KIATS, 2016.

전택부 지음, 『한국 기독교청년회 운동사』, 범우사, 1994.

연구논문

권녕배, 「안동유림의 3·1운동과 파리장서 운동」, 『대동문화연구』 36, 2000.

김광재, 「1920년 전후 상해 한인사회의 위생의료 생활」, 『한국민족운동사연구』 82, 2015.

김광재, 「상해 국민대표대회 개최지 三一堂 위치고증」, 『한국독립운동사연구』 49, 2014.

김대규, 「결핵인물열전 2, 흉부외과의개척자, 고병간」, 『보건세계』, 2001.

김대규, 「크리스마스 씰 운동의 선구자, 문창모」, 『보건세계』 49, 2002.

김려화·김미영, 「일제 강점기 여성 간호인의 독립운동에 관한 역사연구」, 『간호행정학회지』 20-4, 2014. 9.

김방, 「고려공산당의 분립과 통합운동」, 『아시아문화연구』 5, 2001.

김상환, 「경상남도 3·1운동의 전개양상과 특징」, 『지역과 역사』 29, 2011.

김석주, 「북간도지역(北間島地域) 민족학교(民族學校)에 관(關)한 지리학적(地理學的) 연구(研究)」, 『한국지역지리학회지』 15(5), 2009. 10.

김숙영, 「간호부 이정숙의 독립운동」, 『의사학』 24-1, 2015. 4.

김승태, 「캐나다 장로회의 의료선교: 용정 제창병원을 중심으로」, 『연세의사학』 14-2, 2011. 12.

김영수, 「근대 일본의 '병원': 용어의 도입과 개념형성을 중심으로」, 『의사학』 26-1, 2017. 4.

김영장, 「대한민국 임시정부의 안동교통사무국 설치와 운영: 대한청년단연합회와 연대를 중심으로」, 『한국독립운동사연구』 62, 2018. 5.

김원석, 「안동지역 3·1운동의 성격」, 『안동문화』 15, 1994.

김은지, 「대한민국 임시정부의 제2차 독립시위운동」, 『한국독립운동사연구』 44, 2013.

김은지, 「대한민국임시정부의 국내비밀결사 義勇團의 활동」, 『한국 근현대사 연구』 47, 2008.

김주용, 「의사 김필순의 생애와 독립운동」, 『연세의사학』 21-1, 2018.

김태국, 「1920년대 용정의 사회 문화 환경과 중학교 설립운동」, 『숭실사학』 25, 2010.

김태국, 「신흥무관학교와 서간도 한인사회의 지원과 역할」, 『한국독립운동사연구』 40,

2011.

노재훈, 「공중보건학의 선구자, 김창세 박사」, 『연세의사학』 1-1, 1997.

문백란, 「제중원 운영권 이관문제 검토: 선교자료를 중심으로」, 『동방학지』 177, 2016. 12.

민병진, 「일제강점기 민족운동 고찰: 안창호·이광수·김창세의 상해 활동을 중심으로」, 『춘원연구학보』 9, 2016. 12.

민성길, 「맥라렌 교수 (1): 그의 생애와 의학철학」, 『신경정신의학』 50-3, 2011.

박유진, 「1923년 제11회 대한민국임시의정원회의 연구」, 『사림』 60, 2017.

박윤재, 「김창세의 생애와 공중위생 활동」, 『의사학』 15-2, 2006. 12.

박윤형·홍태숙·신규환·임선미·김희곤, 「일제시기 한국의사들의 독립운동」, 『의사학』 17-2, 2008. 12.

박형우, 「대의 김필순」, 『의사학』 7-2, 1998. 12.

박형우, 「세브란스의학교 제1회 졸업생 신창희(申昌熙)의 생애와 활동」, 『연세의사학』 11-1, 2008. 6.

박형우, 「세브란스 1회 졸업생들의 활동」, 『연세의사학』 2-2, 1998.

박형우, 「우리나라 근대의학 도입초기의 의학서적: 제중원·세브란스의학교에서 간행된 의학교과서」, 『의사학』 7-2, 1998.

박형우·이경록·왕현종, 「재동 제중원의 규모와 확대과정」, 『의사학』 9-1, 2000. 6.

박형우·여인석, 「해부학자 최명학」, 『의사학』 1-1, 1992.

박형우·홍정완, 「박서양의 의료활동과 독립운동」, 『의사학』 15-2, 2006. 12.

박형우·홍정완, 「세브란스병원의학교 제1회 졸업생 신창희의 생애와 활동」, 『연세의사학』 11-1, 2008.

박환, 「러시아지역 한인 민족운동과 일제의 회유정책: 니코리스크 지역 懇話會를 중심으로」, 『한국민족운동사연구』 69, 2011.

박환, 「러시아혁명 이후 블라디보스토크 조선인거류민회의 조직과 활동」, 『한국민족운동사연구』 90, 2017.

반병률, 「세브란스와 독립운동」, 『연세의사학』 2-2, 1998.

반병률, 「세브란스와 한국독립운동-3·1운동시기를 중심으로」, 『연세의사학』 18-2, 2015.

반병률, 「의사 이태준(1883-1921)의 독립운동과 몽골」, 『한국근현대사연구』 13, 2000.
변은진, 「유언비어를 통해 본 일제말 조선민중의 위기담론」, 『아시아문화연구』 22, 2011.
성강현, 「군대 해산 과정에서의 서소문 전투 연구」, 『동학학보』 38, 2016.
성대경, 「정미의병의 역사적 성격」, 『대동문화연구』 29, 1994.
송현강, 「한말·일제강점기 군산 영명학교·멜본딘여학교의 설립과 발전」, 『역사학연구』 59, 2015.
신규환, 「3·1운동과 세브란스의 독립운동」, 『동방학지』 184, 2018. 9.
신규환, 「상하이로 간 의사들과 대한민국 임시정부」, 『연세의사학』 21-1, 2018. 6.
신규환, 「세브란스의 독립운동과 스코필드 교수」, 『강원사학』 28, 2016. 11.
신규환, 「식민지 지식인의 초상: 김창세와 상하이 코스모폴리탄의 길」, 『문화와역사』 23, 2012. 5.
신규환, 「일제시기 '의전체제'로의 전환과 의학교육」, 『연세의사학』 20-1, 2017. 6.
신규환, 「해방 이후 남북 의학교육체계의 성립과 발전」, 『인문논총』 74-1, 2017. 2.
신규환·박윤재, 『제중원·세브란스 이야기』, 역사공간, 2015.
신동환, 「세브란스 인물사 3: 한국 최초의 외과병리 및 임상병리학자 최동 박사」, 『연세의사학』 2-1, 1998.
양성숙, 「한국노병회의 조직과 광복활동」, 『민족사상』 3-2, 2009.
여인석, 「세브란스 정신과의 설립과정과 인도주의적 치료전통의 형성」, 『의사학』 17-1, 2008.
여인석, 「제중원과 세브란스의전의 기초의학 교육과 연구」, 『연세의사학』 12-1, 2009. 6.
여인석·박윤재·이경록·박형우, 「구리개 제중원 건물과 대지의 반환과정」, 『의사학』 7-1, 1998. 7.
왕현종·이경록·박형우, 「구리개 제중원의 규모와 활동」, 『의사학』 10-2, 통권 19호, 2001. 12.
왕현종, 「일제하 원주 서미감 병원의 설립과 지역사회에서의 위치」, 『역사문화연구』 42, 2012.
오종희·권순정, 「1876-1945년 한국근대보건의료시설의 역사적 발전과정에 대한 연구」, 『한국의료복지시설학회지』 9-2, 2003.

유영민, 「우리나라 병원건축의 변천과정에 관한 연구: 서양의학 도입시기(1877-1910)를 중심으로」, 『대한건축학회논문집』 7-1, 통권 33호, 1991. 2.

유영민, 「한국 병원건축의 변천과정」, 『대한건축학회』 38-11, 1994.

유준기, 「최연소 3·1운동 민족대표 이갑성」, 『한국근현대인물강의』, 국학자료원, 2007.

윤경로, 「김규식의 신앙과 학문 그리고 항일민족운동」, 『한국기독교와 역사』 34, 2011. 3.

윤병석, 「북간도 용정 3·13 운동과 '조선독립선언서포고문'」, 『사학지』 31, 1998.

이꽃메, 「일제강점기 산파 정종명의 삶과 대중운동」, 『의사학』 21-3, 2012. 12.

이꽃메, 「한국 지역사회간호의 선구자 이금전에 관한 역사적 고찰」, 『지역사회간호학회지』 24-1, 2013.

이선호·박형우, 「제중원의 선교부 이관에 대한 연구」, 『한국기독교신학논총』 85, 2003.

이연경, 「재동 및 구리개 제중원의 입지와 배치 및 공간 구성에 관한 재고찰」, 『의사학』 25-3, 2016. 12.

이정은, 「경남 함안군 3·1독립운동」, 『한국독립운동사연구』 27, 2006.

이종근, 「의술을 통한 독립운동가 김창세 박사」, 『도산학연구』 11·12, 2006.

이종철, 「일제시대 강릉지방 항일운동 연구」, 『관동문화』 5, 1994.

임학성, 「20세기 초 '間島' 지역에 거주한 朝鮮人에 대한 戶口調査와 그 의미」, 『한국학연구』 29, 2013. 8.

송석기, 「도동 세브란스 병원의 형성 과정과 건축 특성」, 『대한건축학회연합논문집』 20-1, 2018. 2.

장규식, 「3·1운동과 세브란스」, 『연세의사학』 12-1, 2009. 6.

장규식, 「YMCA학생운동과 3·1운동의 초기 조직화」, 『한국근현대사연구』 20, 2002.

장규식, 「1910-20년대 연희·세브란스 학생들의 자치활동과 사회참여-학생 YMCA를 중심으로-」, 연세대학교 의학사연구소 엮음, 『한국 근대의학의 기원, 연세』, 역사공간, 2016.

장석흥, 「연병호의 독립운동 방략과 노선」, 『역사와 담론』 73, 2015.

장신, 「삼일운동과 조선총독부의 사법(司法) 대응」, 『역사문제연구』 18, 2007.

정재현, 「한국 개신교 초기 선교 자료 연구의 의의」, 『인문과학』 111, 2017.

한동관·류창욱·고상균·정재국·문종윤·박윤형, 「한국 근대 의료 건축물에 관한 연구」, 『의사학』 20-2, 통권 39호, 2011. 12.

한철호, 「조지 엘 쇼(George L. Shaw)의 한국독립운동 지원활동과 그 의의: 체포·석방 과정을 중심으로」, 『한국근현대사연구』 38, 2006. 9.

한철호, 「1920년대 전반 조지 엘 쇼(George L. Shaw)의 한국독립운동 지원활동과 그 의의: 1920년 11월 석방 이후를 중심으로」, 『한국독립운동사연구』 43, 2012. 12.

허윤정·조영수, 「일제 하 캐나다 장로회의 선교의료와 조선인 의사: 성진과 함흥을 중심으로」, 『의사학』 24-3, 2015. 12.

홍정완·박형우, 「주현측(朱賢則)의 생애와 활동」, 『의사학』 17-1, 2008. 6.

황민호, 「1910년대 만주지역 한인사회의 동향과 한인의 만주이주」, 『숭실사학』 25, 2010.

황민호, 「『매일신보』에 나타난 평양지역의 3·1운동과 기독교계 동향」, 『숭실사학』 31, 2013.

Sihn Kyu-hwan, "'The 34th National Representative,' Dr. Frank W. Schofield(石虎弼, 1889-1970)," *Yonsei Medical Journal* 60-4(April, 2019).

Yeo, In-Sok. "Severance Hospital: Bringing Modern Medicine to Korea," *Yonsei Medical Journal* 56-3(May, 2015).

찾아보기

ㄱ

간도교육협회 189
「간호부규칙」 338
간호졸감원 338
갑신정변 349
갑오개혁 257, 280, 310
강기덕 24, 77, 97
강문집 272, 273
강수선 65
강태동 113
경산의원 156, 158
경성부민기념병실 311, 315
경성상공업협회 284
경성여자상업학교 284
경성여자청년회 41, 93
『경성의학전문학교기요』 361
경성전수학교 30
경성제국대학 49
경신학교 16, 32, 40, 61, 77, 96, 283
경천원 299
계성학교 32
계엄령 229
고든, 헨리(Henry B. Gorden) 44, 261
고려공산당 85
고려병원 201
고려의원 80, 200
고명우 272, 275
고병간 13, 14, 20

고석주 33, 67
고영하 237-239
고윤하 275
고일청 113
「공립의원규칙(公立醫院規則)」 245
『공수학보』 280
곽권응 14, 20
곽병규 13, 19, 20, 105, 107, 112, 116-119, 124, 125, 153-156, 158, 272, 277
관동의원 201
관비유학생 280
광제원 247
광희여숙 70
교남학생친목회 17, 30, 32
교민단의사회 123
구국총력연맹 73
구라협회 299
구삼학사(九三學社) 209
구세병원 80, 155, 186, 199
「국민의료법 총칙」 247
군산 3·5만세운동 67, 70
『그레이 해부학(Gray's Anatomy)』 176
금강의원 202
기독병원 197, 298
긴급조치 236, 238
김광회 375
김구 16, 109, 110, 121, 122, 124, 137-139, 144

김구례 174
김규식 109, 121, 124, 137, 174, 192
김노득 174
김덕순 224, 225
김동삼 181
김두종 360
김마르다 337
김마리아 92, 174, 180
김명봉 120
김명선 288
김문진 17, 28, 30-35, 69, 97
김배세 338, 339
김병수 14, 18, 20, 24, 28, 31, 33, 34, 67-73, 97
김병조 113
김보연 113
김봉렬 28, 35-37
김석경 238
김성겸 113
김성국 28, 34, 35, 37, 69, 84
김성전 224, 225
김수영 33, 67
김순애 110, 112-116, 125, 180
김연실 112, 115
김옥균 349
김원경 112, 115, 116
김원근 90
김원벽 17, 30, 62, 77
김원봉 192
김윤실 33, 67
김윤오 174
김인국 272
김인묵 33, 67
김장룡 14, 20

김재명 272
김조길 78
김좌진 32, 213
김주열 230
김준연 305
김찬두 28, 35, 36
김창세 14, 19, 20, 107-110, 112, 113, 116-119, 124, 125, 147-151, 277
김창준 24
김철 113, 137
김태연 113
김필례 174, 180, 181
김필순 13, 20, 46, 93, 105, 109, 170, 171, 174-177, 179, 180, 193, 197, 271
김필오 63, 65
김한 113
김향 238, 239
김현숙 112, 115
김형기 17, 30, 62
김형제상회 174
김홍서 113
김활란 298
김효순 14, 21, 40, 41

ㄴ

나도헌 225
나창헌 107, 118, 122, 123, 144
남명석 326
남상갑 14, 20
내부병원 247
노백린 180, 199
노숙경 199
노순경 14, 21, 40, 41, 56

ㄷ

「대경성부대관」 257
대관정 172
대성학교 199
대조선독립애국부인회 40, 92
대한국민의회 154
대한국민회 186
대한독립애국단 121, 142
대한독립청년단 131
대한독립촉성회 73
대한민국 임시정부 14, 19, 34, 35, 40, 78, 85, 92, 105, 107, 108, 110, 111, 113, 116, 123-125, 128, 132, 137, 147, 148, 154, 174, 192
『대한민국신보』 131
대한민국애국부인회 40, 41, 91, 92, 93
대한애국부인회 115, 116
대한의원 253, 338, 344, 345, 347
대한인거류민단 109, 110, 120, 124, 125
대한인국민회 151
대한적십자회 19, 107, 109, 110, 112, 121, 131, 147, 154
더젼, 존(John Dudgeon) 248, 249
데라우치 마사타케(寺內正毅) 128, 177
독립협회 177
『동경일기』 246
동산병원 364
『동의보감』 293
동의의국 191
동인의원 344, 347
동인회 344, 346, 347
동제의원 132

ㄹ

러들로, 알프레드(Alfred Irving Ludlow) 28, 207, 272, 275, 288, 302, 325
러셀, 라일리(Riley Russell) 148, 149
러일전쟁 169, 172
로렌스, 에드나(Edna M. Lawrence) 338
루바쉬, 오토(Otto Lubarsch) 305
쇼, 조지 루이스(George Lewis Shaw) 121, 136-138
룽징 3·13만세운동 186

ㅁ

마틴, 스탠리(Stanley H. Martin) 13, 20, 162-167
말라리아 258, 259
맥밀란, 케이트(Kate McMillan) 295
머레이, 플로렌스(Florence Jessie Murray) 295-299
메이요클리닉 293
모, 델마(Thelma Maw) 371
모스크바 3상회의 222
묄렌도르프 349
『무씨산과학』 46
무어, 사무엘(Samuel F. Moore) 183
문병수 238
문창모 14, 20
문창범 115
미동병원 26, 127
『미북장로회 선교보고서』 265
미아즈마설 249, 266
민광식 366
민영익 349

찾아보기 **389**

민족자결주의 17, 26, 96, 109
밀즈, 랄프(Ralph Garfield Mills) 207, 287, 289, 288, 291, 292, 302

ㅂ

박건호 272
박계양 360
박덕혜 40, 41
박동완 24
박서양 13, 20, 46, 105, 183-185, 187-189, 271, 283, 310
박성춘 183, 310
박순천 32
박승환 170
박연세 24, 33, 67, 97
박영식 272
박영효 349
박옥신 40
박정희 235, 236, 239
박주풍 28, 34
박진순 192
박희도 24
반버스커크, 제임스(James Van Buskirk) 213, 214, 216, 288, 302, 307
반탁운동 222, 224, 225
반탁전국학생총연맹(반탁학련) 224
방관혁 205-209
배동석 14, 17, 18, 20, 28, 30-36, 58, 61-65, 97
배성두 61
배재학당 29, 174, 176, 177
배화학당 38
백기완 237, 238

백낙준 233
105인 사건 127, 128, 137, 177
베이징협화의원 293
베이징협화의학원 205, 207, 209
『병리학원론』 328, 329
「병원건설안」 351
「병원에 관한 이야기」(Narrative Concerning the Hospital)」 244
보구녀관 337
『본초강목』 293
봉오동 전투 186
북제진료소 181
브나로드운동 206
빈튼, 찰스(Charles C. Vinton) 256

ㅅ

사리원청년동맹 156
「사립병원 취체규칙」 247
사립피병원 314
사사오입 229
사사키 요모시(佐佐木四方志) 347
4·19혁명 230, 235
사토 스스무(佐藤進) 344, 346
「산파규칙」 338
삼산의원 69, 70, 72
3·15부정선거 230
삼일의원 122, 142, 143, 145
상동청년회 186
상하이거류민단 131
『생화학잡지』 301
샤록스, 알프레드(Alfred M. Sharrocks) 17, 25, 26, 96, 127, 128, 174
서광호 272, 273

서미감병원 216, 217
서병호 109, 113, 174
서북학생친목회 17, 30
서영완 13, 14, 18, 20, 28, 35, 83, 84, 85, 86, 123
서울의원 157, 159
서재필 115, 123
서준규 238
서호폐병요양원 119
세균설 249, 252, 266, 310, 312
세브란스 연구부 288, 290, 302
세브란스 학도대 219, 222, 223
세브란스, 루이스(Louis H. Severance) 44, 265, 291, 314, 353
『세브란스교우회보』 357-359, 361
세브란스병원 간호부양성소 38, 91, 337-339
세브란스병원 산파간호부양성소 340, 341
소래교회 273
소래마을 171, 176, 290
소아재활원 375, 376
손병희 23
손정도 113, 122, 144
송봉해 75
송영록 13, 14, 20
송영서 272
송진우 23
송춘근 14, 18, 20, 28, 34, 75-81
송헌빈 243
수양동우회 31, 132, 148
수촌리 54
순안병원 149
숭신학교 186, 189
쉴즈, 에스더(Esther. L. Shields) 337, 341

스코필드, 프랭크(Frank William Schofield) 13, 17, 18, 20, 26, 27, 34, 51-59, 78, 97, 142, 164, 301
스콧, 안나(Anna B. Scott) 364, 372, 375
스콧, 케네스(Kenneth M. Scott) 363, 365-369, 375
스페인 독감 55, 56, 141, 142
시사책진회 109, 110, 120, 124
시안의학원(西安醫學院) 209
신간회 80, 95, 154, 156, 199, 216, 277
신건식 123
신마리아 90
신민회 128, 137, 175, 177, 186
신석구 24
신영삼 123
신익희 229
신제병원 214
신창희 13, 19, 20, 105, 107, 108, 110, 118, 121, 124, 135, 137-139
『신편 생리교과서 전』 46
『신편 화학교과서 무기질』 46
신한청년당(단) 109, 110, 121, 124, 125, 131, 137
신해혁명 175, 193
신현구 142
신현창 14, 19, 20, 55, 56, 58, 107, 109, 110, 118, 121, 122, 131, 141-145, 301
신흥무관학교 181, 211, 213, 214
실비진료운동 201, 202
10·26사건 239

ㅇ

아관파천 169

아미요, 쟝(John A. Amyot) 56
안사영 211, 213-216
안상철 14, 21
안정근 110, 113, 125
안중근 193
안창호 16, 26, 108-110, 113, 115, 118, 124, 128, 131, 147, 148, 151, 175, 177, 179, 193, 305
알렌, 호러스(Horace N. Allen) 29, 45, 244-246, 248, 252, 255, 266, 267, 310, 349, 351, 355
『알렌의 일기』 254
『암』 326
암스트롱(A. E. Amstrong) 49
애국부인회 17
앤더슨, 앨빈(Albin G. Anderson) 216
앤더슨, 얼(Earl Willis Anderson) 77, 79, 80, 154, 155, 352
앨러스, 애니(Annie J. Ellers) 89
야마가타 이사부로(山縣伊三郞) 56
야소병원 70
『약물학 상권 무기질』 46, 48, 176
양기탁 128
양재모 224, 225
어빈, 찰스(Charles H. Irvin) 275
어윤중 243
어윤희 56
『언더우드 부인의 조선견문록(Fifteen Years Among the Top-Knots)』 246
언더우드, 릴리어스 호튼(Lillias Horton Underwood) 246
언더우드, 호러스(Horace G. Underwood) 29, 43, 61, 174, 176
에드먼즈, 마가렛(Margaret Edmunds) 337

에드워즈, 로라(Laura E. Edwards) 77
에비슨, 올리버(Oliver R. Avison) 13, 17, 18, 20, 29, 33, 35, 43-47, 49, 52, 64, 175, 176, 187, 256, 257, 261, 263, 267, 271, 273, 275, 283, 310, 312, 353
에스텝, 케슬린(Kathlyn M. Esteb) 38, 39
여운형 16, 109, 110, 113, 121, 122, 124, 125, 131, 137, 144, 191
영명학교 33, 67
예수병원 69
오긍선 29, 70, 272
오남희 112, 115
오영선 153
5·16 군사쿠데타 235
오의선 113
오한영 35
오현주 92
오화영 24
옥성빈 113
「온역장정」 255, 310
왕삼덕 85
『외과총론』 46, 176
용산철도병원 346, 347
원세훈 113
『위생월간』 119
윌슨, 우드로(Woodrow Wilson) 17, 26, 96, 109
유각경 180
유관순 56, 63
『유기화학』 46
유길준 310
유상규 123
유신헌법 235, 236, 238, 239
유씨 진단법(Lews Method) 320

유전 279-285
유준 317-323
유진오 227
윤동주 162
윤복영 225
윤봉길 151
윤웅렬 180
윤일선 326, 327
윤자영 17, 30, 62, 85
윤종석 14, 21
윤진수 40
을미사변 169
을사조약 172
이가순 199, 202, 203
이갑 180
이갑성 14, 16, 17, 21, 23, 24, 26, 27,
  30-32, 36, 53, 67, 95-97, 99, 100
이강 153
이경례 156
이경신 112, 115
이광수 113
이광상 28, 35, 36, 84
이기룡 113
이기붕 229
이도신 14, 21, 40, 41
이동녕 120
이동욱 33, 67
이동휘 115, 180
이두열 33, 67
이륭양행 121, 136-138
이리 4·4만세운동 69, 70
이만집 24, 97
이매리 112, 115
이범교 123
이범석 213
이봉순 112, 115, 116
이상룡 181
이상재 25
이상철 238
이석신 301, 303-307
이성완 14, 21, 40, 41, 92
이성용 305
이수원 357
이승만 26, 115, 156, 157, 227, 229,
  230, 233
이승훈 23
이시영 120
이아주 40
이애주 56
이용상 97
이용설 17, 18, 24, 28, 30, 31, 33, 34,
  62, 70, 97, 207
이원재 199-203
이유필 122, 144
이은혜 337
이응렬 325-329
이인환 24
이일선 14, 21, 25-78
이정숙 14, 21, 38, 41, 89, 90, 92, 93
이종일 36
이중철 326
이춘숙 113
이태준 13, 21, 105, 191-197, 272, 273, 275
이토 히로부미(伊藤博文) 169, 172, 193,
  344, 346
이필주 24
이혜경 92
이화숙 112, 113, 115, 116

이회영 181
이희경 107, 113, 114, 118, 122
인제의원 128
『임상의학의 탄생』 248
임의탁 123
임학찬 24, 36, 97

ㅈ

자혜의원 346, 347
장건상 113
장덕수 109
장윤희 40
장인석 272
장준하 237, 238
적십자간호원양성소 20, 21, 115-118, 277
적십자병원 181
전홍기 13, 14, 21
절단자재활원 374, 375
정경덕 359
정미의병 170
정신여학교 18, 89, 90, 92, 93, 174
정영준 13, 19, 21, 107, 109, 112, 116-120, 124, 125
정인과 113
정인희 376
정종명 13, 14, 21, 38
정춘수 36
정태영 14, 21, 25
제미슨, 로버트(Robert Alexander Jamieson) 248
제암리 학살 만행사건 18, 27, 52, 54, 164
제이콥슨, 애나(Anna P. Jacobson) 337
『제중원 일차년도 보고서』 244, 248,
249, 266
제창병원 162
제혜병원 296, 298
조선기독교청년연맹 154
조선독립기성회 186
조선여성해방동맹 41, 93
「조선의료령 시행규칙」 247
『조선의보(The Korean Medical Journal)』 360
『조선의사시보』 360
조선의사협회 360
『조선의학회잡지』 360
「조선인의 식습관에 관한 연구」 302
조선제사회사 283, 284
조선청년연합회 85
조선총독부 280, 283, 338, 346, 347
조선학생대회 37
조준영 243
주현측 13, 19, 21, 107-110, 118, 120, 124, 127-130, 132, 133, 142-144
중국홍십자회총의원 116, 118, 149, 150
중앙실비진료원 202
중일전쟁 207
중화위생교육회(中華衛生敎育會) 149
『진단학』 46
진링대학(金陵大學) 35, 85

ㅊ

차이나 메디컬 보드(China Medical Board) 149
『1901년도 제중원 연례보고서』 257, 258
천화의원 119
청년학우회 193

청산리 전투 164, 186
체계복 40
최남선 24
최동 18, 28, 35
최성모 24
최영욱 181
최용화 135
최정규 228, 232, 233

ㅋ

콜레라 254, 257-259

ㅌ

탁명숙 14, 21
『태극학보』 280
태평양전쟁 298
태화관 24, 32
토리, 르우벤(Reuben A. Torrey) 373
특수피부진료소 317-319

ㅍ

파스퇴르연구소 265, 266
평산의원 121, 137
포를라니니, 카를로(Carlo Forlanini) 166
피르호, 루돌프(Rudolf Virchon) 305
필드, 에바(Eva H. Field) 257

ㅎ

하세가와 요시미치(長谷川好道) 56, 172

학생 YMCA 16-18, 25, 28-30, 35
학생전도대 29
학숙청년회 29
한국기독교세계봉사회(KWCS: Korea
    Church World Service) 371
한국노병회 122, 123, 144
한국재림교회 148-150
한국전쟁 100, 275, 323
『한성순보』 244
한센병 317, 318, 320, 323, 364
한위건 17, 30, 62
한족회 211, 213, 214
함태영 17, 23, 24, 30
『해부학 권일』 46
해서의원 273
해춘의원 122, 144, 145
허스트, 제시(Jesse Watson Hirst) 97, 100,
    187, 271
헤론, 존(John. W. Heron) 244, 267, 310
헤이그 밀사 사건 170
현순 113
혈성단애국부인회 40, 92
협성학교 61
혜민서 245
홍석기 224, 225, 331-335
홍석후 46, 271, 353-355
홍종은 135
홍필훈 366, 367
『화학교과서 무기질』 176
황규천 238, 239
황성기독청년회 185, 186
흥사단 108-110, 122-124, 131, 132,
    144, 148

세브란스,
새로운 세상을 꿈꾸다

제1판 1쇄 발행 2019년 10월 30일

지은이 신규환
펴낸이 주혜숙

펴낸곳 역사공간
등 록 2003년 7월 22일 제6-510호
주 소 03996 서울시 마포구 월드컵로 100 한산빌딩 4층
전 화 02-725-8806
팩 스 02-725-8801
전자우편 jhs8807@hanmail.net

ISBN 979-11-5707-204-0 03910

· 책값은 뒤표지에 있습니다. 잘못된 책은 바꾸어 드립니다.
· 이 도서의 국립중앙도서관 출판예정도서목록(CIP)은 서지정보유통지원시스템 홈페이지
  (http://seoji.nl.go.kr)와 국가자료종합목록 구축시스템(http://kolis-net.nl.go.kr)에서
  이용하실 수 있습니다. (CIP제어번호 : CIP2019043153)
· 이 책은 아리따 글꼴을 사용하여 디자인되었습니다.
· 이 책은 연세대학교 의과대학 제중원기념사업지원비의 재원으로 출판되었음.